学校快乐体操
教学策略创新研究

杨　辉　周济汶　著

九州出版社
JIUZHOUPRESS

图书在版编目（CIP）数据

学校快乐体操教学策略创新研究 / 杨辉，周济汶著.
-- 北京：九州出版社，2021.6

ISBN 978-7-5225-0266-3

Ⅰ．①学… Ⅱ．①杨… ②周… Ⅲ．①体操—教学研
究—中小学 Ⅳ．① G633.962

中国版本图书馆 CIP 数据核字（2021）第 130463 号

学校快乐体操教学策略创新研究

作　　者	杨　辉　周济汶　著
责任编辑	高美平
出版发行	九州出版社
地　　址	北京市西城区阜外大街甲 35 号 (100037)
发行电话	(010)68992190/3/5/6
网　　址	www.jiuzhoupress.com
电子信箱	jiuzhou@jiuzhoupress.com
印　　刷	三河市嵩川印刷有限公司
开　　本	710 毫米 × 1000 毫米　16 开
印　　张	18.75
字　　数	336 千字
版　　次	2021 年 8 月第 1 版
印　　次	2021 年 8 月第 1 次印刷
书　　号	ISBN 978-7-5225-0266-3
定　　价	68.00 元

随着现今社会的发展，生活消费水平的提高，人们对个人健康的需求也不断提升，当前我国学生体能下降受到了相关部门的高度关注。国家要求广泛开展阳光体育活动，关注少儿的健康成长，倡导全民参加体育锻炼，提高身体素质。实现体育大国向体育强国迈进，作出更大贡献。"快乐体操"是一项以体操基础动作为载体，符合少年儿童身心发展特点，通过徒手或借助安全、舒适的器械进行各种基础身体练习，以增强体质，促进健康，培养体操兴趣，推广体操普及，扩大体操人口基数，创新体操项目发展为目的的体育项目。具有培养少儿独立性、自主性，提高交往合作意识，增强自我保护能力，改善身体机能等价值。

本书围绕学校快乐体操教学策略创新展开研究，在内容安排上共设置七章：第一章论述学校快乐体操的基础知识，主要包括快乐体操的产生与发展、快乐体操的功能、学校快乐体操的内容及其特点以及快乐体操发展的机遇与挑战；第二章是学校快乐体操教学的理论透视，内容涉及学校快乐体操教学目标与原则、学校快乐体操教学内容与形式、学校快乐体操教学方法与注意事项、学校快乐体操教学运用与评价、快乐体操教学过程中的常见问题及解决对策；第三章围绕快乐体操体能及其训练、快乐体操基本教学与训练、身体素质练习展开研究；第四章探讨学校快乐体操课程设计与创编；第五章基于学校快乐体操的队列队形教学、轻器械体操、课间体操、表演体操不同方面探索学校快乐体操的多元化形式与教学策略；第六章研究学校快乐体操的创新策略与竞赛组织，内容涉及学校快乐体操的模块化课堂教学策略、学校快乐体操的运动处方教学法运用、学校快乐体操竞赛的模式、学校快乐体操竞赛组织工作；第七章探索新时期我国快乐体操推广与创新，内容囊括新时期我国快乐体操的推广模式、快乐体操与相关产业的融合发展、体育强国背景下我国快乐体操的创新发展。

本书通过理论与实践相结合的方式，借助通俗易懂的语言、系统明了的结构、全面丰富的知识点，对快乐体操进行研究，充分体现出本书的科学性、系统性、

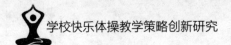

全面性、时代性、实用性等显著特点，以期对学校快乐体操教学有所帮助。

本书由西安体育学院的杨辉和周济汶共同编写。杨辉负责第三章、第四章、第六章和第七章的内容，共计22万字；周济汶负责第一章、第二章和第五章的内容，共计11万字。

本书的撰写得到了许多专家学者的指导和帮助，尤其是我院年轻教师汤自龙的动作示范，在此表示诚挚的谢意。由于笔者水平有限，加之时间仓促，书中有不尽人意处在所难免，欢迎各位积极批评指正，笔者会在日后进行修改，以飨读者。

杨　辉　周济汶

2020年10月

目录

第一章　学校快乐体操的基础知识

快乐体操从体育供给侧结构性改革的视角为学生提供体育服务，激发学生体操兴趣、普及体操项目和提高学生健康水平，是对我国竞技人才培养模式和退役运动员就业安置的新尝试。本章内容包括快乐体操的产生与发展、快乐体操的功能解析、学校快乐体操的内容及其特点、快乐体操发展的机遇与挑战。

第一节　快乐体操的提出与发展

一、我国快乐体操的提出

在欧美等发达国家，大众普遍认识到体操对人的发展有着无法取代的作用，所以普及范围很广。体操在他们的心目中，就像我们的钢琴、绘画一样，是培养孩子兴趣爱好的一个重要途径。家长送孩子到体操俱乐部，目的在于让孩子锻炼身体、结识朋友；而孩子最终选择体操完全是因为喜爱。日本体操项目靠学校、俱乐部两条腿走路。大中小学均设有体操部门，学生在学校就能很好地参与体操项目，体操爱好者也可到社会体操俱乐部进行练习。在学校和俱乐部中开展的体操项目，对日本儿童青少年体质健康水平的提升发挥了重要作用。日本的高中、大学体操比赛，学生，运动员的水平相当高，日本国家队的选手大多也是从学校体操比赛中选拔出来的，也有像内村航平等在大学毕业后宣布到俱乐部成为职员运动员。在加拿大、德国、澳大利亚等多个国家中，体操也深受国民欢迎，绝大多数孩子从小就开始练习体操。父母送孩子去学习体操，在他们看来是十分平常的事情[①]。以往提起体操，人们普遍的印象是苦、累、危险，练习者身材矮小等，所以，很多家庭不愿意送孩子去练习体操。随着新媒体时代的到来，人们发现，

---

① 杨红，刘智丽，李德华．快乐体操 [M]．成都：四川人民出版社，2011．

欧美及日本这些发达国家体操俱乐部的发展和国内相比呈现出完全相反的态势。主要原因是大家对体操的认识不够全面，以为体操就是指竞技体操。为了改变国人在体操项目认识上的误区，大力推动体操项目的发展，国家体育总局体操运动管理中心（以下简称为"中心"）提出了"快乐体操"的概念。其普及推广的目的着重于让孩子们快乐地参与体操活动，不像竞技体操那样追求竞技性，将身体锻炼、音乐熏陶、舞蹈舞姿和灵巧协调等有机结合起来，通过多种训练方法让孩子们在娱乐中锻炼、在玩耍中增强体质。"快乐体操"由此产生。

综上所述，快乐体操，就是让参与体操活动的孩子们能够快快乐乐地进行玩耍和锻炼。快乐体操的普及推广的主要目的是让孩子们快乐地参与体操活动，不像竞技体操那样追求竞技性和追求比赛成绩，其教学内容注重趣味性和娱乐性；其教学方法体现多样性和灵活性；其锻炼方法通过游戏化提高自觉性；其教学器材设备确保安全性和色彩性；其教学结果因人而异，量力而行。从一些快乐体操发展较好的国家的经验看，快乐体操是一项很适合儿童和青少年参与的体育项目，它将锻炼身体、音乐熏陶、舞蹈舞姿、灵巧协调和游戏有机结合起来，通过多种不同的训练方法让孩子们在娱乐中锻炼，在玩耍中增强体质。

二、我国快乐体操的发展

"快乐体操"这一理论一经引入我国即迅速生根发芽。很多省市成立了快乐体操俱乐部。人们开始被这一"古老"而又"新颖"的项目所吸引，带着孩子走进体操馆，享受体操带来的快乐！这一景象反映了大众对体操的观念在逐步转变。

2014年初，"中心"召开了两次快乐体操发展研讨会。同年7月，首次举办了三级和四级动作快乐体操员教练和裁判培训班，报名极其踊跃，有将近400人。报名人群来自基层体校、幼儿园、体操俱乐部和推广公司等。之后，快乐体操教练员培训班在上海市、常州市和武汉市接连举办了五期，后来陆续在各个城市以站点形式开展快乐体操辅导员培训。为扩大项目的影响力，"中心"又于12月在广州市花都区举办了首届全国快乐体操比赛。2015年10月底在广州市花都区举办了第二届全国快乐体操比赛。2016年开始采用分站赛的形式，分别在仙桃市、深圳市、北京市等顺利举办了比赛。"中心"还颁布了《全国快乐体操等级锻炼标准》《全国快乐体操等级标准（教法指导书）》《快乐体操教练员等级认定管理办法》等相关文件。2017年，"中心"继续开设了辅导员、初级教练员培训班，并增加了中级教练员培训班。

在"中心"与教育部相关部门的沟通下，体操与足球、篮球、排球、田径、游泳、武术，共 7 个项目一起走"进校园"，"中心"面向北京市、上海市等 7 个省市征集首批快乐体操推广试点学校，为快乐体操进入小学和幼儿园迈出了坚实的一步。自 2016 年 11 月起，快乐体操推广委员会在一些省市陆续成立。

第二节　快乐体操的功能

一、快乐体操功能的概念界定

功能，是一个多学科的广泛使用概念，在《古今汉语词典大字本》中解释为事物或方法所发挥的有利作用，即效能。此为大多数人的倾向性解释，带有主观意念和褒贬取向。在《辞海》中，功能是指有特定结构的事物或系统在内部和外部联系中表现出来的特性和能力，与结构相对，即事物内内作用、内外作用两方面所表现的特性和能力。在社会学研究领域，美国社会学家默顿指出：功能是一种社会现象对于一个它所属的更为广大的体系来说所具有的可观察的客观结果，而并非是对结果的主观愿望，它主要涉及的是观察者和研究者的角度。即功能是构成某一社会系统的因素对系统的维持与发展所产生的一切作用和影响，它包括正功能与负功能、显性功能与隐性功能，其中正功能与负功能是指这些社会因素对于社会系统的调整、维持及适应是起帮助作用还是削弱作用；显性功能是指社会系统内的参与者所认识到的明显的、可以预期并认可的作用和影响，隐性功能与显性功能相对，包括一些并未被认识的、非预期的客观作用和影响。由于社会是在不断运动和发展的，所以，这些功能之间不是独立存在的，在不同的社会形态中它们相互依存，且在一定条件下可以相互转化。在默顿功能分类的基础之上，快乐体操的功能理应该包括正功能、负功能、显性功能及隐性功能。但是由于功能的正、负、显、隐之间是相互依存的，且在一定条件下会相互转化，因此，按此分类不便于我们研究的进行。

因此，从辩证的思维出发，快乐体操是一个不断变化和发展中的事物，我们不能将其简单地划分为快乐体操的正、负、显、隐功能去研究，也无法将其所有功能总结穷尽，只能在做研究时尽其力地去总结出快乐体操与当前社会和时代发展相符合的功能进行研究。基于本研究最终要达到的目的是推动和促进快乐体操运动发展，以及让人们了解和认识快乐体操对人及社会的发展所起的积极作用，

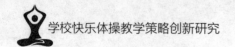

因此，本书只对快乐体操的原始功能和衍生功能进行讨论与分析。其中：

原始功能是指快乐体操本身作为一种身体活动方式所具有的，对练习者的身心发展所产生的原始的积极作用和影响。如快乐体操具有促进练习者正常生长发育和身心全面发展等的功能。

衍生功能是指快乐体操作为一种体操新生发展理念，在其原始功能的基础上衍生出来的，对我国竞技体操发展，以至于整个体操项目发展、国家战略目标实现等所产生的积极作用和影响，此作用和影响因是衍生出来的，所以在刚开始不能被人们充分认识。如快乐体操有开启竞技体操后备人才培养新模式和推动我国体操运动实现大众化和市场化等的功能。

二、快乐体操的原始功能

（一）全面发展身体功能

从具体实践角度，快乐体操作为体操的一个新的推广形式，其本源仍然是体操。在全面发展练习者身体方面，具有与其他体育项目一样的固有功能，同时也有着区别于其他体育项目的特有功能。主要表现在以下方面：

1. 促进身体正常生长发育，提高身体各机能水平

快乐体操的练习者主要是 3 ~ 12 岁的儿童少年，在该年龄阶段，人体各生理机能系统处于生长发育的敏感高峰期。合理、持续、科学有效的体育锻炼，对儿童少年的身体生长发育、各机能系统水平的发展具有促进作用。

选择快乐体操项目进行锻炼，能促进儿童少年身体各部分均衡生长发育，体现为：首先，快乐体操运动能促使肌肉发育，附着在骨表面的强壮肌肉保证了骨骼对钙、磷等营养物质的充分吸收，从而促进骨骼生长发育；其次，快乐体操在练习过程中注重动作的对称性、延展性，这保证了儿童少年的骨骼肌肉在生长发育过程中能够避免骨骼弯曲变形、脊柱变形、肌肉力量发展不均衡等现象；最后，快乐体操注重练习过程的循序渐进、练习器械的针对性和安全性，这在一定程度上降低了儿童少年在练习过程中发生损伤的风险，同时减少了硬地冲击对骨化点的过早骨化。因此，快乐体操运动在促进儿童少年生长发育的同时也保证了其生长发育的均衡性，安全性。

选择快乐体操项目进行长期锻炼，能够促进提高儿童少年身体血氧运输系统、神经系统、消化系统等的机能水平。首先，在锻炼过程中，肌肉活动促进了能量代谢速率，从而增加了机体对氧、能源物质及其他营养物质的需求，长期锻炼能有效促进心、肺结构功能发生适应性重塑，以有效改善肺通气功能、心脏泵血功

能和血管运输功能，以满足机体运动对氧、能量及营养物质的运输供给需求；其次，肌肉的生长及适应性增长、心血管结构的适应性重塑，保证了神经调节功能与之结构变化的相适应，使神经调控随之增强，以改善提高机体各系统之间的协调能力，所以，长期坚持锻炼就能是神经系统的调节功能得到有效提高；最后，在锻炼及恢复过程中机体对能源及其他营养物质的需求会大大增加，而这些物质的摄取主要来源于消化和吸收，这就保证了消化系统功能的积极改善，以提高消化与吸收效率满足机体的能源及物质需求，长期参与锻炼就能消化系统的消化吸收功能得到有效提高。

2. 有助于全面发展人体的运动能力

人类在日常生活中所有的身体活动都是建立在走、跑、跳、攀爬等这些基本运动能力基础之上的，然后再根据生活工作需要继续发展某些特殊运动能力。如竞技运动、极限运动、航空航天、军事中，就需要跳跃、腾跃、腾空、支撑、平衡、摆动、回环、倒置、翻转、旋转等特殊运动能力的发展。《快乐体操等级锻炼标准》一共设置十个等级，分别对应参考 3～12 岁的儿童少年，并且将其分为学前组四个等级和小学组六个等级。通过对《快乐体操等级锻炼标准》的分析研究可以发现：快乐体操在注重发展人体基本运动能力的同时，在发展人体特殊能力方面也能起到独特的作用。

（1）快乐体操各阶段练习内容符合人体发展规律的特点，决定了快乐体操具有发展人体基本运动能力的作用。

在学前等级内容的分析中可以发现：在快乐体操学前组动作中，一、二级的动作类型主要是简单的站、走、跑、跳、爬、屈伸、支撑、滚动、转体等，动作类型所对应的运动能力也主要是以发展幼儿控制身体基本姿势的能力和身体基本移动能力为主的。并且随年龄的增加其动作也是由简到繁，如先是一级简单基本的站立、踏步与摆臂、走、跑、小跳、跪爬、侧滚动等动作的练习，紧接着二级就在一级的基础之上增加了一些稍微复杂的四肢基本位置的练习、半支撑倒手、鸭子步、海豚滚、前后左右的开合小跳等动作的练习。再看快乐体操学前组三、四级动作，它们在一、二级的动作基础之上，对基本的走、跑、跳、屈伸等方面增加了一定难度，同时还增加了一些器械练习。即这些动作在进一步发展幼儿身体姿势控制能力和移动能力的同时，也增加了一些围绕器械进行的发展幼儿器械操控能力的练习，如在此阶段增加的平衡木、单杠及跳板练习。

人体的基本运动能力根据人体发展的规律主要分为由易到难的身体姿势控制能力（屈伸、姿态稳定等）、身体移动能力（走、跑、跳、爬等）、器械操控能力（单杠、双杠等），只有当人们有效控制身体姿势后，接着才能进行更高级的身体移动，进而进行器械操控。因此，这些随着年龄的增加而逐渐增级的各阶段练习内容对人体基本运动能力的发展起到了重要的作用，与此同时，它们也是符合人体基本运动能力的发展规律的。

（2）快乐体操独特的运动方式和运动特点，决定了快乐体操具有发展人体特殊运动能力的作用。

《快乐体操等级锻炼标准》除了走、跑、跳、爬等这些发展人体基本运动能力的基本练习内容外，更多的是蹦床、自由体操、男子双杠、跳跃、单杠、女子平衡木这些项目。在练习这些项目的过程中，器械相对于练习者是处于静止状态的，人体需要围绕器械去进行练习，并且这些项目在动作的练习时涉及人体自身对多个空间的交替使用：地面、站立、器械、腾空。例如我们熟知的跳跃中的跳箱练习动作一般包括：助跑、上板→起跳腾空→撑跳箱→二次腾空→落地成站立。在这整个过程中使用过的空间就包括了三个，依次为：站立→器械→腾空→器械→腾空→站立。与跑步、球类等运动相比，人们在练习过程中大多是徒手或支配着器械在站立或腾空位进行练习，很少有动作涉及人体自身的多个空间的转换使用，因此，这就决定了快乐体操具有区别于其他体育运动项目的独特的运动方式和运动特点，从而决定了其对发展特殊运动能力的作用。

在对快乐体操各项目动作进行动作类型、空间使用和发展特殊运动能力分析时可以发现：蹦床动作的高腾空空间使用以及其他项目动作的多空间转换，使其在发展人体的空中屈伸、空中转体、地面滚翻、转体等特殊运动能力方面具有特殊作用，而这些特殊运动能力可以使人体在面临突发情况时，能够进行自我保护，减少意外损伤的发生。同时，在各项目动作中，也存在着人体在不同器械上、在不断变化的空间中、在克服自身重力和恐惧条件下，进行走、跑、跳、翻、滚、撑、转、屈伸等动作，这些在发展人体支撑、平衡、跳跃、腾跃、腾空、摆动、回环、倒立、翻转、旋转等这些特殊运动能力方面起到了很重要的作用。由于人是围绕自然界或外界环境以及在不同空间来进行生活、工作活动的，所以这些独特的练习方式和与之对应的特殊运动能力，在一定程度上促进了人体对自然界和外界环境等适应能力的提高。

3. 有针对性地锻炼身体，有效促进身体素质提高

通过分析《快乐体操等级锻炼标准》各项目动作类型中身体参与的主要部位，我们能发现快乐体操在锻炼身体方面具有全面性和针对性。从整体上看，快乐体操各项目动作构成了一个完整的身体锻炼体系，其中转体类、滚翻、手翻及倒立、

平衡类动作可有效锻炼人体的头部及颈部，以维持身体平衡及动作方向的稳定，跳与跃、转体、平衡、下肢屈伸等类型的动作对发展人体下肢具有重要作用，而单双杠的支撑、摆动、转体以及自由体操手翻等类型的动作能很好地锻炼人体上肢及躯干，因此，全面进行快乐体操各项目的练习，可使练习者身体各部位都得到有效锻炼和发展。从单个项目来看，人们也可以根据自身身体发展需要，选择具有针对性的项目或是项目中的某一动作类型的一些动作锻炼身体，以达到局部锻炼身体的效果。

众所周知，人体在日常生活及工作劳动中表现的各种运动能力是建立在良好的身体素质基础之上的，所以提高身体素质对人们提高生活和工作的质量水平有着特殊的意义，其中的身体素质指的就是人体在活动过程中表现出来的各种基本能力的总称，一般包括力量、柔韧、灵敏、协调、平衡等。在人体的生长发育过程中，身体素质的发展具有明显的年龄特征，即随着年龄的增长而不断变化，其大概经历以下阶段——快速增长、停滞下降、缓慢增长、稳定，同时还表现出性别差异，其中男性在 7 至 15 岁之间的身体素质表现出快速增长趋势，在 16 至 20 岁之间缓慢增长，21 岁达到稳定状态，女性在 7 至 12 岁之间的身体素质表现出快速增长趋势，在 13 至 17 岁之间呈现停滞下降，17 至 20 岁又缓慢增长，21 岁达到稳定。由此可见，人体生长发育过程中，无论是男性还是女性，在小学阶段的身体各项素质都处于增长高峰期、敏感期，若在此阶段对人体进行一些全面而有针对性的运动刺激，对身体各项素质的提高有促进作用。而《快乐体操等级锻炼标准》小学组五到十级的练习内容所对应的就是 7 至 12 岁的儿童少年，同时又具有独特的运动方式及训练方法，所以儿童少年在全面或有针对性地选择快乐体操进行锻炼时，能有效促进他们各项身体素质的提高。

（1）提高力量素质

力量素质是指人体神经肌肉系统在工作是克服或对抗阻力的能力，是身体各项素质的基础，也是人体大多数运动形式的基础，快乐体操对力量素质的提高主要体现在人体相对力量素质以及爆发力素质方面。

首先，快乐体操各项目动作在提高人体相对力量方面有显著的作用。快乐体操各项目是一个以克服自身体重为主的运动，即在锻炼过程中大多数动作原动肌群的主要负荷来源于自身体重或是身体某部位的重量，相关肌群为了克服身体重力完成动作或维持平衡，就需要进行多样的收缩工作，从而多形式地刺激肌纤维，使其产生不同的反应与适应，以增加肌肉单位体重内的最大肌力，如在支撑、平衡、倒立及悬垂类动作中，身体各部位相关原动肌要协同进行一系列静力性的支持工作、加固工作以及固定工作来使相应环节对抗重力保持静止或固定；在走、跑、跳以及滚翻、跳跃、屈伸等类型的动作中，身体各部位原动肌会协同进行克制、退让等工作来保证动作准确高效完成，并且肌肉的退让性工作能给肌肉增加更大的负荷，使其更有效地刺激肌肉及神经，有效提高肌肉爆发力及制动能力。所以，长期采用快乐体操动作进行锻炼，其多样的肌肉收缩工作方式能使肌力克服体重的能力增加，全面有效提高各肌肉在单位体重内的最大肌力，即提高人体相对力量。

其次，快乐体操的跳跃，手翻以及支撑腾跃等类型的动作在发展人体爆发力方面也有很好的作用。爆发力评定指标为爆发力指数，即最大力量与用力时间的比值，比值越大说明爆发力越好，由于快乐体操的跳跃，手翻以及支撑腾跃等类型的动作都需要练习者作用支撑面而产生腾空来完成动作，并且这种人体与器械或地面的相互作用是瞬时的，需要肌肉在极短的时间由拉长或静止状态快速进行向心收缩，发出最大的力量来作用于器械或地面，然后器械或地面才能产生快速、足够的反作用力来为练习者制造腾空空间和时间，从而为练习者高质量地完成动作创造条件。所以，经常练习这些类型的动作，在一定程度上，肌肉通过最大随意收缩克服阻力的能力得到增强，与此同时人体运动单位募集的时间适应性的缩短，就使得在不断增加最大力量的同时降低了肌肉用力时间，爆发力指数增力口。

（2）提高柔韧素质

柔韧素质是人体运动时各个关节在不同方向上的能力以及各相关韧带、肌肉等的伸展能力，一般通过关节运动幅度表现出来。快乐体操动作的规格要求以及练习过程对儿童少年柔韧素质的发展及提高有重要作用。

首先，快乐体操动作规格要求决定了快乐体操发展柔韧素质的作用。如手翻动作的完成质量很大程度上由肩腕关节的活动幅度决定，为了更好完成手翻类动作，就会对练习者进行各种形式的压肩、压腕等练习，以发展上肢各韧带、肌肉、肌腱等软组织的柔韧性，增大上肢各关节运动幅度，类似地，为了高质量地完成燕式平衡、举腿、踢腿、摆腿、体前屈、屈体分腿跳、下桥等动作，就需要经常对练习者进行专门的关于腿部及脊柱的柔韧性训练，即通过各种形式的压、拉练习来发展柔韧性，增加各关节的运动幅度。所以，为了更优美、舒展、协调、高质量地完成快乐体操动作而设定的一些辅助性柔韧练习，能够快速提高儿童关节的灵活性和身体各部位的柔韧性。

其次，快乐体操动作练习过程也是一个发展身体柔韧素质的过程，如在完成腿部参与的动作过程中，练习者会伸髋、直腿、绷脚尖，手翻类动作会展肩、抬头展髋，悬垂类动作直接拉伸肩部，滚翻类动作会低头团身，等等，这些练习过程都很好地拉伸到了下肢、上肢及脊柱各韧带、肌肉等，对全面发展身体各关节和各部位肌肉的柔韧性起到了较好作用。

（3）提高灵敏素质

灵敏素质是人的各种运动技能和身体素质在运动中的综合表现，是一种复杂的素质，指的时人体在各种突然变换的条件下，能够迅速、准确、协调地改变体位、转换动作来适应变化环境的随机应变的能力，其反应指标为人体的动作反应时和协调能力。快乐体操对灵敏素质的提高主要体现在对动作反应速度的提高和运动过程中身体协调能力的提高两方面。

其一，对动作反应速度的提高。由于反应的生理学基础是中枢神经系统的发展，人体中枢神经系统的发育在早期发展最快，即人体的婴幼儿及儿童少年时期，但此时人体中枢神经系统的大脑皮层形态结构以及功能发育都还没有完成，这就需要大量的外部刺激，快乐体操活动中大量的各种形式的肢体运动能够有效地刺激儿童中枢神经系统发育，使儿童大脑皮层神经过程灵活性得到提高，从而提高其动作反应速度。

其二，对运动过程中身体协调能力的提高。人体运动的协调过程是一个由感受器、中枢神经系统、运动系统共同参与的一个过程，所以，人体运动过程良好的身体协调能力来源于良好的感受器官机能、中枢神经系统和运动系统的结构与功能状态。对于快乐体操对神经系统及骨骼肌肉等发展的重要作用已做出论述，在此将论述快乐体操对人体感受器官机能的提高。人体的运动感受过程主要由本体感受器（肌梭、腱器官）和位觉感受器（前庭器官）等参与，所以本体感受器官及位觉器官机能的提高对身体协调能力的提高具有重要意义。一方面，对本体感受器官机能的提高，由于快乐体操动作精准、复杂与多样的特点，就促使身体各部分肌肉在运动过程中受到不同形式不同程度的牵拉和收缩，肌肉的长度、速度、位置及张力的不断变化就促进了肌肉内部肌梭、腱器官被大量激活，本体感受器机能提高，使产生正确的肌肉感觉，从而指导身体完成精细、复杂的动作。另一方面，对位觉器官机能的提高，由于快乐体操各项目的许多动作都是在一种非常规环境下完成的。如跳跃、悬垂、摆动、翻转、转体、手翻、回环、倒立、平衡等动作，头部位置经常处于非常规的变化或稳定状态，在练习这些动作时，位于练习者头部内耳中的前庭器官便会受刺激，如跳跃、手翻、摆动等类型的动作所产出的重力感和直线加减速感能有效地刺激前庭球囊、椭圆囊，转体类、翻转类等动作所产生的旋转变速运动能有效地刺激前庭半规管，所以，长时间进行快乐体操练习，能有效训练儿童少年的各前庭分析器，使其对头部的非常规环境变化产生良好的适应，前庭器官机能的稳定性因此得以提高。此外，平衡能力很大程度上也由感受器机能决定的，所以，感受器机能提高，同时对人体动态平衡及静态平衡能力的提高也有很好的作用。

（二）促进发展良好心理品质功能

心理的本质是人脑所主导的神经系统的功能，其发展是一个持续一生的过程，受身体继续发育、生活教育条件等因素影响。人的身体在儿童期处于生长发育高峰期、敏感期，由脑功能所主导的神经系统发育也呈现出两次飞跃期，即 5～6 岁的第一次飞跃和 13～14 岁的第二次飞跃。所以，在这两阶段的前后期间是人的认知能力、个性和社会性等心理品质发展的重要基础阶段。有研究表明此时正常的知觉——运动能力发展以及良好的学习条件能有效促进该阶段儿童少年认知能力、情感及社会性品质等全面发展。

由于体育活动中体验的全部运动都属于知觉—运动经验，所以当需要对知觉—运动能力提高时，就可以组织一些训练对其进行提升。例如，平衡觉是运动技能中的一种基本知觉—运动能力，可以通过系统的训练使其得到提高。

快乐体操其独特的学练形式、学练环境为儿童知觉—运动正常发展提供了良好条件，从而有效促进他们的心理全面而健康发展，主要表现在以下方面：

1. 促进认知能力全面发展

认知能力贯穿于人类的学习、工作、生活、发明创造之中，它包括个体的感知觉能力、注意力、观察力、记忆力、思维创造力、想象力等。结合快乐体操练习内容形式分析发现：

（1）快乐体操的练习内容及练习环境能有效促进儿童少年感知觉的发展

感觉是指人脑对作用于人体感官的客观事物的某一属性的反映，如视觉、听觉、嗅觉、触觉等；知觉则是这些多种反映的综合反映，如运动知觉、时空知觉等。感知觉是人一切心理活动的基础能力，感知觉能力的提高对整个认知能力以及情感、社会性等心理的良好发展具有重要意义。

快乐体操对感知觉的发展主要体现在人体的肌肉运动感觉、平衡感觉以及时空知觉中。首先，快乐体操的动作幅度、动作速度、动作方向以及各动作之间的联系都有比较严格的规定，这使得肌肉运动感觉发生精细分化，运动感觉能力得以提高。其次，在练习旋转、滚翻、腾跃、摆动、跳跃以及平衡慢用力等类型动作的过程中，尤其是在动作之间迅速转变以及多空间的变化过程中，人体的运动速度及身体位置发生快速变化，这使得人体为了维持身体平衡的需要而激活前庭器官兴奋，产生良好的平衡感。最后，人体以视觉、运动感觉、平衡感觉等综合产出的敏锐正确时空知觉也是在长期训练过程中发展起来的。快乐体操运动中每一个动作以及动作的衔接之间都有严格的时间及空间限制，所以，在整个过程中，人体必须结合视觉、触觉、运动感觉和平衡感觉等综合地对动作的空间位置、距离、方向、运动速度和器械等进行判断，从而调节动作、矫正姿势，这些需要练习者具有敏锐准确的空间知觉。要判断动作速度、动作周期及动作交替时间，就需要练习者具有精确的时间知觉。所以，快乐体操动作会同时对人体不同感受器做出不同深度的刺激，引起多个感受器被激活，参与协同有规律的活动，从而增强人体运动过程中的时空知觉。

（2）快乐体操的练习形式及练习环境能有效提高儿童注意力和观察力

注意和观察是认知的先决条件，其中注意是意识对某一事物进行选择性的集中，分为无意注意、有意注意和有意后注意三种，观察是有目的、有计划的、有思维参加的比较持久的知觉，是高级形式的感知觉。良好的注意力和观察力对儿童的学习、发现和创造具有重要意义。低龄儿童的注意力以无意注意占优势，所以通常表现为注意力不集中，但容易对生动直观的事物引起注意，从而发展为有意注意。与此同时，在观察能力方面，低龄儿童体现为对熟知的特征鲜明的事物感兴趣，表现出个别对象，但随着年龄增加、外界信息接收的不断增多，观察能力则会发展为空间联系、因果联系、对象总体联系。快乐体操对儿童注意力的提高主要体现在有意注意的提高，对观察力的提高主要表现在整体、联系式观察力的提高上。

一方面，由于相关器材公司开发了一系列专门针对儿童练习的器材，其缤纷的色彩以及各种各样的形状就能引起儿童对他们的有意注意，同时这些器械的随意移动和搭配以及全方位各角度的全面使用能促进儿童的观察力由个别向整体和联系发展。

另一方面，快乐体操动作的学习是一个模仿学习——自主练习的过程，整个过程能有效训练儿童的注意力和观察力。如在模仿学习阶段，教师采取直言和直观的讲解与动作示范引起学生的有意注意，此时学生就会联系教师所讲解的动作要领，对教师所做的示范动作进行观察；在自主练习阶段，第一，由于快乐体操动作围绕器械进行，儿童出于自我保护需要，会将意识高度集中到练习过程中，如在平衡木练习过程中，儿童会将视觉、本体感觉、前庭觉、动觉及平衡觉都集中于平衡木相关动作活动中，长期练习就会使这种有意注意能力得到提高；第二，为了更好地掌握和完成所学动作，儿童也会对器械和别人所做动作进行仔细观察。

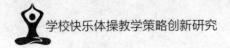

（3）快乐体操提高儿童记忆能力

记忆是人脑对过去所感知、思考、体验、实践过的事物的反映。从人脑信息加工角度看，就是人脑对输入的信息进行加工编码——储存——提取的一个过程，记忆一般由识记、保持、重现三个环节构成。记忆作为过去经验和当下行为的链接桥梁，其发展直接影响着人整个认知水平的发展，更是学习活动的基础。儿童的记忆能力随着年龄的增加，其有意记忆主导地位会增强，由简单机械记忆主导逐渐表现为较多意义的记忆主导。

快乐体操对儿童记忆能力的提高主要体现在运动记忆和有意记忆提高方面。首先，在快乐体操学练过程中，动作技能的学成，就需要练习者对各个技术动作进行反复记忆，而这些记忆主要是通过运动刺激身体本体感受器以及前庭、视、听等感受器形成的，即运动记忆，内容主要包括：动作方向、动作路线、动作顺序、动作速度、动作节奏、动作强度、动作用力特点、动作时机以及成套动作顺序等。其次，在动作学习的过程中，练习者需要集中注意对教师所讲解的动作概念、动作名称和要领、专业术语等进行有意记忆；在动作练习过程中，练习者也会对动作的整个发生到结束过程进行精准的记忆，这种记忆的输入过程也需要练习者有意地集中注意并感知，所以，在提高有意记忆能力的同时，重复有意记忆在一定程度上对动作记忆的提高也具有重要作用。

（4）快乐体操发展儿童的思维和创造想象

思维是人脑对客观事物的本质属性和内部规律性的间接的、概括的反映。作为人认知发展的核心要素，其发展是人在儿童少年时期认知发展的主要标志，同时对其他认知的能力的发展和完善有根本性的促进作用。创造想象是根据一定目的在头脑独立地构思新表象的过程，其特点是第一次创造出别人未创造过的新形象。思维以及创造想象对于儿童少年少年的学习有着重要的意义，同时对人类的生产生活及发明创造具有重要意义。思维是学生对新知识进行理解、巩固和应用的过程，将其纳入自身认知中内化为自己的知识，创造想象则是在自身已有的认知基础上构思出新的表象，如写作文、搭积木、绘画、实验研究等。快乐体操作为儿童活动形式之一，对儿童的思维及创造想象发展具有重要作用。

首先，快乐体操的学练过程就是一个思维参与的过程。在学习阶段，学员需要对教练所讲解示范的动作进行注意、观察和模仿，在这一过程中不断感知并理解动作要领及动作规律；在练习阶段，需要不断地改正错误动作并不断重复动作以提高动作质量，这一过程就需要学员加深对动作规律的理解，重复加深使感知和理解得以巩固；在应用阶段，教练会将所学动作加入游戏、场景模拟、体操比赛或接力通关赛中，使学员能将所学知识和技能加以应用。就这样，在不断理解及巩固运用过程中，最终将体操技能和知识内化为了自己所拥有的知识和技能，并能很好地应用到现实生活及环境当中。

其次，快乐体操的学练环境及方式能很好地发展儿童的创造想象。有研究表明，儿童少年的创造想象除了表现在课堂学习中外，更多地表现在他们的校外、课外活动中。因为在校外和课外活动中，他们往往能积极地思考各种感兴趣的问题，更能主动地探索新的知识，并在这个探索过程中不断地"发现"，从而通过想象产生一些新颖的观念想法并实践，就同时发展了自身的动手创造能力。快乐体操发展儿童的创造想象主要体现在以下方面：第一，快乐体操作为课外活动之一，其项目的多样性、开展内容的丰富性娱乐性、运动过程中身体形态变化的复杂性，加之儿童好动喜玩的特点，在很大程度上能引起儿童的学练兴趣，这就为儿童创造了积极"探索发现"的前提条件；第二，快乐体操具有五颜六色、形态各异的器材设备，为儿童的创造想象及知识技能应用创造了物质条件。在这样一个练习环境中学员可以根据自己的想象去进行随意搭配拼接，创造自己喜欢的造型、想象出情景进行练习，充分发展其动手创造能力，同时也在一定程度上培养了学员学以致用的能力，发展其思维。

2. 培养优良积极的情绪情感与良好意志品质

有研究表明，体操对人良好情绪情感和意志品质的培养有着重要的作用。作为其基础发展的快乐体操，当之无愧地能够有效促进儿童少年优良积极的情绪情感和良好意志品质的发展，主要体现为：

（1）快乐体操培养儿童少年良好积极的情绪情感

情绪情感是个体在体验客观事物与个人需要之间关系的一个过程，包括积极愉快的体验和消极不快的体验。其中情绪是当有机体的某种生物需要得到满足时所产生的情感体验，例如体验过程中所感受并表现出的自信或自卑、快乐或悲哀、活力或害羞，等等；情感是与个体的高级的社会需要相联系的体验感觉，如友谊感、道德感、美感等。情绪情感是伴随人类整个生活过程不可或缺的重要因素，能影响和调节人的认知过程以及人的社会化。愉快、积极、放松的情绪状态能使人思维清晰敏捷、注意力集中、记忆力增强，促使学习和工作等效率得到提高，也能促进人在社会活动中更容易被他人所接受，建立良好的社会人际关系等。所以，发展儿童少年良好积极的情绪情感，对其一生的生活、学习和工作起着重要作用。儿童少年优良积极的情绪情感主要是通过集体实践活动来培养的，与人受教育的内容形式以及教育环境息息相关，快乐体操的内容形式和教学环境能培养

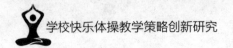

儿童少年良好积极的情绪情感。

第一，快乐体操在理念上是以感受体操运动乐趣和追求快乐为保证的，重在培养练习者的体操运动兴趣、习惯、能力和自主学习习惯，培养练习者的终身体育思想。所以在其活动过程中就会创设一个学生尽情宣泄情感的情景和一个学生无拘无束的行为表现空间，体现快乐体操的形式多样性以及内容的趣味性、情节性和竞争性等特点。如孩子可以在五颜六色、形态各异、可以随意搭建的积木器材上进行情景学习和游戏锻炼，有趣的教学内容、游戏及比赛一方面能使孩子体验整个过程的快乐，满足他们天性好动的需要，激发他们的运动兴趣，从而使其变得活泼快乐更具活力。另一方面能满足孩子自由发挥创造和表现自我的需要，使孩子拥有创作过程的愉悦感和成就感，从而变得大胆而自信。同时，快乐体操活动过程中长时间的同伴合作交往关系、师生交流关系也能使孩子们变得阳光开朗、乐观大方，同时获得友谊感。

第二，快乐体操活动过程所存在的规则纪律能促使儿童少年去评价判断自身以及他人的言行是否符合道德标准，如动作交流、排队练习、按顺序上场、保护与帮助等都能使他们产生道德判断和评价意识，形成良好的道德感。快乐体操所需要体现的艺术性和表现力能激发儿童少年感受美和表现美的兴趣，提高他们鉴赏美的能力，同时快乐体操可以使他们的身体变得矫健、灵巧和协调，在一定的程度上反映其健康美的精神面貌。

（2）快乐体操培养儿童少年良好的意志品质

意志是人在活动过程中自觉地确定目的，并为实现目的而支配调节自己的行动，克服各种困难的心理过程，主要包括活动过程中所体现的自觉性、坚持性、果断性、独立性、自制力。良好的意志品质不是天生的，是人后天接受教育培养和实践锻炼的结果，是人类社会一切进步的重要要素，是一个人在充满激烈竞争和各种阻力的环境中获得成就的必备心理品质。快乐体操能培养儿童少年良好的意志品质。

首先，快乐体操独特的动作练习方式培养了儿童行动的自制性、独立性和果断性。自制性是一个人善于去控制和支配自己行动并表现出应有的忍耐性的一种意志力。快乐体操作为技能主导类表现难美性的运动项目，在做动作过程中讲究动作规格质量、动作艺术性和练习者的表现力，这就需要练习者在练习过程中严格控制身体姿态和动作节奏，有意识地控制呼吸以及自己的面部表情和心理状态，同时快乐体操比赛中也存在规则的制约，这些使得儿童少年产生了一系列自我控制和自我矫正的意识。从控制自己的动作到逐步控制自己的心理活动，形成一种顽强的自我控制力，提高自制性意志；独立性是人能不受外界环境的偶然影响自主地采取决定和行动的意志品质。快乐体操有丰富多彩各式各样的练习器械，并且每年都会举办大大小小的很多赛事，而无论是在器械练习还是在竞赛过程中，练习大多是在独立状态下完成的，这就使得练习者具有较强的独立工作不受外界干扰的心理品质。比如在竞赛过程中，仅有一名运动员在裁判员的评分下进行比赛，加之比赛环境与训练的环境不同，初次参加比赛的练习者就会不适应新环境，会表现出胆怯、紧张等情绪，使比赛成绩受到影响。而经常参加比赛和在不同环境中练习的运动员，在这样的情况下一般都能冷静对待，主动克服各种干扰，赛出自己的训练水平。因此，儿童少年经常参加快乐体操练习和竞赛，能培养他们独立行为的能力，使独立性意志品质得到增强。果断性是指善于根据不断变化的情况适时地采取决定并实现决定的心理品质。快乐体操动作复杂多变，练习器械丰富多样，并且在练习过程中人体需要相对自身身体或围绕器械去进行，同时这些练习动作也涉及了人体自身相对于地面、站立、器械、腾空多个空间的交替使用，使得身体自身各部分的相对位置、人体与器械的相对位置或人体空间位置产生迅速而复杂的变化，准确掌握动作变换的时机、果断完成动作是成功练习的关键。并且在快乐体操的教学、训练和比赛中，动作失误是时常发生的，此时练习者往往会当机立断，迅速变换动作进行自我保护或通过同伴果断有效的保护与帮助来化险为夷。所以，学练快乐体操动作和自我保护以及保护与帮助等技能，使自身或他人在动作失败的条件下能当机立断地处理险情，这是培养练习者果断性意志的有效方法，此外，强调练习者掌握动作时机以及组织练习者分析由于不果断而造成的失败动作，使练习者认识果断的重要性等方法，对培养练习者果断品质有很好的作用。

其次，快乐体操活动过程的目标化强化了儿童少年行动的自觉性和坚持性。《快乐体操等级锻炼标准》明确制定了各年龄阶段所参与锻炼的各项目内容、动作标准以及教法指导，同时快乐体操教练也都会在每一次培训课堂中根据学员的具体情况，循序渐进地制定出不同的教学目标。由于人表现出的任何意志行动都是由明确而又具体的目标所产生的动机所引起的，这在一定程度上能有效激发学生们练习快乐体操的动机，以激发其练习的主动性和达到目标的强烈愿望，能训练和强化出学生行动的目的性、自觉性以及为达到目标的坚持性。体操运动对体重、体形、肌肉力量、协调性、柔韧性、灵敏性等条件有严格的要求，为了使儿童少年由此对学练技术动作造成的困难得到克服，控制体重、健美体形、增加力量、协调性、柔韧性、灵敏性等也成为快乐体操的锻炼目标，激发了学生们改变自身的动机，同样训练和强化出了学生行动的目的性、自觉性和坚持性。同时在教学过程中，教练会根据学员情况进行有关于形体、力量、柔韧、协调平衡等的训练，这就能很好地培养学生坚韧性以及自控性的意志品质。

3. 促进形成良好的社会性品质

人的社会性是指人在与他人社会交往过程中建立起的人际关系中所表现出的一些心理特性，包括合作、学习以及社会行为规范的遵守和自身社会行为的控制程度等的心理特性。儿童少年的社会性品质是人的发展过程中整体素质的重要组成部分，对其发展和培养是当今素质教育的重要内容之一，儿童少年社会性品质包括：儿童在处理自身与他人关系时所具有的合群性、社会交往能力，在处理自身与群体、集体之间关系时所具备的规则意识，以及对待集体、公共财物等所具备的荣誉感、责任心等。实践证明，儿童少年在体操锻炼和比赛过程中，不仅身心能得到锻炼，动作和技能获得协调发展。而且还能培养他们的合作精神以及社会责任感等社会性品质，所以快乐体操对儿童少年形成良好的社会性品质具有很好的作用，主要体现在：

（1）快乐体操发展儿童之间合作互助、团结友爱，善于交流、文明礼仪、尊重他人等优良品质。参与快乐体操活动的过程是一个融入群体的过程，具有社会性、群体性的特征，为儿童与儿童、儿童与教练等之间提供了交往的机会，营造了儿童处理与他人之间关系的表现空间，可以培养儿童少年处理协调人际关系的能力。

第一，相比田径、羽毛球、游泳等单人运动项目的练习过程，快乐体操在进行单人项目动作练习时有一个最大的特点，就是必须要在他人的保护与帮助下进行，所以保护与帮助同样也属于快乐体操的重要培训内容之一，这就能很好地培养儿童少年之间的合作互助品质。

第二，快乐体操在比赛活动中也存在团体项目，比如通关接力赛，创意搭建赛等，这就不仅仅是要求个人能力充分发挥的问题，而是需要整个集体的协调一致、配合默契、团结协作，所以通过这些活动项目的训练、比赛和表演过程，队员之间通过积极的协作配合能养成与别人合作互助、团结友爱等品质。

第三，在快乐体操锻炼与比赛过程当中必然存在各个参与的主体不断的交流沟通，包括教练与学员之间积极的交流、学员与学员之间的交流，参赛队员之间以及队员与裁判之间的交流，这为儿童少年的善于交流、文明礼仪、尊重他人等优良品质的发展提供了有利条件：练习过程中学员相互之间可以表达自己的看法，同时理解分析其他人的想法，积极做出反应，是一种弥补性的沟通，不管是何种形式的交流互动都能将沟通交往能力提升，促使幼儿进步。同时比赛规则的存在，使儿童少年在快乐体操锻炼过程中能自主地体会礼仪与尊重的重要性，使其学会文明礼貌、尊重他人，尊重自己。

（2）快乐体操培养儿童良好的规则意识、集体主义精神以及责任心。

一方面，快乐体操的一切活动都充满了规则和纪律，比如只有通过良好地遵守纪律和规则，练习过程才能安全有效，游戏和比赛才能有序地进行，儿童少年通过这些练习或是比赛的过程，就能有效认识到遵守有关规定、规则和纪律秩序是非常关键的，形成规则意识，使其能够更好地对自身行为进行约束，为将来的长大和进入社会适应社会规范做好铺垫。

另一方面，快乐体操中的集体类活动，比如参加分组游戏，比赛等，无论是输赢，个体与集体的密不可分关系能让每个参与者意识到集体之间的竞争，是通过集体内每个个体的努力去进行的，由此能体会到自己存在于集体中的作用和价值，同时反过来也能体会到集体能带给自身荣誉感及成就感，所以，儿童少年长时间地参加这些能让人产生竞争意识和荣誉感的快乐体操集体活动，在一定程度上能培养出他们的集体主义精神和集体责任心。

三、快乐体操的衍生功能

（一）开启竞技体操后备人才培养的新模式

体操青少年后备人才培养是我国竞技体操事业发展水平高低及其可持续发展的重要基石，所以，有效的培养模式对我国竞技体操事业的发展具有重要意义。

多年以来，我国竞技体操运动员的培养一直采用"纵向多级层层输送"的三级"金字塔"模式，其基层为各区市级的竞技体校及业余体校，中间层为省级中心竞技体校，顶层为国家专业运动集训队。此模式高度依赖国家投资，且由国家统一集中管理，即从宏观到微观各个层面的行政方法以及从总体发展规划的制定到运动员的选拔培养等，全部由国家负责管理。这种计划经济体制下高度集中的管理体制及培养模式，使我国竞技体操项目的技术水平在短期内得到了有效提高，在一定程度上保障了我国各级运动队的稳定发展，使我国竞技体操项目在为国争光道路上取得了辉煌成就。

然而，建立新的体操人才培养模式，增大体操参与人口数量增加我国竞技体操后备人才的选拔面、建设一个良好的运动员梯队结构保证一定数量的运动员队伍，是我国竞技体操发展的眼前首要任务，同时也是我国体操事业持续快速发展的基本保证。于是，我国体操运动管理中心于2014年确立了一个体操项目发展新思路，即逐步搭建一个新型的体操发展"四级模式"，由下往上依次为：①校园体操和快乐体操俱乐部，这是推广普及体操、扩大体操人口的基础工程；②现存的省市体操学校及未来逐渐发展起来的高水平体操俱乐部，这是我们主要的高水平后备人才基地；③现有的各省市体操队，这是国家队的主要后援；④竞技体操国家队，这是我们奥运争光的主力军。可见，结合学校、俱乐部等多种形式的培养模式来扩大我国体操人口，是满足我国竞技体操运动选材的基本要求，同时也是稳固"新四级金字塔"塔基的基本保障。快乐体操作为其中的形式之一，同时作为开展我国体操新"四级金字塔"模式正在建设的重要根基之一，理所当然地具有开启我国竞技体操后备人才培养新模式的功能，具体体现为以下方面：

其一，快乐体操"宽进、多层、多向"的培养理念使我国体操人口"源"得到拓宽与开发，增大人才选拔面。这里"宽进"是指降低门槛，让对体操有兴趣的孩子，都有机会享受体操的技术资源和设备资源；"多层"是指制定不同层次的目标，依学生的实际进行引导和教学；"多向"是指体现多向输送功能。在"宽进"方面，快乐体操作为儿童少年体操俱乐部和小学幼儿园开展体操运动的主要形式，其本质是坚持基础阶段体操训练的业余化，主要培养目的是：让所有对体操运动有兴趣的孩子，都有机会去享受体操的设备资源和技术资源，都能有机会感受体操运动带来的快乐。这些使得我国大众进入体操系统的门槛得以降低，参与体操的人口数得以扩大。在"多层"方面。快乐体操根据不同年龄阶段的儿童少年的心理和生理发展特征，设置了适合不同层次练习者的多种技术等级和丰富的体操竞赛种类，学员可以根据自身情况选择练习内容或参加竞赛，以达到各自所在层次的目标，与此同时快乐体操教练员会依学生的实际情况对其进行引导教学、实施训练，并且在开展过程中注重调动参与者的趣味性和积极性，在一定程度上能吸引不同人群的参与，使人口源的类型和层次得以丰富。在"多向"方面，快乐体操俱乐部、快乐体操进校园等的开展，也可以与国家的体操专业训练队共同构成人才培养的网络主体，其中学校开展的学生俱乐部可以参与体操人才的培养，社会开展的各体操俱乐部运动员也可以向体操学校和省级体操队输送人才，也可向国家体育学院输送，个别优秀者也可直接向国家队输送。这样一来就拓宽了我国体操后备人才的培养面和选拔面，从而屏弃以往层层输送的单一性和局限性。

其二，开启"学习层路径"与"训练层路径"的有机融合。由于一直以来，我们运动员的主要时间都花费在训练当中以达到金牌争光的目的，导致他们过早专业化，自身的竞技水平很高而文化水平低下的现象，退役后便不能适应社会的发展，使得很多家长不愿将子女送入训练学校。因此，为了促进运动员的全面发展，我们应将运动员的基础文化教育放在首位，而提高体育课和业余时间内的训练效率是解决基础文化教育与训练矛盾冲突的关键。快乐体操是以发展我国大众体操运动参与人群和培养基础训练阶段的业余体操运动员为主，快乐体操中所有的学员通常用体育课或课余时间进行体操的学习和训练，如在体育课中学练，放学后、周末或假期去俱乐部进行学练。平时学员照常上学和升学，其中即使是因优秀而被选拔输送的运动员也要跟普通孩子一样上学、升学。这样就使得学员在学到体操运动技术的基础上保证了基础文化的正常学习，尤其是被往上输送的优秀运动员，不会因为训练而被耽误基础文化的正常学习，使上学和练体操互相促进，开启了"学习层路径"与"训练层路径"的有机融合。

（二）推动我国体操运动实现大众化和市场化

在我国全民健身热潮的推动下，人们的健身需求正朝着娱乐化、休闲化发展，使得各体育项目的大众化、市场化发展正在大步向前迈进。然而我国的体操运动却迟迟没跟上时代的步伐，滞留在了"体操是一个苦、危、累、难的竞技运动"的认识误区，使得体操项目在我国因群众基础薄弱而脱离了大众和市场。所以，体操运动的发展顺应中国全民健身发展，挖掘其"快乐"成分，并充分发挥其健身优势，将体操的全民健身和休闲娱乐化发展完美结合起来，即"快乐"体操，是目前我国大众体操事业发展的首要任务之一。而快乐体操在此次任务中就充当了最主要的角色。

在发展理念上，快乐体操秉持一种以练习者感受体操运动乐趣和追求快乐为保证，培养练习者的体操运动兴趣、习惯、能力和自主学习习惯，培养练习者终身体育的以人为本、以娱为主的思想，以此思想指导促进体操项目朝着娱乐化、休闲化发展。

在实践过程中，快乐体操独特普适的内容和形式，使体操具有了娱乐性和趣味性，并降低了体操的危险性及竞技性，使其更适合于练习者的个体差异及练习需求。且逐渐增多的快乐体操相关赛事的举办和快乐体操俱乐部及培训机构的建立，促使我国体操开始步入了大众化和市场化。以快乐体操竞赛为例，我国在2017年就分别在上海、广州、仙桃、大连、怀化、街州等地开展了多次全国快乐体操比赛，其中以10月举办的全国快乐体操比赛（广州站）为例，此次比赛设置有接力通关赛、器械比赛、集体自由体操赛、创意搭建赛和健康家庭赛五个比赛内容。

首先，每项内容都按40%、40%、20%的比例分别录取一等奖、二等奖和三等奖，且为每个参加健康家庭的运动员家庭颁发"健康家庭"荣誉证书等。所以，只要报名参赛的无论是个人、团体、还是家庭，都可以获得奖项，这种将传统比赛少数人获奖的方式转变为只要参与都能获奖的颁奖办法，使竞赛给予的成就和喜悦感充分调动了运动员们的参赛兴趣和热情，能鼓励运动员、培训单位及家庭参与到比赛中，从而增加了对体操运动的兴趣与长期参与的动机，成功地体现了快乐体操所具有的弱竞技性。其次，接力通关赛、创意搭建赛和健康家庭比赛体现了快乐体操比赛的娱乐性和独特性。接力通关赛是将低平衡木、儿童单杠、海绵池、小攀岩墙等体操器材通过自行排列顺序，以游戏的形式用最快的时间接力完成的接力比赛；创意搭建赛是在规定时间和距离内将选中的模块在教练的指导下进行创意搭建，并由教练解读主题创意的创造性比赛；健康家庭赛是由宝贝、爸爸和妈妈共同参与的合作型比赛，内容包括宝宝的"走、跑、跳、爬、翻滚"通关赛，"强壮爸爸"俯卧撑和"美丽妈妈"仰卧起坐。这些独特的方式使体操竞赛形式有了一个大的突破，使其打破了以往传统体操竞赛的单一性和竞技性，使体操拥有了适合青少年自身发展以及团队、家庭和谐发展的较强的娱乐性。

总之，快乐体操以人为本、以娱为主的发展理念以及独特新型的比赛形式或是教学训练方式使体操运动变得"快乐"，在一定程度上能改变和消除社会大众对体操的误解，促使更多家长愿意并主动让他们的孩子参与到快乐体操学练中来，推动更多俱乐部或培训机构的建立，以进一步推动我国的体操运动实现大众化和市场化。

（三）助力实现"健康中国 2030"的战略目标

中共中央于 2016 年 8 月 26 日召开了政治局会议，会议认为健康是促进人的全面发展的必然要求，是经济社会发展的基础条件，是我国人民健康长寿、各民族昌盛兴旺以及国家强大富裕的重要标志，也是广大人民群众的共同愿望、共同追求。同时并审议通过了《"健康中国 2030"规划纲要》，于 10 月 25 日由中共中央、国务院印发并实施，确立了人民健康优先发展的战略地位，文中分别设立了到 2020 年、2030 年两个阶段的战略目标。在 2030 年最终需要实现的目标中，就有"人民身体素质明显增强""健康生活方式得到全面普及"以及"健康产业规模显著扩大"等目标。其中需要体育通过体育途径方面实现的任务就有：在人民健康生活方式领域经常参加体育锻炼的人数指标要达 5.3 亿人、基本实现青少年熟练掌握 1 项以上体育运动技能、积极发展健身休闲运动产业，鼓励发展多种形式的体育健身俱乐部，丰富业余体育赛事等。面对这一系列"大健康时代背景下"体育新任务，各体育项目理所当然地成了完成任务实现"健康中国"战略目标的强有力助手。快乐体操作为其助手之一，在实现战略目标上有重要的助力作用，主要体现在促进我国青少年体育"大健康观"的树立以及延展我国体育产业面等方面。

1. 促进树立我国青少年体育"大健康观"

2016年8月19日，习近平在全国卫生与健康大会上提出了建设"健康中国"要树立"大健康"的理念，健康融入万策，即统摄国家、社会、个人三个层面的健康价值观来引领大健康事业的实践。这里所被统摄的各个层面的价值观就是"大健康观"，在内涵上，大健康观首先以国家健康价值观为核心，强调个人、社会及生态的和谐。在实现方面，大健康观就是人类、民族遵循健康行为和生活方式，即包括躯体健康、心理健康，履行社会责任的能力健康和道德健康在内的整体的、全面的全社会健康，提高生命质量。

青少年是我们国家、民族的希望与未来，也是我国"健康中国"建设的中间力量。因此青少年的健康发展和其"大健康观"的树立在一定程度上是我国"健康中国"的目标所在。体育之于健康，健康之于青少年，青少年之于国家和未来，四者之间的天然关系，奠定了树立青少年体育"大健康观"的重要地位。而青少年体育"大健康观"的树立需要在体育运动中去实现，即通过选择终身体育的行为和生活方式，去实现身体健康、心理健康，履行社会责任的能力健康和道德健康在内的整体的、全面的全社会健康，提高生命质量。快乐体操运动作为体育内容之一，在一定程度上能有效促进我国青少年体育"大健康观"的树立，主要体现在以下两个方面：

第一，我国快乐体操的开展对我国青少年全面实现身体健康、心理健康以及社会健康都有很好的作用。在促进身体健康方面，快乐体操的教学、竞赛和锻炼三种活动形式和内容都能很好地发展人体的基本运动能力和特殊运动能力，有效提高身体各项素质，从而促进身体正常发育、身体机能水平得到提高；在促进心理健康方面，快乐体操能全面发展青少年的认知能力，培养他们良好的情绪情感、意志品质和个性等；在促进青少年社会健康方面，快乐体操能很好地培养增强他们的社会交往、自觉自控、学习与分析、审美、环境适应、独立自主等能力以及集体主义、遵规守纪、吃苦耐劳、文明礼貌的行为习惯、是非观、建立个人理想、合作互助、帮助他人等精神和意识。

第二，经常固定地参与快乐体操锻炼，能有效促进青少年运动惯性的形成，为他们终身体育行为和生活方式打下一个坚实的基础。惯性原本属于物理力学研究的专门术语，是指一切物体都有保持原来运动状态不变的属性。其实，在我们生活实践中，一切事物的发展变化也存在着"惯性"，所以运动行为也存在惯性，也就是我们常谈的运动习惯。从运动惯性形成的模型出发，可以发现作为运动之一的快乐体操运动也能使人养成运动习惯，形成运动惯性。首先，通过相关单位宣传或是他人介绍，以及锻炼身体、完成教学目标的需要选择快乐体操进行锻炼，开始会由于感兴趣而感觉良好，接着身体会产生不适，如酸痛、疲劳等；然后恢复，继续进行锻炼，由于内容或负荷的变化使身体又产生了不适；接着，在这种反复的不适和恢复过程中，身体已经产生适应性的变化，出现愉悦感，使快乐体操运动方式变成了固定锻炼方式；最后，长时间的坚持使体内的有关运动物质被建成，人体对快乐体操练习产生高度适应，使人体对其产生了的依赖性和节律性，练习过程会伴有轻松、愉悦和幸福的愿感，从而使依赖的运动健康模型被建立，形成运动惯性。

2. 促进体操产业稳步向前，延展我国体育产业面

我国体育产业自 2008 年北京奥运会之后发展越来越旺盛，目前已经发展成为我国第三产业的重要组成部分，而这是我国体育各方面所包括的竞赛业、健身业、用品业、传媒业等相关企事业共同努力的结果，如江河之水汇入大海一样。我国快乐体操的相关企事业也可以作为新生的川流之一，促进体操产业稳步向前发展并形成相应的规模体系，从而延展我国体育产业面，主要体现在以下两方面。

从社会供需条件来看：一个产业的形成是以人们物质文化生活需要为最基本的条件，快乐体操针对的服务人群是我国人口占比数较大的儿童少年。首先，他们面临着自身健康的问题并承担着"健康中国"战略目标实现的重要责任，这就使得身心健康和全面发展成为其发展的刚需。参与到快乐体操锻炼和培训中，在一定程度上能满足他们对强身健体，身心全面发展的需求。同时，青少年儿童为满足健康发展的需求选择快乐体操相关服务进行快乐体操消费，如参报俱乐部培训班、参加快乐体操比赛、购买体操服饰等，反过来就会使我国体操所提供的相关培训、竞赛、设施用品和传媒等企事业以及相关职业人员的发展规模得以扩大，促使我国体操产业形成发展，延展体育产业面。其次，随着我国素质教育和基础教育改革的不断发展，在十八届三中全会审议通过的《中共中央关于全面深化改革若干重大问题的决定》中就指出了丰富学生课余锻炼内容，加强体育课外活动，促进学生身心健康，强健学生体魄的战略部署。而同时为了减轻小学生的学业负担，教育部也明确提出，学生在校时间不得超过 6 小时（不包括休息时间），所以小学生的放学时间就被调整到下午 3 点半，而多数家长下班时间为下午 6 点，这一家长上班孩子放学的"3 点半难题"，就使课后托管成为家长孩子的必要需求。

课外体育服务无疑成为满足家长孩子课后托管需求的佳选之一，这些也为快乐体操培训业以至于体操相关产业链的发展提供了机遇，促使体操产业形成来延展体育产业面。

从自身发展来看：一个产业的形成需要一定的产品构成规模、职业化和其担任必不可少的社会功能，其在构成上主要包括产品的实物型和非实物型，如体育器材、服饰、场馆等的实物产品和竞赛表演、技术培训、信息传媒、体育保险等非实物产品；在职业化上主要体现为具有一群稳定的社会职业专业人员。首先，快乐体操的产品构成发展正在形成一定的规模，在快乐体操实物产品方面，目前我国已有数十家注册的快乐体操俱乐部，超过 70 所试点学校和多家器械公司以及开展的多次快乐体操比赛，这都是快乐体操在器材、场馆和服饰等实物产品方面形成规模的体现，与此同时所存在的俱乐部培训、学校教学、组织竞赛和宣传广告等也是快乐体操非实物产品形成规模的体现。其次，快乐体操由于开展俱乐部、培训学校等的需求，开展了多次专业的教练员和辅导员培训，这为快乐体操提供了稳定的职业人员规模。最后，快乐体操本身就具有促进我国青少年身心全面发展的重要功能。所以，快乐体操本身具有发展成为一个产业的条件，发展到一定程度上能形成快乐体操产业，同样延展我国体育产业面。

第三节　学校快乐体操的内容及其特点

一、学校快乐体操的内容

人们常说，田径是"运动之母"，体操是"体育之父"。体操源于古希腊，以前也被称为"体育"。随着体育学科的不断发展，"体操"逐步从"体育"的大概念回归到项目本身。体操是所有体育项目的基础，其涵盖的内容十分广泛，开展的项目及形式也是丰富多彩的。国际体操联合会官网列出了 7 个项目：男子竞技体操、女子竞技体操、艺术体操、健美操、大众体操、技巧、蹦床。然而，体操远远不只是这些，除了竞技性体操之外，还有健身性体操，后者包括队列队形、徒手体操、轻器械体操、专门器械体操、实用性体操等。大众对体操认识的误区，不仅仅在于将体操局限于竞技体操，更重要的是对健身性体操的内容不了解。

随着体操内容的分化与发展，涌现出了许多新的、受大家追捧的形式。如当前风靡全世界的花样跳绳，在里约奥运会上大放异彩，而该项目就是逐步从轻器械体操中脱颖而出的；近年来，在日本兴起的男子艺术体操也在不断冲击着人们的陈旧观念；还有"跑酷"，作为年轻一代的一种时尚运动，在他们的心中已变为一种新潮。这些原本都属于大体操的内容，由于开展形式的变化而变得新颖，使大家接受、喜欢。

其实，快乐体操的本质就是体操，只是在形式上出现了突破，使得人们逐渐又对该项目重新产生了关注和浓厚的兴趣。形式上的变化，让体操项目产生了新的生命力。快乐体操将所有体操内容重新组成、融合，通过"快乐"的形式组织起来，对普通大众特别是孩子们来说，有着很大的魅力。孩子们一踏进快乐体操的"殿堂"，就被五彩斑斓的环境所吸引，丰富多彩的练习内容，让孩子们乐此不疲，流连忘返。

通常，学校快乐体操内容包括以下方面：

（1）奇妙的队列队形。把快乐体操队列队形从传统乏味的教学中解脱出来，将奇妙的魔方游戏运用其中，通过原地和行进间队列动作以及圆形行进、队形变换、散开和靠拢等奇妙的变换，让参与者在高兴满意的感觉中锻炼身体和形成正确的身体姿态，培养组织纪律性和迅速、准确、协调一致的团队合作精神。

（2）变化的徒手体操。快乐体操将传统徒手体操单一频率变化为多频率节奏变化的徒手练习，通过举、振、屈、伸、转动和绕环等一系列徒手动作，在不同的音乐节奏中，通过单人或多人的配合，形成简单、有趣并不断变化的身体练习。让参与者在好奇和快乐的练习中提高四肢与躯干的协调性和灵活性，使神经系统功能得以提高。

（3）好玩的持轻器械体操。好玩是儿童的天性。快乐体操在原有轻器械的基础上加以丰富和拓展，融入了我国传统民族特色和地域特色的内容，如体操棍与竹竿舞的结合，器械动作与地域文化、艺术内容相结合，口令与配以符合儿童特点的音乐结合，利用儿童好玩的特点，在徒手体操的基础上通过不同的器械动作变化与演示，使参与者在"玩"中找到乐趣，产生兴趣，对促进学生身体正常发育、发展，灵活、速度、弹跳以及耐力等身体素质有着积极的作用。

（4）有趣的素质体操"游戏"。将体操身体素质练习"游戏"化是快乐体操创新性的体现，这里指的游戏不同于生活中的一般游戏，它突出体操项目特点，通过"游戏"手段进行调节，实现身体素质发展；它的目的性、针对性、感觉性强，与常规的身体素质练习可对照的最明显特点恰恰体现在结合儿童游戏的特点上，这是因为学生在进行快乐体操的学习中会伴随很多的感觉，诸如愉悦、陶醉、松弛感、真实感、紧张感、责任感、陌生感、由衷感……快乐体操提出"素质体操游戏"并不是体操就是游戏，而是强调在认真严肃的体操教学中获得一种体操教学所需要的轻松感和真实感等。

就学生学习的心理层面而言，需要更加强调主体感觉。在体操教学中学生对诸多感觉的认知成为设计好体操教学的重要环节。每一个与体操相关联的身体素质都具有自身发展的方向，在教学中最重要的是素质发展的特点和学生个性发展特点的结合，因为特点不突出和个性被遏制，就无从强调学生自我的感觉，没有了感觉就失去了生气，失去了快乐体操的生动。正如生活中，我们往往在自由的时候自然性增强，社会性减弱，这份放纵所派生出来的是松弛、轻松、张扬、昂奋或积极、阳光、有活力，更是健康意义上的个性的生动、具体、实在、真实。使学生可以建立起由衷的兴趣、深深的体验，这正是快乐体操中有趣的素质体操游戏既轻松又严肃的感觉，是体操教学所追求的使命感和责任感。尊重学习者主体感觉的教学内容安排是对常规体操教学的突破。

（5）丰富的课间操。最初人们谈到课间操，就会认为只是广播体操，于是排斥其他形式如韵律操、健美操等内容出现。可想而知九年制的学习面对一个环境、一种做法、同样的动作、千篇一律的旋律和枯燥乏味的节奏，就是成人也会失去兴趣，更谈不上愉悦或快乐。面对课间操的发展，我们提出只有抓住学生主体感觉良好这一特点，有意识、有目的、分阶段（季节）对课间操进行更新，一方面融入自然元素，如春天，生机勃勃，万物复苏，让课间操充满了朝气；夏天，烈日炎炎，酷暑难忍，让课间操舒缓而优雅；秋天，轻风送爽，金色满园，让课间操变得活泼；冬天，银装素裹，万物凋零，让课间操变得生动有趣，将人与自然相结合，使人融入自然之中，才能达到精、气、神的统一，产生良好的主题感觉。另一方面融入文化的元素，如中华养身文化中的民族传统体育精髓太极、八段锦和地域文化特色的韵律操等等，既简单又具有文化内涵课的课间操，既可以让学生疲劳的身体得到充分的放松调整，又可以使学生领悟或学习中华民族博大精深的传统文化。将课间操向多元化的外延拓展，丰富其形式，充实其内容，变化其节奏，可以想象学生主体感觉一定会是主动的、积极的、认真的和快乐的。

（6）多彩的表演操。表演体操是指在学校运动会或庆典活动以及社会参与中，利用体操元素进行表演或服务的各种身体表演活动，是体操与时俱进的产物。在时代语境下，大体操概念将健美操、啦啦操、全民健身操舞等等纳入其中，一方面丰富了体操内容和形式，更重要的是体操为学校的建设和发展起到了重要的推动作用。它为运动会增添气氛，为学校重要庆典活动增加欢乐，为校际交流提供多彩的内容，为学校走向社会展示风采和争取支持增强动力。

二、快乐体操运动的主要特点

第一，趣味性。快乐体操，顾名思义，就是让参与体操的孩子能快快乐乐地玩耍和锻炼。这在快乐体操的俱乐部里面随处可见。孩子在上课时非常享受，从热身到练习再到最后的放松都有游戏穿插其中，针对孩子生理、心理的发展规律，以兴趣为主，结合形式多样的动作练习及色彩丰富的场地，再配上符合动作特征的音乐节奏感，简直像是在游乐场做快乐体操练习①。

第二，灵活性。快乐体操的教学内容广泛，教学形式多变，教学器材多样。教学内容包括体操涵盖的所有项目，其广泛性是不言而喻的；教学形式有情景模式、韵律模式、模仿模式等。上课时，教练员可以根据不同的练习内容随时切换。且快乐体操场地上的器材都是可以移动的，"金字塔""圈"等各种各样的器材以不同的摆放方式组成多样的教学"新"器材，激发了孩子的好奇心，提高孩子的参与度。

第三，全面性。体操项目是所有项目中涵盖人的 33 个身体素质最全面的项目之一，包括了力量、速度、耐力、柔韧性、协调性等各种各样的素质要求。所以，经过体操练习，可以全面地提高孩子的身体素质。此外，体操的适用年龄也是很广泛的，在大多数年龄段都可以进行练习。

第四，安全性。在快乐体操俱乐部的场馆中，场地、器材的生产、摆放设置都是经过深思熟虑的，是专门为孩子设计的，"中心"也发布了《少儿体操器材标准》。易磕碰的地方都选用质地柔软的海绵、垫子等，并且有专门的教练员进行保护与帮助。快乐体操课程在设计上更注重循序渐进，由易到难。孩子参与一段时间快乐体操运动，不仅能够提高协调性和灵活性，还可以形成良好的空间感觉，提高自我保护能力。所以快乐体操绝对可以保证孩子的安全，甚至可以说是体育项目里面最安全的。

---

① 英士博（上海）体育管理有限公司.快乐体操教学指导手册（辅导员、初级教练员）[M].北京：人民体育出版社，2017.

第四节　快乐体操发展的机遇与挑战

快乐体操对"奥运争光、全民健身、阳光体育"等活动的开展具有推动作用，发展中备受国家、社会、民众的青睐，并已取得诸多可喜成绩。自 2014 年正式推广快乐体操以来，已在全国多地举办教练员及裁判员培训班，联合多部门、多行业共同举办数百场快乐体操赛事，并重点建设几十所幼儿园、中小学省市级快乐体操试点学校，使快乐体操在我国的发展如火如荼。进入社会主义新时代，"体育强国、健康中国"建设的号角已吹响，但儿童少年体质下降、体操后备人才萎缩、校园体育价值偏离等问题愈演愈烈，快乐体操作为新兴项目，对实施国家战略、解决现实问题具有义不容辞的责任。基于社会发展的角度，本节通过对我国快乐体操的发展机遇、挑战及对策等进行研究，为今后我国快乐体操的可持续发展提供理论和实践依据。

一、快乐体操发展面临的机遇

（一）国家未来健康发展战略实施的体育诉求

我国早在 2008 年就提出"从体育大国向体育强国迈进"的战略目标，接着党的十九大报告提出"开展群众体育活动，加快推进体育强国建设"，表明体育强国建设地位日益提高并指引着未来体育发展方向。2016 年中共中央印发实施《"健康中国 2030"规划纲要》，提出"增强全民身体素质、提高人民健康水平"的建设目标，标志着我国对健康发展的需求上升为国家战略。快乐体操作为一项新兴项目，具有增强体质、激发潜能、促进健康及塑形减肥的重要功能，能够满足人们对健康和锻炼习惯的追求。竞技体操是我国优势夺金项目，快乐体操能够为竞技体操人才的选拔和培养奠定基础，进而可以为体育强国建设贡献绵薄之力。恰逢"体育强国"和"健康中国"建设之际，快乐体操可以满足国家战略实施体育诉求，同时为我国快乐体操发展提供广阔的发展空间和推广平台。

（二）儿童少年提升体质健康的有效途径

少年强则中国强，儿童少年是民族的未来和希望，体质健康水平是衡量国家体育健康发展的重要指标。儿童少年时期是身体快速生长和发育关键阶段，也是速度、力量、平衡、灵敏、基本技能动作、健康生活方式形成的黄金期，对其参

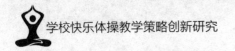

加体育锻炼的内容及形式提出更高要求。

随着物质生活水平的提高，体育锻炼时间严重不足、身体基本素质差、营养过剩甚至肥胖、视力近视等健康问题日益突出，引起社会各界的关注。快乐体操依据儿童少年身心发展规律和现实状况，注重健身性、趣味性及娱乐性，旨在全面提高儿童少年的协调、灵活、平衡、柔韧等能力，改善大脑神经机能，促进骨骼肌肉的生长发育，并丰富儿童少年体育内容及形式，能够全面满足儿童少年体质健康发展的需要。

（三）竞技体操后备人才输送的基本保障

竞技体操是我国历年世界国际大赛的"夺金"项目，曾为我国体育事业的发展立下汗马功劳，中国体操队在 2008 年北京奥运会创下"七金"的辉煌成绩，但里约奥运会也同样遭遇过"滑铁卢"的低谷阴影。究其原因，其一，举国体制办体育的"红利"逐渐削弱；其二，基层普及程度低、体操人口基数小使体操后备人才出现断层危机；其三，社会新闻媒体"妖魔化"的宣传报道，形成"苦、累、伤"的偏差观念。2014 年国家体育总局开始全力推广快乐体操，推崇"快乐体育融合体操发展"的新理念，不断简化和改进趣味性、娱乐性、教育性体操动作，依靠学校教育、俱乐部等多途径，增强体质、促进健康、培养兴趣。快乐体操项目推广五年来，逐渐走进校园和走向社会，不仅扩大了竞技体操后备人才选拔范围，而且增加了竞技体操选拔人口基数。

（四）促进学校体育课程多元发展的有效手段

学校体育是群众体育与竞技体育之间衔接的桥梁，从中扮演着促进学生全面发展和终身体育的重要角色。过去学校体育曾以体操、田径等为主要教学内容，技巧、支撑跳跃、单双杠等动作成为体育课堂的主体构件，使学校体操事业发展如日中天。近年来，学生考试升学压力增大、运动损伤风险加大，同时受"苦、难、险、枯"观念的影响，学校体育教学中体操教学内容和单双杠专门器械从此消失匿迹。虽然，国家教育部门多次实施体育课程教学改革，期望通过改变体育课程方式，缓解当前学生体质下滑危机，但效果不尽如人意。2016 年教育部将体操纳入学校体育重点发展项目，作为"运动之母"之称的体操，内容丰富、形式多样、易于开展，体操重新融入学校体育教育使其回归课堂教学指日可待。快乐体操是一项具有趣味性、健身性、安全性的运动项目，可以使学校体育教学朝着多元化发展，并为中小学体育发展注入新鲜血液。

二、当前我国快乐体操发展面临的挑战

第一，社会认识存在偏差，区域发展不均衡。竞技体操的竞技化和专项化趋势日益明显，使社会公众对体操的认识基本停留在"训练艰苦、危险性高、容易受伤、难度复杂"等固化观念中，导致家长不愿意将孩子送去从事快乐体操学习与训练，学校也规避意外风险放弃体操课程，使快乐体操的发展举步维艰。自2014年快乐体操提出至今，北京、上海、广州、武汉等地已相继开办快乐体操俱乐部几十家，同时举办上百次快乐体操大型赛事，但西部地区快乐体操的发展不容乐观，基本处于停滞和徘徊阶段，整体缺乏强劲的发展动力。通过走访调查可知，国内快乐体操俱乐部大多分布在省会城市的市中心和商业圈附近，三四线城市屈指可数，乡镇农村中小学更是凤毛麟角，严重的地域发展不均衡成为快乐体操市场推广不力的根本障碍。

第二，项目教材内容残缺，评价监管不到位。2016年，国家体育总局颁布的《全国快乐体操等级锻炼标准》成为发展快乐体操的指导蓝本，但也只是将竞技体操动作简单化，整体未能合理选择体操动作元素表达快乐体操本质，其中身体、生理、动作科学发展的持续性不足及幼儿园、中小学、大学的整体衔接性缺失。2017年，相关学者推出幼儿快乐体操课程首部教材，该教程也只是体能和技能方面的训练指导，几乎没有涉及心理、美育、德育方面的内容，未能从根本上解决快乐体操教育的本质问题。我国快乐体操的发展主要依靠国家体育部门和商业俱乐部宣传推广，暂未统筹教育、体育、医疗等部门协调发展，存在管理机制不健全、评估体系不明确、教学内容笼统、教学方法混乱、教学监管不到位等乱象，使快乐体操教学训练不能真正落地、落实地达到教学目标。

第三，推广经营模式单一，专项资金不充足。近年来，我国快乐体操形成"市场化"和"校园化"的推广模式，市场化依靠社会商业俱乐部营销模式，校园化依靠各省市快乐体操特色试点建设单位。社会商业俱乐部营销模式运用传统有偿销售模式，基本停留在单一古板的训练形式，且收费模式单一、价格区间小，难以满足社会消费者的多元需求。校园化依靠"自上而下"政府主导的行政化推广模式，初期具有较强的号召力和组织力，但后期缺少足够的群众自发参与性，最终可能会使快乐体操的发展曲高和寡。快乐体操包括蹦床、平衡木、单杠、跳跃、自由体操等动作，对器械和场地的安全性、标准化要求较高，且器械和维修等费用昂贵，多数学校对快乐体操的资金支持率很低，基本资金和条件得不到保障，快乐体操的有序发展无从谈起。

第四，教学师资力量薄弱，专项培训不及时。师资队伍是快乐体操推广活动的主导者，快乐体操的发展离不开高水平的教练员和裁判员。2014年国家体育总局体操运动管理中心就开始开展快乐体操教练员和裁判员免费培训，至今学员累计已有数百人，但其中多数学员来自幼儿园、业余体校、商业俱乐部等，中小学体育教师较少，使快乐体操师资队伍结构不科学。虽然近年来举办多次教练员和裁判员培训会、快乐体操培训公开课及校园座谈会等，基本集中在北京、上海、广州等发达城市，内容多是项目比赛规则、教学理念的笼统宣讲，缺少具体教学能力和素养等提升课程学习，导致整体师资队伍专业程度不高、实践能力不强、区域分布不均衡，表现为治标不治本，质量不高，不能及时满足社会、学校对快乐体操教师的需求。

第五，竞赛分组级别单一，体操产业链不完善。我国快乐体操比赛通常按运动员年龄进行分组，有个人赛、团体赛和集体舞等形式，比赛积极从竞技化向趣味化转变，对快乐体操可持续发展具有保障性和评估性作用。我国快乐体操赛事现处于初级阶段，基本采用先各地分站赛再年度总决赛的竞赛模式，项目分组级别单一、创新性不高，不足以抗衡大量赛事举办的冲击，需要对竞赛项目不断创新、完善，构建比赛新方案。快乐体操需要坚持社会化和市场化的改革，自快乐体操提出至今，已组建相关组织管理机构，并制定相应的等级锻炼标准和演示影像资料，组织举办不同级别的快乐体操赛事，但仍摆脱不了政府一手包办的常规模式，使体操产业链上、下游断裂严重，导致快乐体操与体育产业发展融合度不高快乐体操发展严重受阻。

三、我国快乐体操发展的优化路径

（一）加强项目宣传力度，优化调整发展布局

随着快乐体操赛事的不断增加和完善，快乐体操的文化内涵亟待宣传，有力的宣传可以为快乐体操发展提供良好的社会氛围。若想转变社会对快乐体操的错误认识，必须以社会网络新媒体为载体，利用网站、微信公众号、微博等软文化载体与报纸、宣传栏、电子屏、宣传长廊等物质文化载体相结合的方式，对全国快乐体操比赛、快乐体操进校园、快乐体操师资培训、奥运冠军进校园等活动信息进行及时宣传报道，引导社会公众对快乐体操形成正确的认知，使快乐体操推广的阵地更加牢固①。快乐体操的发展不能只顾经济发达城市，必须对城市和乡

① 杨丽.刍议我国快乐体操开展现状及应对策略[J].科教导刊（中旬刊），2019（07）：187–189.

镇农村、东部和西部、经济发达与欠发达地区统筹兼顾，可以采取结对帮扶、相互合作、互利共赢的手段进行区域优化调整发展布局。

（二）选择系统课程教材，建设监管评价体系

教材是课程知识和信息的载体，科学的监管评价体系是快乐体操有序发展的基础保障。我国快乐体操现仅有全国快乐体操等级锻炼标准和部分专家学者提出的幼儿体操教程，教材的选择面窄且实用性差，迫切需要系统建设快乐体操教材体系。快乐体操管理相关部门应定期召集幼儿体育、学前教育、市场管理等领域的专家学者商讨快乐体操发展规划，安排人员跟踪调研项目推广情况，组织教材研发小组依据各自年龄阶段的特点来进行教材编写，满足快乐体操发展的理论和实践指导需求。科学的监管和评估对快乐体操的发展具有导向性，虽然现在对重点建设单位已实施五星级评定评估体系，但还没有对评估指标体系进行细化，应建立健全评估和监管制度体系，采用定期考核、持证上岗、职称晋升、奖学金评定等激励机制，推动快乐体操的可持续发展。

（三）创新科学发展模式，开拓资金筹备渠道

科学的发展模式对规范和引导快乐体操有序发展具有重要作用，其中多元化资金筹备渠道是推广及发展快乐体操资金的基本保障。我国现有的推广模式主要以俱乐部和学校为主，积极探索学校与俱乐部、学校与社区、学校与家庭的互动模式，不断创新"俱乐部营销模式、家校强强联合、政府社会共管"等新理念，撬动"社会—学校—家庭"发展潜力解决现实迫切问题，为我国快乐体操发展多元化、多样化提供样板借鉴。

现今快乐体操发展所需费用大多由政府、俱乐部、学校单方支付，各地教育及体育专项经费短缺成为制约快乐体操快速发展的根本因素。在新时代社会发展理念的引导下，快乐体操发展应以国家政策为导向抓手，汇集社会资本为发展动力，提高自身造血能力，拓宽融资渠道和结构，善用"政府—社会—企业"融资新模式，积极调动社会力量参与快乐体操。

（四）整合教学训练资源，创建共享交流平台

共享理念是新时代社会发展的核心理念，快乐体操发展亦离不开共享理念的指引和规范。据调研可知，社会商业俱乐部快乐体操教学具有理念先进、模式多样、经验丰富的特点，校园快乐体操授课亦有深刻教育性、长远发展性的特色，业余体校快乐体操训练具有专业性、规范性的优势。快乐体操发展过程中可以采用联合共建网络课程、拍摄教学视频、分享训练经验等方式，全面整合课程资源，实现课程资源共享，对快乐体操的发展达到发挥优势、强补短板的效果。交流平

台是文化传播和信息传递的有效手段，快乐体操管理部门应邀请专家学者、优秀教练等定期开办学术讲座、学术沙龙、专题研讨等活动，对快乐体操发展进行精准的问题诊断，积极创建产研学协同平台，实现问题解决的及时性和有效性。

（五）把握项目发展规律，构建多元赛事体系

每个运动项目都具有各自类属的发展规律，其中快乐体操作为"大体操"内容的补充和拓展，具有独特的艺术性、欣赏性、创新性等特点，备受社会公众的青睐。体育赛事是体育强国建设重要内容，也是运动项目推广的主要手段，快乐体操每年都会定期举办个人赛、团体赛、接力通关赛等形式的国家、省级、市级赛事，达到以"快乐体操"会友、以"快乐体操"交流促发展的目的，为快乐体操提供展示新活力的广阔舞台，使快乐体操的发展尽快进入"快车道"。与此同时，各地体育和教育管理等部门要通力合作研究并商讨快乐体操竞赛制度体系，逐步建立健全"校内—校际"友谊赛、"学校—社会"交流赛的多元竞赛模式，构建"幼儿园—中小学—高校"一贯制的校园快乐体操竞赛体系，使快乐体操深入民众、家喻户晓。

第二章 学校快乐体操教学的理论透视

体育运动向娱乐休闲拓展，快乐体操更具多样性和娱乐性。认真研究快乐体操教学理论，让学生爱上运动，获得更多的快乐体验，可以促进其更好地成长和发展。本章内容包括学校快乐体操教学目标与原则、学校快乐体操教学内容与形式、学校快乐体操教学方法与注意事项、学校快乐体操教学运用与评价。

第一节 学校快乐体操教学目标与原则

一、学校快乐体操的教学目标

快乐体操教学目标的制定，应严格遵循孩子的身心发展规律，对孩子的身体、心理、情感、认知等的全面发展起到一定作用。国外已有研究表明，在不同的年龄阶段，需要有针对性地安排练习内容，才能达到有效促进个体身心发展的效果。其中孩童时期是关键阶段，除了教授基本的运动技能外，孩子的认知情感的培养，以及性格品质的塑造更为重要，而快乐体操的教学目标也正是这种思想的体现。

目标一：培养锻炼习惯，体验体操乐趣。在孩童时期，良好的锻炼习惯需要外界积极地引导。快乐体操教学目标之一便是通过变换游戏的方式，让孩子在玩耍中得到锻炼，激发运动兴趣，让快乐体操融入生活，成为日常生活中的一部分，在潜移默化中，培养孩子良好的锻炼习惯。

目标二：增强体质健康，提高运动能力。快乐体操也是提升孩子体质健康水平、提高运动能力的有效途径。它通过新颖灵活的形式，对孩子们的体质健康进行有效干预，以达到增强体质的效果，并在此基础上，让孩子们掌握一定的动作技能，提高运动能力。具体包括：塑造挺拔的身形，增强孩子们的力量，提高灵敏、协调等能力。

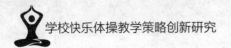

目标三：养成规则意识，培养优秀品质。快乐体操强调团队协作，在轻松的氛围中帮助孩子培养集体意识，遵守规范。同时，逐渐培养孩子的积极进取、自信自立、勇敢坚韧等优秀品质。

二、学校快乐体操的教学原则

（一）坚持兴趣性原则

兴趣是最好的教师。在快乐体操运动技能的学习过程中，根据场地、器材的设计和多种形式的教学组织培养孩子的情景兴趣。孩子逐渐产生运动兴趣后便对该项运动乐此不疲，这与快乐体操教学理念相契合。回归体育的本位目标，即追求运动的乐趣。运动乐趣的培养和运动技能的掌握是相辅相成的，没有技能的掌握不可能体验到运动的乐趣，没有乐趣也不能更深入地掌握运动技能。

（二）坚持主体性原则

主体性原则是教学规律的反映。在教学过程中，孩子始终是学习的主体。教与学的活动始终围绕孩子的需要和特点展开。快乐体操教学注重在活动中培养孩子的参与能力、创新意识等，在课堂教学实践中大胆放手，培养孩子动手、动脑、动口的习惯，在教师的辅助引导下积极主动参与教学活动，发挥孩子的主体性和创造性，促进个性的充分发展。

（三）坚持全面性原则

全面性主要体现在其教学内容的丰富性和组织方法多样性两个方面。根据孩子的身心发育特点，组织多样化的教学形式，避免出现单调、乏味的教学。根据孩子的身体素质和技能水平特征，丰富教学内容，拓展知识结构，为孩子的发展提供全面的指导，从而促进孩子综合能力的提高。

第二节　学校快乐体操教学内容与形式

一、学校快乐体操教学内容及其设计

（一）学校快乐体操教学的内容

快乐体操动作是身体运动的外部表现，包括身体在运动时的方向、路线、速度、身体姿势的变化等，内容丰富多彩，归纳起来为徒手、手持器械所进行的以健身为目的，具有操的特点、舞的形式，以音乐为载体进行的不同类型、不同难度，又具有形体美的身体练习^①。

快乐体操动作教学是根据不同的动作内容，教师传授、学生学习完成动作的方法，包括身体在运动时的用力大小、时机、节奏，身体各部位的配合等。其分为基础动作、基本动作、单个动作、组合动作、成套动作、徒手动作、持器械动作等，每一种动作均在形态、机能和身体素质三类的基础上，通过千变万化的形式得以表现，达到增强体质、陶冶情操之目的。

1. 基础动作教学

基础动作教学是指初学快乐体操最简单的入门动作，包括形态类的站、立、坐、走、跑、跳，开合、屈伸、直腿、并腿、举腿各种风格的初级动作等；机能类有屈伸、收展、回旋协调配合的各种形式入门动作等；素质类的力量、柔韧、灵活、平衡各种方式的简单动作等。它们是学习快乐体操的基础，是为进一步学习基本动作打好基础。

2. 基本动作教学

基本动作教学是指在快乐体操动作学习中具有进一步变化和加难的根本性动作。快乐体操的基本动作是上肢、下肢、躯干各部位的不同类型动作，如形态类的手位、脚位、擦、踢、蹲、跳、转等基本动作，机能类各种上肢在前、上、侧方位变化的举、振、绕等基本动作。掌握了基本动作一方面可以变化不同方向、不同节奏、不同路线、不同难度、不同配合，学习更复杂、更有趣、更新颖、更完善的操舞动作，加快学习深度，拓展学习广度，打开视野，提高学习兴趣；另一方面可以使快乐体操动作具有连续性和发展性。

3. 单个动作教学

单个动作是指从某一静止姿势或某一动态点作为开始，通过身体姿态的变换运动，结合合理的用力方法，准确达到某一结束部位独立完成的一个动作，即单一动作的反复练习。它是快乐体操教学的基础，只有较好地掌握了单个动作，方能组成组合动作或成套动作。由于快乐体操动作以促进身心健康为目的，讲求科学健身，追求动作动态、动律、动力、节奏的优雅，情感融洽，即动作相对稳定、练习符合规律、力度刚柔结合、时间分配合理、情感体验舒畅。因此，单个动作教学内容丰富，难易差距较大。确定单个动作教学难易的因素很多，就其主要方面有：

第一，技术性因素。①由于形态、机能、身体素质技术要求不同，难易程度

---

① 李帅，葛晓燕．我国快乐体操研究 [J]．体育文化导刊，2016（01）：48-51．

完全不同。如形态类的抗阻练习（塑形），机能的有氧运动，素质类的柔韧练习等。②由于动作形式的要求不同，难易也不同。如静态较动态容易等。③由于动作的开始到结束重心与幅度不同，其难易不同。如走、跑、跳的变化等。

第二，时间因素。①节奏的快慢决定动作的难易。②节奏的强弱决定动作的变化等。

第三，限制性因素。如不同类型、不同目的、不同风格等。

第四，人为因素。如教师的教学水平决定动作教学的难易，学生的接受能力影响动作教学的进度等。

第五，客观因素。如环境的嘈杂影响动作教学难易等。

单个动作是快乐体操动作教学内容的基本部分，既可以作为课的内容，也可以作为课的教材，在教学中可以将许许多多的单个动作作为另一个单个动作学习的教学手段；单个动作通过连续不断的练习可以发展某一身体素质的教学内容。总之，教学中选用什么样的单个动作，要根据学习目的来确定。

4. 组合动作教学

组合动作的基本元素是单个动作，组合动作指两个以上的单一动作连续在一起，成为复合性动作的练习。单个动作是外部因素，内部因素是情感。组合动作由动作和情感相结合，通过外部动作的形态表达内心的情感，达到增强体质、陶冶情操的目的。通常组合动作是几个单个动作组合起来连续完成的动作。它具有以下特点：①组合的单个动作数量是根据教学需要来决定的，将两个以上的单个动作根据教学需要连接而成，构成不同形式的组合动作。②组合动作的类别是根据教学的实际来决定的，如快乐体操教学中的课间操、表演操常常是由不同类型的单个动作组合而成，构成不同类型、不同风格、不同形式的组合动作。③组合动作的难易是根据学生能力决定的，如，当学生掌握不同类型、风格、形式的单个动作之后，可以在单个动作之前或之后连接另一个单个动作，使其产生出新颖的变化。

总之，组合动作是快乐体操动作教学内容的重要部分，是巩固提高动作质量的关键环节，是由单个动作发展到成套动作的过渡，是快乐体操动作教学不可缺少的内容。

5. 成套动作教学

成套动作是对组合动作发展、延伸、变化、发掘，按照教学目的（主题）进行高层次的美化，结合多种元素，如音乐元素、环境元素等进行有序的组合、排列，达到内容和形式的协调统一。例如：从音乐出发，通过对音乐的理解，展开想象并找到与主题相符的思路，选择运用多种动作发展变化的方法，各种不同类型的组合动作的基础上扩充、展开，编排成较完整的一套由开始到结束的动作。成套动作是快乐体操动作教学考核的重要内容，一方面是衡量学生成绩的标准；另一方面是检查师生共同完成教学任务情况，为阶段性、连续性的后续学习提供有力参考。

（二）学习快乐体操教学内容的设计

快乐体操教学内容设计是指从事快乐体操项目的相关人员分析《快乐体操等级锻炼标准》，根据快乐体操设计的理论依据、原则、方法合理选择快乐体操教学内容，合理安排快乐体操教学内容的呈现过程。

1. 快乐体操教学内容设计的理论依据

（1）教育学理论。教育是一个过程，包括"教"与"学"两个互动环节。"教"的主体中，教师需要有自己的教学方法、手段、评价等，这些都属于"教"这一环节。快乐体操的教学内容属于"教"的一部分，是教师这一主体所涉及的板块，因此，在教学内容的设计时要遵循教育学有关教学内容设计的基本要求和原则。教育学理论作为快乐体操教学的理论依据是很有必要的。在内容设计时必须遵循教学规律，以此促进快乐体操教学目标的实现。

（2）少儿生理学。生理学是研究活机体的正常生命活动规律的生物学分支学科。少儿生理学理论是指教师在对快乐体操教学内容设计时，要依据少儿的正常活动规律，身体的发展特点，促进其健康发展，不能违背少儿身体生长发育规律。儿童少年生长软骨成分较多，水分和有机物质（骨胶原）多，无机盐（磷酸钙、碳酸钙）少，骨密质较差，骨富于弹性而坚固不足，不易完全骨折而易于发生弯曲和变形。生理学理论是在快乐体操教学内容设计所必须依据的理论知识。因此，依据少儿的生理特点，在教学内容的选取时需要注意以下三点：

第一，发育时从婴儿、幼儿、少年、青年、壮年直到老年的完整过程。少儿的骨承受压力和肌肉拉力功能较差，如果在训练中长期处于不良身体姿势状态下，则骨易弯曲变形，特别是脊柱容易变形。因此在教学内容要注重塑造正确的身体姿态。

第二，注意身体的全面训练。在训练中，要注重身体各个方位的全面训练，不要偏向于某一个部位的练习，忽视了其他部位的发展，否则会由于肌体发育的不均衡。例如，在上肢力量的学习中，要注意左、右臂的同等负荷的练习，在身体素质的练习中，要注意四肢与核心等共同发展，不要偏颇。

第三，要注意负荷的强度。在快乐体操教学中，力量训练的量与度要适合，不要对少儿的身体造成太大压力，容易对其身体发育造成不良影响。支撑类的教学要特别注意，根据少儿的能力一点一点加大难度，如先从跪撑开始，再到支撑；倒立先从小角度的靠墙倒立开始，慢慢加大支撑的手部负荷量，不能对少儿的手臂关节造成过大的负荷，影响其关节的正常发育。这一时期，心血管的发育比运动系统发育要迟，思维和语言迅速发展。此时，儿童有丰富多彩的想象力，活泼好动，是发展精细动作的最佳时期。

（3）少儿心理学。心理发展主要表现在认知能力和社会性发展方面。根据少年儿童的 3～12 岁这个年龄阶段的心理特点，他们进行体育锻炼的主要目的就是除了是要通过学习增强体质、健身健体以外，也要培养其思维能力的发展和与人交流、分享、协作等社会性的发展。这个年龄阶段已经初步形成了自己的个性，渴望与人交往，但也容易感到焦虑。少儿对于新的东西总会产生好奇心，要善于利用孩子的好奇心，引导他们不断探索学习新的知识。孩子们渴望与同伴交往，与同伴玩耍，我们就要利用少儿的这种心理进行集体意识的培养。少儿心理学的理论是设计所需要的理论依据，但相较于教育学和生理学来说有更多的灵活的设计空间；少年儿童的心理发展是多种多样的，每个个体之间都有一定的差异。因此，在快乐体操教学内容的设计上，是要依据少儿心理学的基本理论知识，而更多的要按照实际教学中每个学生的特性而有所变化，灵活设计。

2. 快乐体操项目发展目标

第一，促进少年儿童身心发展，培养体育锻炼习惯。快乐体操是一项少年儿童身心发展特点，徒手或借助器械进行各种身体练习，以培养少年儿童积极参与体育活动的兴趣，提高身体综合素质，促进身心健康发展的体育项目。它与竞技体操运动中的少儿体操训练有所区别，更加遵循少儿身心生长发育规律，从少儿的心理特点、生理特点、认识规律和行为特点出发，引导和促进少儿身心健康发展，从而达到自然、科学、有效、身心合一的锻炼目的，在促进少儿身心发展方面具有实践意义。

第二，培养体操人才，普及体操运动。快乐体操项目的大力发展，是打通竞技系列和普及系列的通道。快乐体操作为一项新兴的运动项目，要得到家长和认可和孩子的喜欢，最关键的是教学内容，只有通过科学的教学内容设计，让快乐体操真正具有提升孩子身心素质的价值，得到家长的认可，和让快乐体操教学内容具有新鲜感、趣味性，吸引孩子主动、积极参与，不仅能培养少年儿童参加体操练习的兴趣，又能从中发现更多具有从事专业训练潜力的苗子，扩大竞技体操后备人才选拔范围，从而增加竞技体操人口，将快乐体操推进社会，进入市场，并保持市场竞争力。

3. 快乐体操等级锻炼标准

快乐体操教学内容的设计，需依照国家体操中心颁布的《全国快乐体操等级锻炼标准》的大方向。《快乐体操等级锻炼标准》的锻炼和考评内容，根据各年龄段不同的能力特点，选择带有体操元素和标杆性的动作。根据娱乐性、层次性、衔接性的编排原则，以扩大体操人口为根本目的，终极任务为促进我国青少年和儿童身心健康发展，培养基本运动技能服务。因此教学内容的设计不能违背《标准》的创作目标和目的。

4. 快乐体操教学内容设计的基本原则

在快乐体操教学内容设计的原则按照其重要性可按照安全性、科学性、个体差异性、趣味性、发展性、社会适应性、保留体操本质这样的递减关系排序，安全性对于快乐体操的教学内容而言是重中之重，安全、有效的健身是快乐体操最重要的目的。七个原则的具体内容如下：

一是安全性原则。快乐体操运动的教学对象年龄设定为 3～12 岁，这个年龄的少年儿童身心都处于快速发展阶段，认知水平有限，意识不完善，不了解潜在不安全因素。而少年儿童儿童的内心对外界各种事物充满了好奇，任何事物都想去尝试，这就增加了快乐体操教学过程的危险指数。因此，内容的设计的原则上"安全问题大于天"，安全是快乐体操教学的首要问题，教师的整个教学过程都专注于学生的安全问题。安全的一个方面是在教学过程中具体动作的设计，不要超过儿童的能力以上，多采用难度小而有效的辅助练习，教练在一旁注意保护帮助。如在走平衡木的练习上，首先在宽敞的自由体操垫上放置一块稍宽与平衡木的软木垫，教师在一旁保护，虽然是比较简单的动作，也要注意一切危险的因素；另一方面要注重场地、器材的选用，活用各类安全有趣的器材，并且对于闲余器材的放置上也需要特别注意，如不规则的三角垫不用时要靠在墙壁上，不能随便放在地上，如果有小孩子踩到三角垫，可能会出现摔倒或崴脚的情况。

二是科学性原则。教学内容的设计要具有科学性，科学性是指要合理地选择教学内容的目标，对具体内容的裁减、加工，对所选具体内容的合理编排，实现教学内容的优化。科学性主要表现在两个方面：科研成果的体现；科学的再创造。教学以其身体活动为本质特征，因此，在选择体操教学内容时必要依照教学对象，也就是 3～12 岁的少年儿童身心发展的这几个阶段的特点来设计，对所选教学内容的难易程度、要求和顺序，都应符合少年儿童身心发展的规律。快乐体操教学对象的年龄处于人体生长发育高峰，呼吸系统的发育比运动系统发育要迟。教学内容要使学生的身体的各个关节和肌肉都能得到充分的锻炼，避免发育的偏倚，造成孩子肌肉、骨骼等发育不良。设计要符合教学内容本身的内在联系，由易到难，循序渐进，并不断更新和丰富教学内容，与时俱进。要做到全面与重点相结合，既要为学生提供丰富多彩的教学内容，也考虑学生的个体需要，既力求精炼，也突出重点。

三是个体差异性原则。从生理机能方面来说，由于家族遗传不同，每个个体的生长发育存在一定差异性；其成长的环境不同也会造成个体的差异，使其心理年龄和生理年龄的不一致；具体表现如：同一年龄阶段的少年儿童在身体形态（身高、体重等）和身体素质上会有差异。另一方面，不同的个体对同一动作的理解能力也会不同，同一难度动作所需要的练习时间、密度不同；因此，在教学分组是，要尊重学生个性、重视学生的主体选择和个性表达，依据其认知能力，其体能、技能水平来因材施教，而不能仅仅依据其年龄这一个因素来分组教学。首先，教师应该广泛了解学生的兴趣，以此为基础，针对不同的个体的特点，来选择和安排不同的教学内容。其次，在分析教学内容的过程中，要巧妙地设计符合学生特点的教学内容，对不同的学生要有不同的设计。

四是趣味性原则。趣味性原则是指在教学中教师设计的教学内容要让学生感到欢乐并且充满兴趣。现代学习理论认为影响学生学习的因素不仅是智力因素，还包括兴趣、情感和态度等，情绪高涨的学习比情绪低落的学习效率高。因此，在教学中，要采取生动活泼的教学形式，使其集中注意力，加深学生对学习内容的印象；快乐体操教学要向快乐体育转变，教学内容的趣味性能吸引学生，激发学生主动学习的兴趣。教学的课堂气氛在教学中多加入游戏和愉悦的场景模拟，以童趣的语言和颇具想象力、丰富多彩的情景模拟来将学生带入情景，在潜移默化中学到你所教导的内容。并且注意在教学中避免过多重复某个游戏对少儿进行基本练习，那样少儿会感到烦闷，没意思，可以在开展体育游戏时准备了同一目的，不同玩法，或者难度不同的两个或以上的游戏，调动少儿参与游戏的积极性。在教学内容设计时要分析教学内容的特性，不同的教学内容其趣味性的种类也不同，不能把趣味性简单理解为学生们高兴，高层次的趣味性是要考虑学生群体的需求和实际能力，使学生能体验到成功的乐趣。

五是发展性原则。快乐体操是发展少年儿童运动技能的项目，其教学内容能为少儿将来学习其他运动项目技能打下坚实的基础。进行快乐体操学习不仅能使学生掌握基本的体操技能，健康的基本知识；而且能提高少年儿童的体育素养，培养自主参与体育锻炼的习惯，为终身体育奠定基石。

在快乐体操教学内容上要加强自我保护意识的锻炼。举例来说，在摔倒时如何自我保护。第一个是学习高处落地的动作"骑摩托车"，这个动作是较最安全的落地方式，多次重复练习，形成动作自动化，那么孩子在从高处以外掉下时，能反射性地做出这个安全的落地姿势，避免受伤；其次再到滚翻类的练习，是让孩子学会，在摔倒且重心不稳时，怎样的倒地姿势是最安全的，能最大程度避免受伤。

选择教学内容时，可以结合儿童中小学的体质测试的具体内容，如跳绳这个体质测试的指标，那么在平时的训练中，就要选取锻炼这个动作的练习内容，比如弹跳能力的训练、手脚的协调配合能力的训练，以及身体姿态的训练，经过一段时间，跳绳所需的这些能力都具备了，少儿在小学体质测试时，在跳绳这个项目的测试上一定能获得满意的结果。这也就是快乐体操的目的，为孩子的以后的体育锻炼打好坚实的基础，促进其今后良好的发展。

六是社会适应性原则。社会适应性指人与社会的关系，它包括人与人之间的沟通、人对社会的适应等多方面的内容，培养学生适应社会的多方面能力，增强学生适应未来发展能力，以成为社会适应性良好的、有一定技能的、有幸福感的社会公民。后来也把它作为新健康教育的一部分。少儿 7 岁以前，在教学中，他们主要依从教师，首先会与教师建立关系，相较于同龄朋友会更愿意与教师交流；注意力比较分散，没有专注力；道德意识薄弱，意志力差；到八九岁的时候，少儿非常积极地与他人交往，学习生活和各种集体主组织交流，不同的个体在集体中的地位和作用开始变化，比较相近的性格的人容易活动到一起。注意力有很大的发展，喜欢模仿；到了十一二岁，他们更加注重与朋友间的共同价值，更重视同伴对自己的评价；这一阶段，开始出现一些良好品质，如责任感、荣誉感等。在快乐体操的训练中，利用需要互相配合的游戏（如"Friendly touch""四个字"等游戏），互相辅助的素质练习（推小车）等的训练内容，培养少年儿童协作互助的精神。考虑到少年儿童以后学习、生活的发展，要培养学生形成独立思考、自主学习的好习惯；提高人际交往能力和合作意识，培养积极进取和乐观开朗的生活态度。

七是保留体操本质原则。快乐体操的教学理念与竞技体操有所差别，不要求参加锻炼的少年儿童从事专业化大强度的训练，以成绩为主，学习快乐体操是为了增强体质，促进健康，培养玩体操的兴趣，掌握基本的运动技能，等等。但是，快乐体操本质上还是以体操基础动作为载体的体育项目，因此在保证娱乐性、安全性的同时，内容的选择上不能脱离体操基本元素。

5. 快乐体操教学内容设计的方法

第一，确定教学目标。快乐体操教学内容的设计过程中，首先设计者要确定教学的主要内容是什么，其教学内容的体能目标、技能目标、情感目标分别是什么。确定教学目标是整个教学内容设计的重要环节，一旦目标确定下来，其他的教学内容设计环节都要围绕它来进行。例如，在对以燕式平衡这个动作为主的教学内容进行设计时，确定教学目标的三维目标为：技能目标是在教师的引导下，让小朋友初步了解"燕式平衡"这个动作，90% 记住这个动作名称；体能目标是通过练习，发展身体的平衡性、协调性，锻炼核心力量以及下肢力量；培养主动参与体育锻炼的兴趣。

第二，选取练习内容。选取达标过程中所需的适合教学对象的练习内容。在达到教学目标的教学中，查找哪些辅助练习是适合的，选择正确的内容进行分解练习，循序渐进地达到最终目标。学会蹦床的团身跳，首先要练习团身动作和垫上的团身跳。可练习躺在地面上，快速收腿、翻臀、手臂主动抱腿的辅助练习；弹跳这一方面，有地面上的并腿垂直跳、原地团身跳等各种弹跳练习；蹦床上的"网感"练习、垂直跳等。这些都是为了达到教学目标的过程中选取的练习内容。

第三，合理编排练习内容。对选择的具体内容的练习顺序、强度、间歇等进行合理的设置、编排。对选取的辅助练习的步骤、练习时间长短、练习的数量等合理安排，依照由易到难、先分解在连贯的方法最后达到教学目标的要求。

二、学校快乐体操教学的特点分析

（一）学校快乐体操教学的总体特点

第一，参与具有自主性。快乐体操教学是在《体育与健康课程标准》教学中配合体操类动作教学进行的，形式多种多样，内容丰富多彩，教师根据自己的兴趣、爱好、特长以及实际的需要，自愿地组织、选择和进行课堂教学活动。这样，不仅能发挥教师的积极性和主动性，而且能使教师的才能、个性得到充分发展，也有利于学生积极参与体育活动和个性品质的培养。

第二，形式具有灵活性。快乐体操的教学，是根据学校的实际情况和不同阶段学生身心发展状况来确定的。教学形式、内容、规模、时间、地点等都可以灵活掌握，没有固定模式，形式生动活泼、灵活多样。

第三，内容具有伸缩性。进行快乐体操教学可以根据本地区或学校的实际情况，或受教学生的不同愿望，根据《体育与健康课程标准》中的要求，结合教学大纲和教学计划，开展内容丰富多彩的活动。并将学习内容由学校向校外延伸，内容可深可浅，可多可少，还可以不断变动，具有很强的伸缩性。

第四，价值具有实践性。在快乐体操教学中，学生不仅可以获得知识，培养良好品德，提高审美能力；还可以通过亲身体验、亲自参与来获得、加深、巩固和扩大课堂上所学知识，丰富和活跃学生精神生活，在愉快的、富有兴趣的学习中增强体质，在实践活动中学习合作，学习交流，发展自己，锻炼自己，完善自己，促进各方面的能力的发展。在学生的身心发展中有着重要的意义和作用。

第五，兴趣具有阶段性。学龄阶段：一般指 6～12 岁，相当于小学阶段。学龄期男女儿童身体生长发育进入平稳发展阶段，身高每年平均增加 5～6cm，体重增加 2～3kg。学龄期又是儿童智力发展的时期，12～13 岁儿童的脑重已接近成人。由于大脑的发育，儿童的抑制能力和分析综合能力得到改善，模仿能力强，但抽象概念思维能力还较差。此阶段学生对快乐体操教学新内容、新形式、新知识充满好奇，教学中一切以"是否好玩"为评价标准，体现出强烈的求知欲和表现意识。

（二）学校快乐体操动作教学的特点

由于快乐体操动作教学是一种人为方式，是按照体操特点，针对人体形态、机能和身体素质设计的增强体质、陶冶情操的身体练习，因此，在动作教学中存在以下特点：

1. 目标明确

"健康第一"是教育工作落实科学发展观的重要体现，是以人为本、促进人的全面发展的内在要求。快乐体操动作内容丰富，教学形式多样，不论何种类型动作变化，何种教学方式，万变不离其宗的是围绕体育之效在于强筋骨、增知识、调情感、强意志为目标进行动作教学。

2. 体艺结合

快乐体操动作教学在于突出操的特点，体现动作的对称性，以使在学习动作过程中身体得到全面发展；体现动作的重复性，以使动作从量变到质变得以巩固提高；体现动作的连续性，以使学生学习动作的连贯流畅。

快乐体操动作教学的另一个突出特点是突出体操艺术性强的特点，体现动作的艺术性，以使学生无论是每一次举手投足的简单动作，还是学习形态、机能和身体素质各种较为复杂的动作变化和组合动作以及完成动作瞬间的身体姿势，都得到来自视觉和听觉两方面的艺术熏陶，激发学生学习兴趣，提高审美能力。

3. 教学相长

教学相长是快乐体操动作教学特点之一，无论何种形式的教学都离不开传统教学的基本规律，即教师教与学生学的结合与统一，教师教主要是外化过程，学生学是内化过程，"教"和"学"相互依存、相辅相成。快乐体操动作教学主要是教师对学生学习兴趣的外化引导，教师凭借丰富的教学经验，指导学生动作学习的方向和性质；凭借教育学、心理学和社会学等资源，引导学生参与快乐体操动作的学习兴趣。与此同时，学生凭着对新生事物强烈的敏锐感，凭着对新动作好奇的快速接受能力，凭着对新的动作表现形式、新的动作表现风格和新的动作表演内容等新事物的喜爱，促使着教师不断更新知识，把动作教学重点放在培养学生的主体性上，让学生能够充分展示个性，并在动作学习交流过程中使学生逐步形成自我主体意识，充分享受快乐体操动作带来的快乐。

三、学校快乐体操教学的组织形式

快乐体操教学组织形式即在教师指导或引导下快乐体操教学内容的组织框架。对教学组织可分为教学形式上的组织和教学动作的组织两个层面来理解。

（一）学校快乐体操教学形式的组织

快乐体操教学组织形式特点体现在充分给予学生想象的机会。这是因为：想象可以任意将自然界所分开的东西结合起来，把自然界所结合的东西分开。快乐体操学习的过程伴随着学生心灵的成长，组织教学的形式是学生童眼观察体操、童心感悟体操、童语描绘体操、童身表演体操的关键环节。快乐体操的组织形式理应是学生们最愿意参与的事，人们都说，孩子是天生的幻想家，在儿童的字典里没有"不可能"一词，他们可以按照自己的意愿，思接千载，视通万里。[①] 因为他们的心声可以在参与中放飞，快乐体操离不开想象，想象是学习快乐体操的羽翼，学生即便在操练中、跑跳中、翻滚中以及表演中都会借助想象来表达真实的情感。想象与教学组织二者相互作用，相辅相成，对完成教育任务、实现教育目的具有重要的作用。

快乐体操组织形式与动作教学组织形式都是实现教育目的的重要途径，但由于教学在内容、组织形式、活动方式上等又不同于动作教学，因此，快乐体操组织形式有以下两种：

（1）引导式。通常是以教师或学校有组织地引导学生进行快乐体操教学为基本形式，在此形式上根据学生或学校的具体情况，以灵活多变的方式，在教学

---

① 程广鑫.快乐体操教学模式的探析——以一节快乐体操课为例[J].青少年体育，2016（04）：98-99+95.

任务、教学内容、教学方法、练习数量和时间等方面提出要求，对学生进行行之有效的快乐体操教学。

（2）灵活式。快乐体操教学根据学校的实际情况和学生的身心发展状况确定。由于快乐体操内容丰富多彩，教学的组织形式可根据实际需要自行决定，活动规模的大小（年级、班级、小组或自由组合），活动时间的可长可短，活动内容的选择可深可浅、可多可少、灵活掌握，没有固定模式，生动活泼，灵活多样。

（二）学校快乐体操教学动作的组织

（1）学习动作。快乐体操学习动作教学组织形式通常采用教师按照教学计划的规定，向学生形象、直观、清楚、扼要地传授新内容进行的组织形式。此时教师一方面特别注意动作要领的讲解，运用身体力行或多媒体电子教学，直观地使学生对于完成该动作的运动轨迹、用力方法、神态配合等因素清晰明了；另一方面教师会对学生学习动作中出现的错误及时纠正，强化正确动作技术概念，以便使学生尽快地建立动作的感性认识，使其基本掌握动作。

（2）复习动作。指对学过的动作巩固性地反复练习。它包括上一次课的学习动作的重复，也包括对原有所学动作的组合变化练习。其目的在于增强学生对动作的敏感性，使动作得以巩固，质量得以提高。

（3）观摩动作。它是快乐体操动作教学中常用的组织形式，是推动动作教学的有效方式。教师会利用一切机会给学生平台，让学生间相互学习、观摩交流，这对于学生尽快地掌握动作起着至关重要的作用。

（4）考查动作。考查动作是对快乐体操动作教师教学和学生学习情况的评判，它在快乐体操动作教学的组织形式中起着保障性作用。教师需要通过此种组织形式了解学生对于动作的学习情况，以便及时调整教学进度；学生需要通过该形式巩固、完善和提高动作质量，以便掌握动作技术增强信心。

第三节　学校快乐体操教学方法与注意事项

一、学校快乐体操教学方法

（一）学校快乐体操教学的常用方法

快乐体操教学方法多种多样，不同内容、类型、节奏、风格和运动强度都会产生不同的教学方法，但是从快乐体操角度可以归纳为以下几种常用方法：

（1）捕捉法。捕捉法是一种鼓励学生在快乐体操学习的过程中善于观察的方法。天才能够洞察眼前的世界，进而发现另一个世界。一方面，当学生养成观察事物的习惯后，他们就会成为学习体操动作的有心人，这样，他们在练习体操动作的时候，就会积极主动地对自己的动作巧妙地"约取"和自然地"薄发"。另一方面，以体操课内学习为知识点，以课外锻炼为巩固拓展知识面的好方法。单纯依赖于教师容易把学生禁锢在一个封闭狭窄的天地里，不利于学生身心全面发展，最好的方法是由课内向课外延伸，捕捉与之相关的信息，利用课外进行巩固拓展。

（2）重组法。重组法是指学生将教师传授的快乐体操动作，按照自己的兴趣爱好，有选择地进行积极性练习，并在反复练习过程中将各种喜爱的动作进行重组，形成符合学生个性特征的动作组合。

（3）演示法。演示法是指学生在有组织或无组织的情况下，将已经掌握的动作在课外、校外以表演的方式进行展示，以求家长、教师、学生间的认同、肯定和赞赏的方法。

（二）学校快乐体操动作的教学方法

快乐体操动作教学方法，常常在常规教学方法的基础上，采用一些适宜学生自主探究的学习方法，来培养学生对快乐体操教学内容的兴趣爱好，其教学方法有以下几种：

（1）设问法。"你会体操吗？能找到几种方法？"或者"你知道现在流行的快乐体操吗？""你会跳哪种快乐体操？""看看这属于哪种风格的快乐体操？""知道快乐体操的健身原理吗？"……常用于动作教学的开始部分，通过设问，首先激发学生学习兴趣，又可以引出本课动作教学知识点，提出动作教学要求。在教师执行动作教学前，将需要学习的动作特点进行介绍，既达到教学前的铺垫，又拓展学生学习的知识面，使教与学清楚明朗。

（2）观察法。在快乐体操动作教学的过程中，该方法常用于动作学习的中间部分。由于学生的接受能力是不相同的，让学生观摩学习，为什么跳得好？跳得好的同学与不会跳的同学有什么不一样？动作的用力如何？动作的运动轨迹怎样？……让学生用眼睛直接地去感知学习的对象，用思维去感悟动作的结构、顺序、方向、路线，找到差异之处，培养判断能力和评价能力，最终掌握正确的动作方法，改掉不足之处。逐步养成学生善思勤问好学的良好习惯。

（3）引导法。引导法是动作学习的完善阶段，引导学生思考动作本身的关系，如手臂完成动作与下肢动作的配合有什么关系、动作间是否对称完成、同类动作重复几个八拍、学习动作的顺序是什么等等，通过引导进一步加深对动作技术的认知，便于理解和掌握，达到动作协调。让学生感悟操舞的频率和动作间相互配合的重要性。

（4）激励法。该方法是快乐体操动作教学十分重要的方法之一，常用于动作学习的巩固阶段。如：将学生分成若干小组，采用淘汰方式各自找对手进行比赛，看看谁跳得正确，舞姿优雅。通过对比赛对手的分析研究、战略布局和交流学习，让学生学习体操动作技术，在互教互学、互帮互励的氛围中得到巩固提高，同时充分体现团队协作的合作精神以及收集、分析和利用信息的能力。

（5）自鉴法。自鉴法用于教师对学生学习动作情况进行深入理解，培养学生的观察、分析、交流能力。常常让学生间互评总结，归纳学习快乐体操这一技术动作的知识点、重点、难点及自己如何解决问题的方法，通过师生互评和生生互评，配以教师经典指导，使学生在学习掌握动作的同时，综合能力也得到提高。

二、学校快乐体操教学的注意事项

（一）学校快乐体操教学组织的注意事项

一是形式安全。在快乐体操的教学中，安全是第一位的。某种意义上学生是弱势群体，在校期间不论发生任何安全问题，正常的体育活动都会受到影响。因此，在这种情况下，选择安全的教学形式十分重要。比如：场地的平整，教学动作的强度、密度、难度适中，局部运动量不得过大，教学前的准备活动充分，避免长时间在阳光直射下教学和空腹运动等等。使学生在安全的前提下，通过快乐体操的教学增强身体的运动协调能力，从而使身体形态、机能和素质得以提高，达到增强体质之目的。

二是内容有趣。兴趣是最好的教师，快乐体操内容丰富，形式多样，学生可以根据自身爱好选择各种不同风格的内容进行教学。也可以创新性地根据自己的喜好将已学的知识进行再次创编，形成有个性的操舞进行教学，这样既能完成自己喜欢的教学，又能使身心愉悦。需要注意的是，在选择内容时避免一味追求好玩，而忽视了快乐体操本身的教学价值，缺乏针对性的目标内容，从而影响教学效果。

三是练演结合。给学生提供展示的平台是快乐体操十分重要的环节，学生将平日的锻炼成果，通过校内各种活动形式进行表演，如运动会开幕式上表演、篮球比赛前或中间休息时进行表演、各种节日的校庆活动表演、学生走向社区活动表演和参与社会各种公益活动表演等等，都将大大提高学生对快乐体操的教学信心，产生以点带面的辐射效应，使更多的学生参与到教学的行列之中，形成良好的教学氛围。真正做到阳光体育要求的教师价值主体向学生价值主体转化，让学生在自信和热情中身体得到锻炼，心情得以释放。

（二）学校快乐体操动作教学的注意事项

第一，认识＋实践。快乐体操大众教学以目标明确、体艺结合和教学相长为特点，一方面在反复的实践中巩固动作技术，另一方面在学习动作中认识快乐体操身体运动规律，拓展健身知识。这就要求教师在快乐体操动作教学中，善于将与动作教学相关的知识（美学、运动生理、运动解剖学、心理学以及科学健身等）渗透在教学实践中，通过认识——实践——再认识的过程，使学生获得知识、提高认识。

第二，课堂＋舞台。目标明确、学以致用是检验快乐体操动作教学成果的重要手段。动作教学过程中应经常组织学生间观摩学习，为他们营造舞台环境，让其充分展示。这一方面对于学生间观察动作、分析动作、纠正动作、巩固动作起着重要的作用；另一方面对于教师了解学生动作掌握情况，培养学生学习兴趣，提高完成动作的自信心同样重要。

第三，共性＋个性。在快乐体操动作教学中，应按照快乐体操的共性特征，根据不同阶段的学生选择不同教学内容、教学形式和教学方法，因材施教，突出该阶段学生生理、心理特点，使动作教学更加具有针对性和目的性。

第四节　学校快乐体操教学运用与评价

一、学校快乐体操教学的运用

青少年研究专家陆士桢教授把小学生的心理归纳为"好动""好新""好胜""好学"四个特点[①]。如前文所述，与其他体操项目相比，快乐体操更加符合少年儿童的生理和心理特点。因此，在学校体操教学中，我们应牢牢把握小学阶段学生"好动""好新""好胜""好学"的四个心理特点，体现快乐为魂、有趣为本、安全为前提、有效为目的的特点。

（一）运用"好动"，强化趣味性

"好动"是指小学生随着触觉能力逐渐敏锐，喜欢东看看、西摸摸，活动不

---

① 杨红，刘智丽，李德华.快乐体操[M].成都：四川人民出版社，2011.

停，跑、跳、做等是学生好动的表现，但他们的注意力容易分散。因此，在体操教学中，我们应根据小学生活泼好动但注意力易分散的特点，避免采用过于复杂的动作和游戏。创编的趣味性体操练习应真正做到趣味性，切勿牵强附会。以趣味性吸引学生全力以赴地参加到活动中来。一般来说，趣味性体操内容、形式越新颖，情节越生动，其趣味性也越强。此外，创编的富有趣味性的体操动作和游戏的难度要符合教学大纲的要求，方便教学，简单易行。另外，在具体教学过程中，应避免花费较多的时间去讲解、示范和组织，尽可能地使学生能够很快地投入快乐体操的活动中来。

在教学中，我们要根据小学生的生理、身体、心理的实际特点，综合运用音乐、道具、游戏等手段来进行快乐体操教学，以学生感兴趣的内容、教学形式来激发他们的参与兴趣和热情，迎合孩子好动、好表现的天性，进而达到在玩中学、在学中玩的教学效果。例如，通过改变器材的功能或利用生活中的自然场地巧妙地设计练习动作，将原有体操教材进行改进，使练习手段多样化。此外，我们还应以更科学、更合理的教学方法来指导我们的教学实践，比如，根据小学生身心发展的规律和特点，我们的快乐体操教学要做到循序渐进、逐步加难，不仅使孩子们的柔韧、力量、速度、灵敏等素质得到全面提高，而且对于他们的坚持性、自信心、合作性、勇敢精神等的培养，亦要起到良好的作用。

（二）投合"好新"，创新教学方法

"好新"是指小学生大脑处于发育阶段，听、视、嗅觉能力逐渐加强，对新鲜事物敏感，喜欢形状、颜色、气味、声音等新鲜刺激，容易有厌旧情绪。运动技术的学习是一个交织着"懂""会""乐"的过程，这是学生在体育课中获得良好的运动体验，获得成功、自信的途径和源泉。与此相对应的是，体育又是一个要努力、要拼搏、要忍耐、要吃苦的过程，无论是我们的学习经验还是教学实践都告诉我们，学习是需要重复的，那么，如何让孩子的体操学习在原有的水平上不断得以提高，如何去引导学生，使他们在活动中感受到自己的练习是新鲜有趣而不是简单的重复，这是快乐体操教学的关键所在。

快乐体操教学的方法大致包含以下几种：

场景变异法：通过改变器材的形式、功能等，或利用生活中的自然场地巧妙地设计练习动作，将原体操教材进行改进，使练习手段多样化。例如一些学校在树上固定了放脚的地方作为攀爬的器械，树下堆放保护垫或张挂安全网来增强学生的安全感；在两棵树上捆绑一根横竿做单杠使用；在草坪上做技巧运动等等，这些不失乡土气息的、简易可行的教学手段、方法和贴近生活场景的、与大自然融为一体的场地器材，使学生没有了畏惧感，胆子变大了，热情变高了，体操"变"得生动有趣而又简单易学。

动物模仿法：以体操运动的基本活动形式为内容，以各种喜闻乐见的动物动作为模仿对象，创编一些新颖、全面的锻炼形式，使教学方法和手段丰富多彩。如模仿各种动物的走、跑、跳练习，蝴蝶飞、燕子飞等，还可以采用组合动作，如前滚翻动作接模仿小动物动作的组合练习。

故事情景法：利用民间传说、传统文化、自创情景等内容，把体操教学活动编成短小的故事，丰富其内容，使学生在练习跳跃、滚翻、支撑、悬垂等活动时角色化、故事化，适合于小学生练习时运用。

表演比赛法：我们可以把一些体操动作的教学采用表演或比赛的教学组织形式，以此来提高学生学习动作的热情，培养集体主义精神和合作意识。例如，在队列练习单元教学结束之后，可组织学生进行会操比赛、小型团体操表演或组成图案的队列比赛等，就能使枯燥的队列练习变成具有美感的集体活动。另外，队列练习的内容和形式很多，我们要把各种动作、节律、图案和人员的变化等因素都利用起来，形成丰富多彩的队列教材，让孩子在不断"出新"中得到重复与提高。

（三）注重"好胜"，加强心理引导

"好胜"是指小学生随着身体的发育，运动能力逐渐提高，喜胜厌败。受到教师表扬会喜形于色，受到批评则会表现出灰心丧气。

在快乐体操教学实践中，我们应充分利用小学生的这种"好胜"心理，把一些体操动作创编成游戏比赛的教学组织形式，以此来提高学生学习动作的热情，培养竞争意识、集体主义精神和团队协作能力。

此外，我们还应该妥善处理批评与表扬，密切关注学生的心理动态，培养学生正确的胜负观和荣誉观。教师对学生的爱是一种丰富多彩的精神食粮，爱需要沟通，教师的赞美和鼓励则是沟通的桥梁。给予学生肯定和赏识，不仅让学生得到心理上的满足，而且能增强学生的自信心。因而，给胆怯的学生一个鼓励的目光、一个自信的微笑、一个"你能行"的暗示，都能让他们战胜自卑的心理，与同学们平等相处，以竞争、乐观的精神面貌共同参与到体操的学习中来。

从教学法的角度来说，在同一个教学活动中让不同水平的学生都能够有所成功是有效教学的一个指标。因此，在体操练习中，我们要密切关注每一个学生的发展水平，为所有的孩子提供体验成功的机会。这就要求我们要及时地表扬每一个孩子的细小进步，让大家为他鼓掌加油，给予精神上的奖励，激发他的兴趣。在体操练习中，我们还可以请一些掌握较好的学生来做"小教师"，这对于他们

来说既是一种荣誉，也是一种成就。

（四）发展"好学"，避免畏难情绪

"好学"是指小学生求知欲强，要求上进。但遇到困难时，容易产生畏难情绪。小学阶段儿童的年龄一般在 7 ~ 12 岁之间，身体各器官的发育尚未成熟，神经系统虽已蓬勃生长，兴奋性很高，但易于转为抑制；心血管系统发育还处于低潮，心肌力量还较薄弱，脉搏输出量较少，不得不以较快的心跳频率来代偿；肌肉系统尚未充分发育，肌肉缺乏力量，这在一定程度上给胸廓的呼吸运动与四肢运动带来困难；骨骼还在迅速生长，远未骨化。根据这些情况，对于这些尚未完善，而正处于发育低潮中的儿童来说，求知欲强、要求上进的心理特点有利于我们开展体操教学，这是有利因素，但他们在学习中一旦遇到困难时，则很容易产生畏难情绪，我们应该着力避免。

一般来说，我们的体操课的运动量不宜过大，更不适宜进行较大负荷的力量、耐力练习，否则会影响到儿童的正常发育，有损健康。在快乐体操教学内容的选用上，我们可以根据四大类内容的分析加以确定：

（1）"趣味性和技能性"都强的体操内容，作为重点教材内容，可以在学校体操的教学中发挥重要作用，如健美操、艺术体操、舞蹈、技巧、器械体操的简单动作等教学内容。这类内容是各个水平层级应重点安排的，也是寄希望于让大多数学生在以后的学习过程中逐渐形成专项运动技能的基本内容。

（2）"技能性强但趣味性不强"的体操内容，如技巧和器械体操等具有一定难度的动作，也是重点内容之一。但应注意改造，简化内容，并在教学中注意教法，不能为了追求乐趣而放松运动技能的教学。

（3）"趣味性强但技能性不强"的体操内容，可以更多地放在课的准备部分和结束部分，或是作为小学的主要教材。如各种徒手体操、轻器械体操、攀登爬越、瑜伽、舍宾、普拉提等练习。

（4）"趣味性和技能性都不强"的体操内容，一般可不作专门教材在课堂上大量使用，可以为了某种目的而运用，如集会、整顿纪律等偶尔用之。但是一些身体素质练习则是系统安排类教学内容，宜穿插安排在各个教学单元内，但又不宜过多占用时间，应系统坚持、全面兼顾。

快乐体操教学的理念非常符合这个阶段儿童的身心发展特点，运动量一般都不大，大多是一些灵敏性练习，教学内容生动有趣，教学手段丰富多样，身体活动呈断断续续的形式，活动和休息经常是处在交替当中，因此儿童能坚持较长时间的练习而不感到疲劳和畏惧，在快乐中充分享受体操的乐趣。

总之，快乐体操教学应充分关注小学生的"好动""好新""好胜""好学"的心理特点，把"享受体操快乐，感受成长幸福"作为我们快乐体操教学的理念，为他们创设自然、亲切、和谐的体操练习情境，选用欢快活泼、节奏鲜明的音乐和舒展大方、铿锵有力的动作，调动学生的视觉、听觉、空间知觉等，鼓励幼儿自由充分地展现自我，通过各种方法和手段，让每个孩子都能在自主、快乐中发展体操技能，让每个孩子都能得到身体的锻炼和艺术的熏陶，让每个孩子都能体验成功与体操练习的乐趣。

二、学校快乐体操教学的评价

在小学体操教学中，让每个孩子的身体得到有效的锻炼，锻炼中有一个快乐的心情，从体操课上感受到满足、幸福，让体操课成为每个孩子的乐园，应是快乐体操教学不懈追求的目标。如何将先进的快乐体操教学理念转变为可操作的教学行为，需要我们建立一套简便实用的快乐体操教学的评价方法，其对快乐体操教学的有效实施有着非常重要的作用。

（一）学校快乐体操教学的评价依据

《标准》明确提出，要"建立促进学生全面发展的评价体系"，对学生运动参与、运动技能、身体健康、心理健康和社会适应能力等进行了解和分析，运用自评、互评、师评、家长评等形式，充分考虑到学生的知识技能、情感价值与价值观，对学习过程和方法进行评价，要采用绝对性评价和相对性评价相结合的方式，淡化选择与甄别功能，强化激励和发展功能，使学习评价真正成为促进学生更好地进行体育学习和积极参与体育活动的有效手段。

2007 年 5 月 7 日，中共中央、国务院印发了《关于加强青少年体育增强青少年体质的意见》。文件指出："增强青少年体质、促进青少年健康成长，是关系国家和民族未来的大事。进一步加强青少年体育、增强青少年体质，对于全面落实科学发展观，深入贯彻党的教育方针，大力推进素质教育，培养中国特色社会主义事业的合格建设者和接班人，具有重要意义。"此外，《学生体质健康标准》是学生体质健康状况的具体评价标准，是评价学校体育工作状况的重要指标，也应是快乐体操教学评价的一个重要参照指标。

对于小学阶段快乐体操教学的评价，我们亦应围绕运动参与、运动技能、身体健康、心理健康和社会适应五个学习领域目标来进行。

基于小学阶段学生的生理、心理特点，快乐体操教学的评价既要反映"三基"教育成果，又要体现"显性"与"隐性"培养与发展、近期与长期、现在与未来相结合的原则，着眼于激励；既要全面反映学生的素质，又要把握可操作原则，切勿搞复杂化。

（二）学校快乐体操教学的评价方法

1. 多元化的评价内容

口头评价、课中评价、课后评价、单元评价、期中评价、期末评价相结合，给予系统评价。

（1）口头评价要随时随地，贯穿始终。主要以教师语言以及表情、眼神、手势、拥抱、抚摩等动作给予学生及时的评价，辅之以学生之间的互评。

（2）课中评价主要以每节课的学习目标为标准，设计各种评价表，学生对照学习目标与评价标准进行自我评价，帮助学生学会反思和总结。这种反思、总结的过程实质上是一个学生自我教育的过程，学生不断地进行反思与评价，再不断地进行矫正，从而不断地提高自己的自我教育能力。

（3）课后评价是每节课结束的时候，要求学生在自己的笔记本上做自我评价，组长给组员做组内评价。这样学生不仅能发现问题，及时了解自己的学习情况，改善自己的学习，而且对于培养学生学习的积极性、主动性和独立性都起到重要的作用。

（4）期中和期末是教师在期中和期末定期做的阶段性评价，评价表要装入学生的成长记录袋中。

2. 趣味化的评价方法

评价方法趣味化主要是对低年级儿童的一种表象评价、可视性评价。对高年级而言，则可提高主动参与性，起到一定的激励作用，有利于提高学习成绩。

3. 多样化的评价功能

（1）反馈调节功能：一方面结合自评、互评、师评对学生一堂课或一阶段学习进行评价后，向家长汇报，让他们及时了解孩子在学校的表现，再由家长进行完善评价，以获得评价的最大效益，促进学生全面发展。另一方面学生对课堂教学的反馈，最能体现课堂教学的实践效果，也便于教师及时掌握自己的教学情况，客观地看待教学实践中出现的问题或发现自己并不觉得是问题的地方，从而及时调整和改进自己的教学设计与实施，提高学生学习质量。

（2）展示的功能：例如，教师用语言或者肢体语言来进行肯定性的评价，往往简单的几句话甚至一个动作，就能改变一个同学，形成正确的动作，给同学展示自我的机会。不吝啬表扬，给同学的帮助是不可小看的。

（3）反思教育的功能：参与评价通常会对个体产生不同程度的动力，促进个体建立良好的反思与总结习惯。例如学生互评，自己有时看不到的缺点，由别的同学帮你指出，在大家互相督促下，自然而然就促进了学生发展，对其一生的发展获益多多。

（4）记录成长的功能：不管是优生或差生，清晰、全面地记录下个体成长中的点点滴滴，证明了有进步就是好的，以发展的眼光客观地评价个体的发展。

（5）积极导向功能：不但促进学生发展，也可渗透到新课程改革的其他各个环节。如学生上课不积极、不热情，就该对教师教学方式进行评价和改进，从而更好地构建出促进教师、学生、学校发展的课程发展模式与框架。对学生的评价多采用教师主评、自我评价、同伴互评、家长参评相结合的形式。其中教师评价最重要，客观上影响着学生对学习的感受，对于学生今后是否喜欢学习、能否学会学习十分重要。因此，要求教师对学生的评价一方面要及时，对学生今后的课堂表现、实践活动、作业情况都要做出及时的评价；另一方面侧重于正面引导，慎用、巧用否定性评价。在平时的师生交往、活动、课堂教学中，我们应以语言、表情、手势、拥抱、抚摩等动作给予学生及时的评价，让学生体验成功的快乐，感受成长喜悦，以此激励学生、鞭策学生，使学生及时有效地调控自身行为。另外，教师的评价还要关注学生的个性差异，保护学生的自尊心和自信心。

当然，快乐体操教学的评价同样以贯彻"健康第一"的思想为指导，以促进学生综合素质的提高为核心，以考核学生的学习态度与进步程度为标志，贯彻以学生为主体的思想。快乐体操理念以及快乐体操的教学模式，目前尚处于一个初级阶段，其评价机制同样需要在长期的实践过程中不断地完善。

因此，不同地域与级别的学校，应根据学生的具体情况，探索不同的适合学生的快乐体操教学的评价体系，这是新课程标准给予我们的发展空间，特别是新课程标准中提出的运动参与、心理健康、社会适应三个领域的科学评价方法。

在具体的快乐体操教学实践中，我们应根据评价的理念与评价的目的，对不同水平阶段的学生用不同的学习评价方法，使学生在学习过程中既能发现自己的进步，体验成功带来的快乐，又能了解自己的不足，改进今后的学习；同时也能帮助教师改进教学，提高教学质量。

（三）学校快乐体操教学评价对教师的要求

符合《标准》提出的"建立促进学生全面发展的评价体系"的要求和淡化选择与甄别功能、强化激励和发展功能的评价理念的快乐体操教学的评价，给从事快乐体操教学的教师带来了新的挑战，提出了更高的要求。我们的教师在快乐体操教学以及评价中应做到以下几点。

第一，树立新观念：以学校体育、体育教学为主线，以快乐体操理念为指导，促进教师转变单一体操教学的观念。

第二，补充新知识：根据学校体育教师特点、学生生理心理特点以及快乐体操教学的特点，来进一步完善知识结构，丰富专业知识。

第三，学习新方法：结合学生特点，开展师生互动，以丰富的学校体操内容、形式、方法与手段，运用新的思想和手段，促进学生体育与健康知识和技能，形成对体操教学的情感认知和价值观的培养。

第四，具有新特色：改变单一的体操教学方式，以运动技能、形体艺术特色为基础，结合体操教学的特点，拓展体操教学的内容，培养学生的体操兴趣和掌握一定的运动技能。

第五，获得新成效：通过解放思想、锐意改革、以人为本、勇于实验提高体操教学质量，使快乐体操新观念、新知识、新方法、新特点得以落实，使其了解利用体操教学有效促进学生的身心发展，促进和培养学生参与锻炼的意识，丰富学校体育教学工作，推动学校体育教学的发展。

总之，评价内容由单一内容评价向多元内容评价发展，体育课程学习评价的研究是一场教育变革的工程，现代教育的发展都依赖于科学方法的改革。我们应在不断学习的基础上总结经验，坚持发展的观点，更新观念。对学生学习的评价更加要关注学生成长发展的过程。多给予学生评价的机会，而且更需要关注学生的运动参与、身心健康、适应社会与创新精神和体育能力，以及积极的情绪情感体验和心理素质的培养。

第五节 快乐体操教学过程中的常见问题及解决对策

体育运动发展到今天，突破了传统的竞技和超越范畴，逐步向娱乐休闲拓展，运动不仅是为了锻炼身体，参加各种比赛更是为了获得一定的体验和享受，得到更多的快乐和精神愉悦。快乐体育成为新时期体育发展的一个重要方向，快乐体操相对传统体操有着更为广泛的受众，深得国民的喜爱，安全性和趣味性更强，更具多样性和娱乐性。这些特点让更多的学生爱上运动，获得更多的快乐体验，在锻炼学生身体的同时，不断培养学生的运动兴起，促进学生更好地成长和发展。

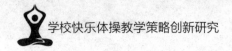

一、快乐体操教学过程中的常见问题

问题一：学生注意力不容易集中。体育运动相对于学科其他学科有其自身的特点，更多的是在室外进行，很容易受到外在环境的影响。快乐体操又不同于传统的体操教学，更为放松和自由，学生之间的互动和交流更多，这些在让学生获得更多快乐体验的同时，也容易让学生注意力分散和转移，影响学生的学习锻炼和配合。这是很多快乐体操教学遇到的问题，也是一直不能得到很好解决的难题，影响教学的进度和效率，也影响学生的学习体验。如果教师要求过于严厉，学生就会感到非常紧张，不能尽情释放自己。如果对学生宽松，学生又很容易放纵，不能得到更好的锻炼。

问题二：学生体操意识不强。快乐体操是一项综合性体育运动，能够更好地培养学生的动作表现能力，让学生在运动过程中展现力量、技巧和动作之美，感知音乐节奏旋律和体育协调之美。快乐体操不仅要掌握一定的动作技巧，还要具有审美情趣，需要具有整体协调意识，表现动作的美，需要身体、动作、表情的有效配合，带给人更多美的体验和享受。体操意识是一种思想和精神，指导学生的运动，展现运动的神韵。很多学生在参加快乐体操运动的过程中更多是动作和技巧，只为完成动作，不能做到协调与精神神韵之美。

问题三：不能做到因材施教。每个学生基础各不相同，他们身体条件存在较大的差异。新时期成长起来的学生生活条件非常好，但又普遍缺乏运动，造成不好学生身体肥胖，运动能力不强，体能较差。不同学生的成长环境不同，对音乐的感知也不同相同，在运动过程中与音乐的配合存在较大的差异。每个学生的家庭环境不同，他们的性格养成也存在差异，表现意识和表演能力不同等，这些都需要在教学过程中做到区别对待，个性化指导和锻炼。但是，现在很多快乐体操教学都是一个模式和方法，不能做到因材施教。

二、快乐体操教学的有效对策

（一）大力培养学生的体操意识

良好的体操意识是学习和训练体操的最为重要基础和条件，让学生真正领悟体操的精神，感知体育运动的神韵，增强学生的表现能力。为此，教师在做好动作技巧训练的同时，注重学生的体操意识培养和强化，让学生能够在运动中感知，指导他们的运动表演。体操运动需要全身心投入，需要做到身体、精神、艺术的融合，跟上音乐的节奏，锻炼身体的同时，获得更多的心理体验和精神享受。快乐体操表演需要感知美，表现美，甚至要创造美，通过运动能够展现自己的精神，感知艺术和运动的协调配合，每个动作都是一种美，表情与姿态都是体操运动的构成要素，自然流畅才能展现体操的神韵之美。教学中先让学生具有这种意识，再逐步引导学生在运动中感知，并仔细体会，真正培养他们的体操意识。

（二）专业术语讲解分析通俗化

体操是一项古老的体育运动，快乐体操学习和运动中需要理解更多专业术语，很多的动作和套路名称学生不容易理解，也就不能在运动中真正领悟和贯彻，更不能在锻炼中展现其神韵。体操动作丰富多样，各种套路不断创新，不断有新的名词发明，也不断有新的理念融入，在推动体操运动发展的同时，也学习者带来了一定的困难。尤其是对学生来说，即使是一个非常简单的名词，想记住并能够真正领会都不容易，需要教师能够认真解释，以此来让学生真正做到动作到位，神韵自见。

教师借助通俗化语言，让学生掌握边锻炼边体会术语的内涵，再通过运动来深入体会和表现。例如，进行前滚翻的辅助滚动练习时，可以将团身前后滚动练习重新命名为"熊猫滚动"；在进行异手异脚屈臂俯撑前进时，用"鳄鱼爬"等最为通俗的名词来给学生解释，让学生能够领悟，并能够表现出来。

（三）采取差异分层次教学

针对学生的基础差异，将学生进行分层分类，让学生能够在学习实践中找准自己的位置，给予明确定位，从而实现教学与实践的统一，从学生实际出发，真正贯彻因材施教的教育思想理念。教学时，先对学生进行量化，将学生分成不同的层次，根据学生的差异制定不同的教学目标和训练标准，实施不同的教学方法，真正让学生能够学会领悟，真正掌握技巧，感知运动的神韵，找到运动的快乐体验，促进学员的进步和发展，从而更好地享受体育，欣赏体操。

总之，快乐体操教学需要真正贯彻快乐理念，认真研究存在的问题，针对基础差异实行差异化教学，培养学生的体操意识，促进学生的学习和成长。

第三章　学校快乐体操的实践操作 与教学策略

为发展大众体操，促进其与竞技体操的协调发展，使体操项目的核心内容在学校体育中发挥应有的作用，促进学生身心健康的全面发展，国家体育总局于2014年开始了快乐体操发展探索。快乐体操是学校体操教学内容的改革与创新，快乐体操进校园是促进大众体操与促进竞技体操协调发展的重要途径，教学内容的设计应依据青少年学生身心发展的特点，注重提高学生体操学习锻炼的积极性，逐步推进中小学快乐体操的校园化发展，使体操扎根于校园，制订快乐体操进校园计划，鼓励教师培训学习，不断完善中小学快乐体操的内容体系。本章内容包括快乐体操基本教学与训练、快乐体操体能及其训练、身体素质练习。

第一节　快乐体操体能及其训练

一、体能训练的概述

（一）体能训练的概念

体能发展水平是由身体形态、身体机能及身体素质的协调发展所决定的（见图3-1）。

快乐体操体能训练力求采用各种有效的教学手段和训练方法，改造学生的身体形态，提高不同年龄段机体的机能水平，达到增进健康和发展运动素质。良好的体能有利于改善身体形态，增强体质，预防疾病。

（二）体能训练的基本要求

第一，专项训练可以全面地发展学生的力量、耐力、速度、灵敏和柔韧等身体素质，提高学生各个器官系统机能，使学生各个部位得到均衡发展。

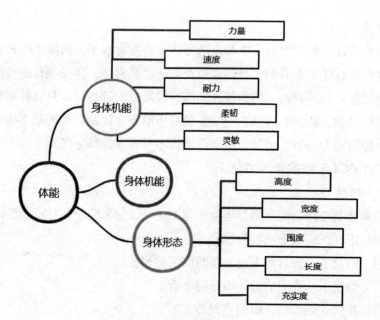

图 3-1　体能的构成

　　第二，学生个体具有差异性，要因时、因地、因人而异地制定体能训练的内容。

　　第三，体能训练的主要内容是身体素质训练。各种身体素质在人的发育阶段发展的程度不同，训练的可塑性也不相同，训练教学中应根据运动素质的可能性，抓住有利时机，使该素质在适时年龄的阶段得到相应的发展，在敏感期得到较大提高。

　　第四，体能训练要对身体进行不断刺激，适应强度负荷从而提高学生身体机能能力，练习中学生会感到身体疲劳，教师要适时地变换练习手段与方法，加强意志力锻炼，充分利用学生活泼好点的天性，创造多种游戏场景，提高练习的趣味性，培养学生对训练的兴趣。

二、身体形态及其训练

（一）身体形态的释义

　　形就是姿态，形体训练的基本内容。为使动作优美首先要对形进行规范，并以此为依据进行训练，达到符合美的要求。身体形态是指人体外部与内部的形状特征。反映外部形态特征的指标有：高度（身高、坐高、足弓高等），长度（腿长、臂长、手长、头长、颈长、足长），围度（胸围、臂围、腿围、腰围、臀围等），宽度（肩宽、髋宽）和充实度。反映的内部形态指标有：心脏、肌肉形状

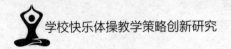

与横断面等。

身体形态在一定程度上反映相应的身体生长发育水平、机能水平和竞技能力水平。良好的身体形态有利于身体素质及运动素质提高。体操项目的身体训练对身体形态的意义是显著的。例如器械训练，轻器械的训练可以具有针对性地对身体部位进行刺激，能够有效地影响学生的身体形态；舞蹈训练的基本要素有动作的姿态、协调能力、节奏感等，对身体姿势的形成有特殊意义。

（二）身体形态的训练方法

1. 头部练习

头部姿势的变化是通过颈部运动实现的。可以分为前屈、后屈、侧屈、旋转。

前视：正直，略收下额，目视前方。

前屈（俯视）：头自然下垂，眼睛向下前视。

后屈（仰视）：头向后仰，眼睛向上看。

侧屈：头向一侧倾斜，眼睛直视前方。

旋转：向左绕环或向右绕环。

2. 手型练习

男子：五指并拢，手臂与手指成直线，练习时可将手置于桌面或墙面练习。

女子：虎口略小于 30°，中指稍向下，小指稍向外；如若表现弧形手时，中指与无名指靠拢，食指、小指与其相错靠拢。

3. 手臂练习

直臂：肘关节伸直，手伸直或微屈。

弧形臂：肘关节弯曲，腕关节或屈、或伸。从肩到指尖为一圆滑的弧线。

手臂的位置主要分为两种，一种由直臂构成，另一种由屈腕弧形臂构成。常见的有侧举、上举等。练习中可采用上举、侧举、侧下举、侧上举等形式进行训练。也可采用前挺身跳、后挺身跳、高台挺身跳等方式练习。

4. 站立

两脚跟并拢或略分，两眼平视、下颚微抬、开肩、立腰、提气、收腹、两腿夹紧，手臂自然下垂，中指在裤缝处。

常用脚的站位有 3 种，正位、开位、丁字位。

（1）正位：双脚并拢。

（2）开位：两脚跟并拢，两脚掌外展约 60°。

（3）丁字位：前脚跟贴靠后脚掌腰，呈 90° 的丁字形。

5. 走

直立姿势开始，脚尖稍分开约 15°，微前倾，两脚跟内侧走在一条直线上，上臂有控制地前后自然摆动。

6. 坐姿

并腿或分腿坐于地，头正、两眼平视、下颚微抬、开肩、立腰、绷脚尖膝盖。

7. 跪姿

跪姿分为跪坐、跪立、前单膝跪、侧单膝跪、俯撑单膝跪、俯撑双膝跪。

（1）跪坐：两腿并齐，臀部坐于两脚后跟处，两手置于体侧，上体立直，目视前方。

（2）跪立：两臂前平举，髋关节挺直，上体立直，两小腿前部贴于地面。

（3）前单膝跪：左腿（右腿）前屈站立，右腿（左腿）成跪，上体立直，同侧臂前平举，另一臂侧平举。

（4）侧单膝跪：一腿成跪撑，另一腿伸直侧点地，上体立直，两臂侧平举。

（5）俯撑单膝跪：一腿成跪撑，另一腿后举，两臂前撑成俯撑。

（6）俯撑双膝跪：两手撑地，两臂伸直，两膝成跪撑。

8. 卧姿

卧姿主要分为仰卧、俯卧、俯撑、侧卧、卧撑、侧撑。

（1）仰卧或俯卧俯撑：手置于体侧或前举，含胸、收腹，并腿伸直趴于地。

（2）俯撑：两臂伸直撑地，臀部收紧，收腹，身体伸直。

（3）侧撑：一臂撑地，另一臂置于体侧，身体侧向前。

（4）侧卧或卧撑：一臂或两臂屈，身体成俯或侧向。

9. 腿的基本姿势

大腿外旋，膝、踝关节用力伸直，脚趾向掌心方向用力，两脚稍外展，通常简称为开、绷直。腿部变换姿势有不同角度屈膝前举、侧举、后举动作，前弓箭步和侧弓箭步。一般采用地面或者把杆练习，地面练习步法有柔软步、脚尖步、提踵半蹲走、高提膝步、变换步、弹动步、卡洛步、跨步跑等，把杆练习步法有提踵立、小踢腿、大踢腿、屈伸等练习。

（1）前、侧、后控腿：单腿站立，两手叉腰或侧平举，目视前方，收腹，夹臀，直膝，绷脚及脚尖，抬腿开度约 30° 至 45°

（2）踮步走：站立开始，两臂侧举或叉腰，左腿向前一步，重心前移，左脚提踵，右脚经靠左脚踝向前一步，重心前移，右脚提踵，重复进行。

第二节　快乐体操基本教学与训练

一、自由体操

（一）前滚翻

图 3-2

技术要点：站立开始，屈膝下蹲，双手前撑，蹬腿低头，含胸圆背，后脑勺、背部、臀部、脚依次滚动，待臀部着地时，梗头，腹部收缩，滚翻成蹲撑。

动作规格：蹬腿有力、身体团紧、滚翻顺畅、姿势优美。

辅助练习：

（1）仰卧起坐：仰卧于垫上，双脚固定，双手交叉于胸前，收腹起上体，重复练习，主要体会收腹跟肩起上体。

（2）滚动练习：双腿弯曲，双手抱膝，坐于垫上，团身后倒，当后脑勺着地时，梗头，肩向前跟膝滚动，重复进行。还可两臂前举后倒滚动，前滚至脚着地时，臀部离开垫成蹲撑。

（3）兔跳：蹲撑开始，双臂前伸，双脚蹬离地面，重心前移，双脚落地双臂再前伸，重复进行，要求蹬地有力，两腿并拢。

（4）斜坡前滚翻：蹲撑于斜坡上，双手撑地，两腿分开，低头前滚翻（可以强调双手撑近，低头提臀），利用斜坡增加翻转速度，减少翻转难度。

（二）后滚翻

技术要点：站立开始，屈膝下蹲，双手前撑，重心前移，团身后倒，臀部、背部、后脑勺、手，依次着地，收腹翻臀，撑地推手成蹲立。

图 3-3

动作规格：后倒有力、身体团紧、滚翻顺畅、姿势优美。

辅助练习：

（1）仰卧举腿：两人一组，仰卧垫上，双手握对方脚踝，翻臀收腹，双膝高过头顶，反复练习，体会团身收腹。

（2）滚动练习：双腿弯曲，双手抱膝，坐于垫上，团身后倒，收腹翻臀，两膝收于头上，当后脑勺着地时，梗头，肩向前跟膝滚动，重复进行。还可两臂前举后倒滚动，前滚至脚着地时，臀部离开垫成蹲撑。

（3）推手练习：练习者坐于垫上，双臂屈肘上举掌心朝上，另一人站于后方，双手撑于对方手上，让对方体会推手感觉。蹲撑开始，向后滚动，后倒双手头上撑，推手起肩成蹲撑。

（4）斜坡后滚翻：蹲撑于斜坡上，双手撑地，重心后倒，利用斜坡做向后滚动，强调撑手积极，翻臀包头。

（三）摆倒立

图 3-4

技术要点：两臂上举，直立提踵，重心前倒，左脚前踩，蹬左腿摆右腿，两手撑地，当身体重心接近支点垂面时，左腿并右腿，顶肩，立腰，抬头看地。

动作规格：蹬摆有力，腕、肩、臀、足保持在垂直面上。

辅助练习：

（1）踢腿练习：双手撑于50cm的垫子，左腿在前，右腿后伸点地，后踢右腿，反复练习。还可蹬左腿摆右腿，两眼看手，体会蹬摆。

（2）蝎子摆尾：前弓步开始，屈体俯撑，右腿伸直，蹬左腿摆右腿，抬头看手，当左腿落下，起肩，两手推离地面，前伸撑地，反复进行。

（3）反爬倒立：腹部面对墙，双手撑地，两脚依次蹬地，含胸收腹，左右手依次向墙根爬行，同时两脚顺墙上爬，待身体与墙平行时低头屈臂前滚翻。

（4）靠墙摆倒立：两臂上举，提踵前倒，左腿前踩，蹬左腿摆右腿，两手撑地，含胸立腰，左腿摆至墙上，右腿跟左腿，并腿成倒立。

（四）侧手翻

图 3-5

技术要点：两臂侧举直立开始，左脚前踩，蹬左腿摆右腿，上体左转，左手外旋撑地，抬头看手，顶肩，立腰，然后右手撑地经分腿倒立姿势后，依次推离，落地成两臂侧举的分腿站立。

动作规格：空中一个面，手脚一条线。

辅助练习：

（1）靠墙倒立侧翻下：靠墙摆倒立，两腿分开，左右摆动，接着侧翻成站立。还可以面对墙，做侧手翻练习。

（2）站立摇摆：分腿站立开始，左臂上举，右臂侧举，抬左腿，绷脚尖，重心移向右腿，然后重心再移向左腿，重复进行。

（3）保护帮助侧手翻：站于直线一端，教练站于左侧，学生左臂上举，右臂屈于体后，教练两手交叉抄其腰，做单臂分腿摆倒立，当左手撑地成单臂支撑分腿手倒立时，右手撑地，抬头，含胸收腹，侧翻成站立。

（4）海绵巷练习：在垫上放置两块海绵包，要求学生从两包之间翻侧手翻，不允许触碰垫子，宽度由宽变窄。

（五）肩肘倒立

图 3-6

技术要点：直角坐撑开始，向后滚动，举腿，翻臀。当小腿超过头部时，双手压地向上伸髋，挺直身体，同时手撑腰部两侧，成肘、肩、颈支撑的倒立姿势。

动作规格：充分挺髋，身体与地面保持垂直。

辅助练习：

（1）仰卧挺髋：将双脚置于高垫上，仰卧垫上，直体挺髋，体会直体动作，也可背对墙挺成肩倒立。

（2）屈体滚动：仰卧垫上，收腿屈体，滚动伸髋成肩肘倒立，再还原。

（3）保帮练习：保护者站于练习者对面，握其小腿，单膝顶背，助其挺髋。

（六）鱼跃前滚翻

图 3-7

技术要点：两臂侧举，经后前摆，重心前移，屈腿蹬地，两臂前伸，两手撑地，顺势屈臂、低头，含胸稍屈髋向前滚动，随即团身、屈膝、抱腿成蹲立。

动作规格：腾空明显，滚动圆滑。

辅助练习：

（1）连续兔跳：模仿兔子跳，同手同脚，体会蹬、撑。

（2）高垫练习：由低处向高包上翻前滚翻，然后由高处向低处翻前滚翻。

（3）越垫练习：设置软体障碍物，上步双脚或单脚蹬越，做鱼跃前滚翻。

（4）保帮练习：保护者一手托胸，一手托腿助其完成。

（七）屈体后滚翻

图 3-8

技术要点：站立开始，屈体后倒，直臂经体侧撑地，臀部坐地后快速收腹翻臀，换手头顶屈臂撑地，推顶立肩，双脚着地站立。

动作规格：充分屈体，滚动圆滑，保持直腿。

辅助练习：

（1）屈体后坐：重心后倒，屈体后坐与高垫，熟练后在平垫上练习屈体后坐，滚动练习。

（2）斜坡练习：坐于斜坡上，后倒屈体后滚翻，可以直腿分腿站立，强调撑手积极，双脚离头部近。

（3）保帮练习：帮助者站于练习者体后侧，双手提腰，助其翻滚。

（八）前滚翻分（并）腿起

图 3-9

动作要领：两臂侧举经后向前撑地，重心前移，两脚蹬地，两臂前摆，两手撑地时，屈臂低头，经头、背、臀、脚依次滚动，当背部着地时，两腿并拢（分腿）伸直，上体充分前压，双手撑于（两腿之间）身体两侧，用力推地，起肩跟上体，直腿（分腿）起成直体站立。

技术要点：充分蹬直腿，撑手快速，梗头含胸，上体前压，推地有力。

辅助练习：

（1）滚动：仰卧垫上，收腹举腿，分腿（并腿）翻臀，跟肩前滚，两手积极撑地，臀部离开地面，反复滚动。

（2）斜坡练习：分腿立撑斜坡上，滚翻分腿（并腿）起。

（3）低垫练习：半蹲于低垫上，蹬腿前滚，两腿分开（并腿），脚踩垫下，顶推起立。

（4）保帮练习：保护者站于对面，当其用力撑地时提肩助其完成。

（九）前软翻

图 3-10

动作要领：右脚站立，左脚尖点地，两臂上举，上体前压，重心前移，两手前伸撑地，摆腿蹬地经前后分腿倒立顶肩推手，同时单腿下压落地成直立。

技术要点：前后分腿倒立后，顶肩、出胸、塌腰，同时单腿下压成桥，脚尽量离撑手点近。

动作规格：倒立分腿时两腿夹角接近180°，起立时蹬地腿要控高。

辅助练习：

（1）撑桥起：垫上撑桥，髋关节前顶，成站立。

（2）辅助翻桥：设置辅助器材，站于高垫，在教师的帮助下翻桥起。

（3）高垫落下起：站于10cm高垫，双手撑垫沿，倒立落下起。待熟练掌握后，可在平地上练习，还可前后腿分开练习。

（4）靠墙倒立：离墙约50—60cm，前后分腿摆倒立，摆动腿点墙，回落成直立，反复练习。

（5）保帮练习：保护者站于侧面，当其前翻时，一手托腰，一手托同侧臂，帮助其完成。

（十）后软翻

图 3-11

动作要领：两脚前后站立，重心在后脚，前脚点地，两臂上举，抬头、挺胸、向前挺髋，前腿控高，两手撑地靠近支撑脚，经分腿倒立，蹬地，立肩，推手，蹬地腿落地成前后站立。

技术要点：抬头挺髋，撑手近，肩角打开，前后分腿要充分。

辅助练习：

（1）下腰：背向高包，两臂上举，下腰撑垫，髋角前顶，推手站成直立。海绵包可以逐渐降低，直至平地完成。

（2）辅助翻后桥：背向海绵杠，下腰撑手，挺髋翻成前后脚站立。

（3）高垫后翻：站于 10cm 垫子上，下腰撑手，两腿前后分大，蹬腿立肩成前后立。

（4）保帮练习：保护者站于侧面，当其后翻时，一手托同侧臂，一手托腰，帮助其完成。

（十一）俯平衡

图 3-12

动作要领：两臂上举，一腿前提，上体前倾，两臂经前绕至侧平举，同时后腿举起领，抬头、挺胸，支撑腿伸直，上体前压至与地面平行，身体成反背弓。

技术要点：上体前压时，后腿向后方举起，支撑腿伸直，前脚掌充分抓地，两腿前后夹角接近 180°。

辅助练习：

（1）双手扶窗台，一腿支撑、一腿后举的平衡练习。

（2）侧向站立，一手扶把杆或窗台，另一臂上举，外侧腿置于把杆或窗台上，上体后仰，背部肌肉收缩，上体前压，一臂前举，后腿控高。

（3）保帮练习：帮助者站于举腿一侧，一手扶肩，一手扶后腿助其完成。

（十二）直体跳转 360°

图 3-13

动作要领：两臂上举，经后上摆同时蹬腿纵跳，向左转体，头向左转，左手向右侧收，转体 360° 后落地半蹲。

技术要点：纵跳立腰、梗头，身体保持挺直，转体时头部侧梗配合左臂右摆。

辅助练习：

（1）原地纵跳：两臂上举，经后上摆，立腰、梗头，纵跳落地。

（2）地面滚动：仰卧垫上，两臂上举，收腹含胸，向左滚动 360°。

（3）保帮练习：保护者站于练习者的右侧，一手扶腰，一手托腹，逆时针搓转。

（十三）手倒立团身前滚翻

动作要领：手倒立开始，直臂顶肩，直体前倒肩，随即低头、含胸，经肩、背、腰、臀依次着地，屈膝团身向前滚动至站立。

技术要点：直臂顶肩，脚尖顶远，低头、含胸，脑后为第一落点，依次过渡到肩、背、臀、脚。

图 3-14

动作规格：滚动圆滑，身体团紧。

辅助练习：

（1）摆倒立：可以练习靠墙摆倒立，要求直臂顶肩，身体要直。

（2）反靠倒立：背对墙，双手撑地，双脚顺墙爬至倒立，低头屈臂前滚翻。

（3）侧靠倒立：右侧对墙摆倒立，右腿摆至倒立位时靠于墙上，倒立稍停，顶肩，含胸、低头前滚翻。

（4）保帮练习：保护者站于练习者摆动腿一侧，双手扶腿，帮助其完成。

（十四）趋步

图 3-15

动作要领：并腿起跳，同时两臂上摆，重心前移，右左脚依次落地。

技术要点：起跳自然，蹬摆协调，适当展体。

动作规格：两腿交换自然，适当的展体，动作流畅。

辅助练习：

（1）行进间摆臂提膝练习：右脚迈出，两臂上摆，同时提左膝，重心前移，左脚落地，两臂后摆同时右脚前迈，反复进行，熟练掌握后，跑动完成。

（2）扶墙练习：与墙保持一步距离，面对墙两臂上摆前倒，直臂扶墙。

（3）摆臂挺身跳：并腿带臂，向前双脚起跳挺身跳，掌握后可练习右脚左脚依次落地的挺身跳。熟练掌握后，站在高台，趋步跳下接自然跑。

（4）一步踏跳趋步：右脚向前一小步，摆臂起跳，两脚先右后左依次落地，身体重心由右腿过渡至左腿，双臂前伸撑地连接其他动作。

（5）助跑高趋步：以三步助跑为例，右脚开始三步助跑挺身跳起，右脚落地，重心前移，过渡至左脚，两臂积极下压，蹬地摆腿，接侧手翻、前手翻、侧空翻等。

（十五）前手翻

图 3-16

动作要领：由助跑趋步开始，两臂上摆，上体下压，两臂前伸撑地，左腿蹬地右腿后摆。当接近倒立时，并腿上顶进行制动。配合两臂积极推离，抬头挺胸，保持挺身姿势直至落地。

技术要点：

（1）趋步后，上体下压，两臂远伸，顶肩推手。

（2）倒立部位并腿，脚面上顶。

（3）在空中保持抬头、挺胸姿势，直至落地。

（4）动作规格：直臂顶肩，推手后有明显腾空。

辅助练习：

（1）靠墙快速做一腿后摆、一腿蹬地成手倒立。

（2）在垫上做手倒立跳的动作。

（3）倒立趄包练习：趋步跳起撑踏板前翻，并腿趄于 50-70cm 的海绵包，体会推手并腿时机。

（4）保护者位于练习者前方，当其蹬地摆腿接近倒立时，两手扶其腰向上提起，助其体会推手腾空动作。

（5）由高处趋步跳下做前手翻。

（6）保帮练习：直接练习时保护帮助者一手顶肩或握上臂，另一手托腰，助其翻转。

（十六）前手翻依次落

图 3-17

动作要领：趋步跳起，两臂上摆，左脚前踩右腿后摆，上体前压，顶肩、推手，摆动腿落地后，顶髋、控蹬地腿，同时抬上体成站立。

技术要点：蹬摆有力，顶肩推手，两腿分开。

动作规格：直臂，腿直，有腾空，翻转流畅。

辅助练习：

（1）手倒立跳：练习者左脚蹬地右脚后摆，上体前压，重心前移，教师站在练习者前，双手托腰提拉，使其体会推手顶肩动作。

（2）趋高包：趋步跳起，前手翻趋在高 50 ~ 70cm 的高包上。

（3）高处跳下，前手翻依次落。

（4）保帮练习：直接练习时保护帮助者一手顶肩或握上臂，另一手托腰，助其翻转。

（十七）踺子

图 3-18

动作要领：趋步起跳，两臂前摆，上体前压，右脚落地过渡到左脚，左手撑地转体180°，右手撑地，含胸立腰，推手贯腿。

技术要领：趋步跳高，身体舒展，上体迅速前压，蹬摆有力，倒立位置并腿，推手，含胸贯腿，立腰起背。

动作规格：蹬摆快速，转体要晚，方向正，推手有力。

辅助练习：

（1）趋步侧手翻。

（2）依次并脚：侧手翻转体 180°，右脚落地后左脚并右脚，强调落地并脚。

（3）侧手翻转 180° 倒立：面对高海绵包，侧手翻转 180° 成倒立贴海绵包。

（4）两手撑 20 ~ 30cm 高垫摆倒立，立腰贯腿。

（5）保帮练习：保帮者站于练习者侧后方，一手扶腹部，另一手扶背，待熟练后可将两手放于背后，强调立腰后靠。

（十八）后手翻

图 3-19

动作要领：并腿直立开始，两臂前平举，稍屈膝后靠，蹬腿，两臂后摆，两眼看手，挑腰，两手撑地略内旋，身体重心过支点后，顶肩、推手、立肩，站立成起始姿势。

技术要点：一蹬、二摆、三挑髋。

动作规格：后坐，重心下沉，充分蹬腿，甩臂有力，挑髋明显。

辅助练习：

（1）趴包练习：铺设与练习者腰部高度相当的海绵包，两臂前平举，两脚与海绵包相距 10cm，站于海绵包前，领臂后蹬，趴于海绵包上。

（2）摆臂练习：趴于 50cm 的高垫上，肩部靠于垫沿，收腹摆臂；也可半蹲靠墙后摆。

（3）挑髋练习：趴于垫上，两臂经前上摆，髋关节上挺。

（4）慢翻练习：趴于柔力球上或者无环鞍马上，抬头看手，两臂摆于肩后，两腿蹬直，由教练员帮助下体会后翻感觉。

（5）保帮练习：保护者分腿半蹲或单膝跪撑于练习者左后侧，右手扶腰，左手扶腹部，当练习者蹬摆挑腰后，左手顺腹部下滑至膝关节处，学生成双手撑地的反背弓状，待重心移至垂面时，左手抽出扶其腹部帮助站立。待学生熟练掌握后可以做连续完整的后手翻。

（十九）头手倒立

图 3-20

1. 动作要领

蹲撑，两手同肩宽与前额成等腰三角形撑地，两肘内夹，提臀，两腿蹬直，当臀部靠近垂直部位时一腿上举，另一腿蹬地，当臀部在支点垂面时，并腿伸髋立腰成头手倒立姿势。

2. 动作规格

头手成等腰三角形，两肘内夹，两腿伸直，髋角打开，慢起成头手倒立。

3. 教学步骤和辅助练习

（1）由单膝跪撑开始的慢起头手倒立。

（2）蹲撑开始，蹬地屈腿头手倒立。

（3）分腿开始，两腿经两侧慢起头手倒立。

（4）保护帮助下练习头手倒立。保护者单膝跪于练习者前方，两手扶腰，成头手倒立时，两手扶小腿。

4. 易犯错误及其纠正方法

（1）身体重心过垂面。强调头、手成等腰三角形。

（2）未经倒立前翻。前额顶地，含胸提背，重心投影在头手组成的三角形中心位置。

（二十）单腿踺子

图 3-21

1. 动作要领

以左转为例。有站立开始，左脚向前迈出，上体前压，同时右脚向后上方摆起，接着左手在前下偏右方撑地，同时左脚蹬地后快速后摆，以肩、头带动身体向内转体。当左脚离地后，右手在左前偏左撑地，两腿分开。右腿经倒立摆落至地面，两手依次推离地面，左脚落地与右脚并拢，含胸立肩，收腹提腰成直立。

2. 动作规格

两腿分开，依次摆动经倒立，快速推手，含胸立肩，两脚依次落地，左脚并右脚。

3. 教学步骤和辅助练习

（1）侧手翻或侧手翻转体 90°。

（2）帮助下练习。帮助者跪撑于练习者一侧，一手托胸，一手托背助其完成。

4. 易犯错误及其纠正方法

（1）落脚太远，立背不足。强调摆动腿回踩，含胸立背。

（2）摆动腿并蹬地腿。强调摆动腿落地后不动，蹬地腿并摆动腿。

二、山羊：全旋

图 3-22

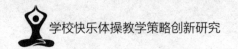

动作要领：俯撑开始，并腿向左一小跳，脚尖带动身体向右侧伸摆，当髋关节靠近肘关节时，撒右手，随后及时撑手，身体前伸，重心右移，腿向左侧摆，撒左手，随后及时撑手，身体后摆。

技术要点：晚撒早撑手，髋关节伸直，重心移动节奏明显。

动作规格：进、出腿髋关节要正，两腿伸直。

辅助练习：

（1）俯撑、仰撑倒手练习：俯撑或仰撑开始，左倒重心，直臂撒右手，重心右倒，直臂撒左手，反复练习。也可采用游戏的方式，进行摸耳朵练习，提高练习趣味性。

（2）双杠倒手练习：撑于双杠上，进行左右倒重心练习，也可进行前移。

（3）走圈练习：由俯撑开始，两脚向右交替行走，边走边转，走至侧面时髋关节面向前，稍作停顿，继续行走，移至仰撑位时稍停顿，按此转一圈至俯撑结束。可在地面划十字，也可两手撑于蘑菇上练习。

（4）甩动练习：吊于低吊环或双臂挂于低双杠上，做悬垂或挂臂绕动动作。

（5）教练帮助绕动练习：教练两手夹于学生腋下，做绕动练习。

（6）山羊模拟练习：由教练托双脚，围绕蘑菇山羊做全旋，每移动90°时停顿，对姿态及技术进行纠正。

（7）套筒练习：在距地面3–5米处设置挂钩，悬吊钢丝或尼龙绳，另一端系塑料桶或痰盂，将脚套入，先练习向左或向右的旋动练习，平衡后在教练辅助下练习全旋。

（8）进腿练习：在山羊的右前侧10cm处放置一块海绵包，左腿向左侧跨一步，重心稍左移，右脚靠向左脚，双脚蹬地，身体向右侧前方送出，当触碰海绵包时，右手快速撑山羊，体会晚撒手、早撑手的过程。

三、吊环

（一）悬吊振浪

动作要领：学生由教师托起，双手握环，两臂伸直成悬垂，沉肩，目视前方，两腿伸直，臀部紧张，双腿稍举，后摆，顶肩出胸，成反背弓，脚尖前踢，肩后移。反复进行，体会鞭打振浪。

技术要点：双手紧握，沉肩并腿，后摆与顶肩协调配合。

动作规格：身体与环绳一条线，直腿绷脚，振摆有力。

图 3-23

辅助练习：

（1）握力练习：跳起双手握环，沉肩并腿，成吊悬垂，根据学生的实际情况调整悬吊时间，主要培养吊握能力。

（2）悬垂分腿：跳起双手握环，沉肩并腿，成吊悬垂，前后、左右分腿。

（3）悬垂吸腿：跳起双手握环，沉肩并腿，成吊悬垂，吸腿踹腿。

（4）直角吊悬垂：跳起双手握环，沉肩并腿，成吊悬垂，举腿成直角悬垂。

（5）保帮练习：教师在学生脚前脚后 20cm 处分别设置标志物，提示学生双脚前后踢标志物，前踢引环后踢推环出肩，待掌握后，要求幅度逐渐增大。

（二）摆动练习

图 3-24

动作要领：悬垂开始，深握环，引环起浪，身体下落至环下垂直线时，肩部放松，自然下垂，低头沉肩，稍留脚尖，身体过环下垂线后，两腿向后上方用力甩腿，两环稍分，压肩起背。

技术要点：后摆低头沉肩，前摆兜腿引环，前后摆过垂面后发力。

动作规格：直臂摆动，直腿并腿，前后摆动高度与握点相当。

辅助练习：

（1）俯撑摇船：俯卧于垫上，两臂开度约60°，掌心向下，上体前压，两腿后摆，反复练习。

（2）仰卧摇船：仰卧于垫上，两臂开度约60°，掌心向上，含胸收腹，压肩兜腿。

（3）抱马摆腿：上体俯卧纵马一端，双手抱马，背部收缩向后摆腿，尽可能的让腹部远离马背。

（4）压肩练习：将脚置于与低环相当高度的檈上，两臂开度约60°，在教练帮助下做俯压动作。

（5）保帮练习：教练员站于练习者的左侧，起浪后，教练左手扶腹部，右手扶背部，当双腿前摆过垂面后，右手托臀，左手扶胸，帮助其前摆，当后摆过垂面后，左手托胸，右手扶背，帮助其后摆。

四、跳马

跳马是现代竞技体操比赛的项目之一，具体形式与其项目、器械特点紧密联系，主要通过越过障碍来表现，能够有效地提高少儿自信心和顽强拼搏的精神。跳马动作的完成主要有助跑、上板、踏跳、第一腾空、推手、第二腾空、和落地等环节。第一腾空主要表现在踏跳，第二腾空主要表现在推手。所以跳马动作由三次加速来完成，既助跑加速、上板加速、推手加速，它对学生的心理素质、速度、爆发力、协调力、时空感等有较高的要求。

（一）跑动

图3-25

动作要领：跑动过程中前后摆臂自然，蹬腿有力，前脚掌着地后，重心随之前移，上下肢协调一致，交替蹬摆。

技术要点：摆臂自然，蹬摆有力。

动作规格：前脚扒地，后蹬充分，全身协调。

辅助练习：

（1）摆臂练习：两脚前后自然开立，两臂弯曲收于腰间，收腹含胸，一臂前摆另一臂后摆，反复交替进行。

（2）推墙后蹬：离墙约 50～80cm，两臂伸直双手撑墙，身体与地面夹角大概 60° 角，两腿伸直脚后跟稍抬，左膝弯曲右腿蹬直，右脚脚后跟着地，同样方式两脚交替进行。也可进行推墙高抬腿练习，左腿抬高绷脚，右腿蹬直，体会跑动中抬膝蹬腿过程。

（3）提踵立：站在硬垫子沿，双手扶肋木或窗台，反复练习立踝提踵练习。

（4）后蹬跑：上体正直或稍前倾，两臂前后有力摆动。摆动腿积极向前上方摆动至水平或接近水平部位时，带动同侧髋充分前送，同时膝关节放松，大腿积极下压。小腿前送至足前掌着地，缓冲，迅速转入后蹬。

（5）小步跑：上体重心稍向前，两眼平视前方，两臂前后摆动配合两腿动作，小腿自然伸开用前脚掌着地，支撑腿三关节充分伸展，骨盆前送，摆臂自然。

（6）蛇形跑：摆若干个海绵块，距离由大到小，要求学生像小蛇一样在海绵块之间穿梭，达到练习学生灵敏性及反应能力，也可俯撑爬行完成。

（7）交叉跑：站在直线上，左右脚交叉跑动，不能踩线，提高髋关节灵活性。还可以后退交叉走过渡到后退交叉跑。

（二）上板跳

图 3-26

动作要领：助跑至板前，右脚起跳，左脚抢板，双脚同时踩板，两臂经侧绕上摆，收腹，提气。

技术要点：两臂上摆，立腰梗头，抢板快速。

动作规格：上下一条线，空中直体绷脚。

辅助练习：

（1）双脚跳：双手叉腰，两腿并齐，连续做双脚小跳练习。

（2）一步上板跳：两手背于体后，右脚抬起，重心前移，左脚快速并右脚，做单起双落的踏跳练习。随着熟练程度的提高，两臂体侧摆动配合完成。

（3）高台跳板练习：站在高台上，右脚抬起，重心前移，左脚快速并右脚，做单起双落的踏跳练习。

（4）越过障碍跳练习：垫上或者板前放置障碍物，学生右脚抬起，越过障碍，左脚快速并右脚，做单起双落的踏跳练习。

（5）上板扶墙练习：靠墙放置踏跳板，由助跑开始，跑至板前，右脚抬起，越过障碍，左脚快速并右脚，做单起双落的踏跳练习，领臂跳起，含胸提气，双手扶墙，有助于提高起跳的高度，身体垂直向上。

（6）三步助跑上板跳：直立开始，左脚先出，跑三步，右脚迈出，左脚并右脚，快速抢板，领臂，提气，空中保持身体直立，落下半蹲缓冲。

（三）挺身跳

图 3-27

动作要领：两臂上举，经后摆至上，挺身跳起，两臂开度大约 60°，掌心向前，挺胸，挺髋，两腿伸直并齐，身体成背弓状，落地半蹲成直立。

技术要点：蹬摆充分，展体挺髋。

动作规格：空中展体两头拉伸，直腿绷脚。

辅助练习：

（1）俯卧挺身：俯卧于垫子上，背肌收缩，两头翘起，稍抬头，还原成俯卧，反复进行。

（2）挺身跳站：由低向高或者由高向低做挺身跳站的练习。

（3）助跑上板挺身跳：助跑上板跳起，两臂上摆，立腰，梗头，挺胸展跨。

（四）跳上支撑挺身跳下

图 3-28

动作要领：助跑上板，跳起两臂快速撑马，接着含胸提臀屈膝成蹲撑或者屈体分腿或者屈体并腿立撑，两臂上摆，蹬腿，挺胸展髋，落地缓冲成直立。

技术要点：踏跳有力，撑手快速，含胸提臀。

动作规格：抢板积极，提臀快速，充分展体。

辅助练习：

（1）俯撑于垫上，提臀屈膝成蹲或者屈体分腿或并腿立撑，两臂上摆挺身跳。

（2）保帮练习：教练员站于侧面，学生跳起后一手托臀或托腿，另一手扶肩完成。

（五）分腿腾越

动作要领：助跑上板，抢板起跳，两臂经后前摆，撑手推马（跳箱），两腿侧分，制动抬上体，两臂上摆，挺髋展体落地。

技术要点：起跳后两臂迅速撑马，含胸提腰，推手快速，两腿制动挺髋。

动作规格：第一腾空明显，推手制动，直腿绷脚。

图 3-29

辅助练习：

（1）上板后摆：助跑上板，跳起腿后摆，两手撑跳箱，回落至板上，体会第一腾空的感觉。

（2）俯撑提臀：俯撑于地面，收腹提臀分腿立撑，两腿伸直。

（3）跳箱分腿立撑：站于板上，双手撑跳箱，踏跳提臀，跳起分腿立撑于跳箱上，挺身跳下。

（4）保护与帮助练习：保护与帮助者前后开立站于跳箱前方，练习时双手提其肩，同时前脚后退，帮助其过跳箱并抬上体。

（5）游戏：一人站在由其他人侧向体前屈组成的小跳箱前，撑手分腿腾越，依次跳过每一个人，越过最后一人时，紧随其后充当跳箱，然后队伍第一人开始跳跃，循环进行，可以提高学生学习的趣味性。

（六）屈腿腾越

图 3-30

动作要领：助跑上板，跳起两手撑马（跳箱），收腹提臀，屈腿穿腿，推手展体，落地缓冲。

技术要点：起跳后快速收腿，推手时起肩、梗头、立腰，穿腿快速。

动作规格：第一腾空明显，推手立腰积极。

辅助练习：

（1）上板后摆：助跑上板，跳起腿后摆，两手撑跳箱，回落至板上，体会第一腾空的感觉。

（2）俯撑提臀：俯撑于地面，收腹提臀成蹲撑。

（3）跳箱分腿蹲撑：站于板上，双手撑跳箱，踏跳提臀，跳起蹲撑于跳箱上，挺身跳下。

（4）跳低平衡木：双手撑低平衡木，跳起收腿，穿过伸腿。

（5）保帮练习：保护与帮助者前后开立站于跳箱前方，练习时双手提其肩，同时前脚后退，帮助其越过跳箱并抬上体。

（七）屈体腾越

图 3-31

动作要领：上板起跳，直臂推手，上体前移，推手展体挺身落下。

技术要点：起跳后两臂前伸，屈髋提臀，直腿前伸，推手立肩，展体挺髋。

动作规格：第一腾空明显，臀部高于肩轴，空中展体挺身。

辅助练习：

（1）上板后摆：助跑上板，跳起腿后摆，两手撑跳箱，回落至板上，体会第一腾空的感觉。

（2）俯撑提臀：俯撑于地面，收腹提臀成屈体立撑。

（3）屈体展体：俯撑于地面，提臀推手，手脚同时离开地面，双手触脚，快速展体成俯撑。

（4）跳箱屈体立撑：站于板上，双手撑跳箱，踏跳提臀，跳起屈体立撑于跳箱上，挺身跳下。

（5）保帮练习：保护与帮助者前后开立站于跳箱前方，练习时双手提其肩，同时前脚后退，帮助其越过跳箱并抬上体。

五、双杠

（一）悬垂振摆

图 3-32

动作要领：跳起或在教师保护帮助下抓杠，正握悬垂开始，两腿稍举后摆同时顶肩，以握点为轴做前后振摆练习。

技术要点：前摆时紧腰后顶肩，后摆时紧腰前顶肩。

动作规格：振摆有力，节奏明显。

辅助练习：

（1）悬垂开始，教练两手扶髋关节，前后推髋体会振摆

（2）吊悬垂开始，在两脚前 30～40cm 处设置标志物，双脚触及标志物做振摆练习

（二）支撑摆动

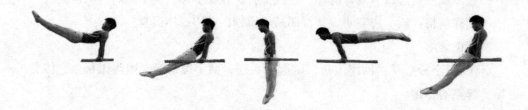

图 3-33

动作要领：跳上成支撑，收腹举腿前伸摆动，尽量拉开肩角，后摆时，及时展髋远伸脚尖，身体自然下摆，当过垂直部位后，身体伸直，逐渐拉开肩角。

技术要点：支撑摆动时两臂伸直，不塌肩；前后摆动肩的活动要小，保持肩轴在握点上方；摆动过垂面后加速摆腿。

动作规格：随着能力增强，前后摆动幅度逐渐增大，前摆水平，后摆45°以上。

辅助练习：

（1）跳上成支撑，支撑一定的时间，增加支撑力量。

（2）双手撑倒立架，两脚置于高垫仰撑或俯撑，体会前摆，后摆身体姿势。

（3）支撑开始，摆动幅度由小渐大。

（三）悬垂摆动

图 3—34

动作要领：正握悬垂开始，两腿稍举约45°，随即向后下方打腿后摆，顶肩前挺，快速收腹举腿，引杠伸髋，肩胸和身体向前送出。

技术要点：快速鞭打，举腿引臂。

动作规格：前摆两腿出杠，后摆肩背出杠。

辅助练习：

（1）由教练保护帮助下体会沉浪技术。

（2）教练一手抓队员手腕在保护帮助下，练习前后摆动练习。

（3）教练帮助下体会前摆出杠、后摆出杠动作。

（四）摆倒立

动作要领：摆动过垂面后，后摆过45°时，含胸顶肩，缩脖抬头，两脚上顶。

技术要点：后摆身体伸直，至手倒立时含胸、顶肩、紧腰。

动作规格：摆动幅度大，倒立身体舒展。

辅助练习：

（1）脚放高海绵包，手持倒立架，做俯撑和仰撑动作。

图 3–35

（2）倒立架上停倒立，也可侧靠墙停倒立。

（3）在双杠上做支撑摆动，保护帮助下停倒立。

（4）利用软皮条，高位落下弹成倒立。

（五）支撑前摆内转 90° 下

图 3–36

动作要领：支撑摆动开始，当身体前摆接近极点时，拉开肩角，右手推杠左移重心，在左臂支撑中，身体向左转体 90° 挺身跳下。

技术要点：重心左倒，顺势用力顶肩，充分拉开肩角，手臂与杠面垂直。转体时要含胸、顶肩、梗头，在腿制动时换握。

动作规格：前摆高度不低于水平。

辅助练习：

（1）保护者站在左侧，前摆至高点，一手托髋，另一手顶肩，帮助转体90°，成单臂支撑。

（2）帮助下，练习完整动作。

（六）支撑前摆下

动作要领：由支撑摆动开始，当身体前摆过垂直部位后，迅速向前上摆腿，重心左（右）移，摆至高点时，下压腿展髋，顶肩推杠，挺身下。

图 3-37

技术要点：摆过垂面后加速前摆，压腿展髋，顶肩推手。

动作规格：充分前摆，推手展体。

辅助练习：

（1）支撑前摆高举腿。

（2）在垫上练习前踢腿展体练习。

（3）保护者站在一侧，一手握肩一手托臀帮助完成。

六、单杠

（一）吊悬垂

图 3-38

动作要领：两手正握（反握、混合握）杠，两臂伸直，两眼平视，收腹含胸，臀部收紧，两腿并齐，绷脚尖，身体自然伸直。

技术要点：两手扣紧，两臂伸直。

动作规格：自然垂直，两腿并紧，绷脚尖。

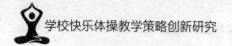
辅助练习：

（1）站立硬人，体会直体。

（2）俯撑、仰撑硬人。

（3）悬垂状态下，前后、左右分腿，腿的上下屈伸、左右转动，还可体会直角悬垂。

（二）悬垂移动

图 3-39

动作要领：跳上成悬垂，从左（右）至右（左），左手移动一步右手也做相应移动，依次交替移动至另一端。

技术要点：重心移动有序。

动作规格：两腿伸直，直腰收臀。

辅助练习：

（1）站于杠左侧，两手握杠，自左至右交替移动，体会换手握杠。

（2）两手握杠，两臂伸直，半蹲移动。

（3）教练站于背后，保护帮助下练习。

（三）悬垂振浪

图 3-40

动作要领：两手正握杠，吊悬垂开始，两腿稍举 30°～45°，向后摆腿，肩放松前顶，后背腿 30°～45° 时，两脚前踢，收腹含胸后压肩，反复前后振摆。

技术要点：前后振浪时，前顶肩与后压肩要对称。

动作规格：身体绷紧，振摆有节奏。

辅助练习：

（1）两臂上举，两臂前后 60° 范围内摆动。

（2）仰卧于垫上，两臂上举，挺髋，收腹举腿，体会前后振髋。

（3）教练站于侧面，一手扶髋，一手设置标志物，前后踢标志物，体会振摆。

（四）走浪回摆

图 3-41

动作要领：站于杠前，双手正握杠，左脚向前走三步，踢右脚，左脚并右脚，两脚离地前伸，顶肩伸髋，伸至极点，回摆压肩，站于起点。

技术要点：两臂伸直，伸髋，压肩。

动作规格：两臂伸直，自然协调，直腿绷脚。

辅助练习：

（1）双手握杠，向前三步、向后三步走练习。

（2）教练两手置于队员腰两侧，队员蹬腿提臀，体会回摆站立感觉。

（3）双手握杠放浪练习。

（五）长振出浪

图 3-42

动作要领：站于杠前，双手正握杠，含胸梗头，肩角打开，屈腿蹬地，臀部后提，屈髋前摆，上体过杠下垂面时顶髋前伸。

技术要点：后蹬充分，臀部下沉。

动作规格：两臂始终伸直，髋角充分伸展。

辅助练习：

（1）双手握杠，肩部打开，屈腿蹬地落回练习。

（2）教练面对学生，双手握脚踝，帮助学生体会长振放浪动作。

（3）站于高垫上，后蹬放浪，回落至起跳点练习。

（六）翻上支撑

图 3-43

动作要领：站立于杠前，一腿向头上方摆起，一脚用力蹬地，同时屈臂引体使腹部靠杠，并腿后伸，转腕、抬头、挺胸，伸髋成直臂支撑。

技术要点：蹬地充分，屈臂引体；腹部靠杠后，两腿后伸，抬头、挺胸、转腕成支撑。

动作规格：动作连贯，挺身展体。

辅助练习：

（1）屈臂握杠，站在高垫上，一腿前踢，一腿蹬地翻上成支撑。

（2）俯挂于杠上，帮助者握脚踝，练习者体会抬上体、挺胸、翻腕感觉。

（3）保护帮助下完成，保护者站于杠前左（右）侧方，右（左）手托肩，左（右）手托臀，当练习者腹部靠杠后，换成左（右）手托肩，右（左）手托腿，帮助其完成。

（七）单腿摆越成骑撑

动作要领：由支撑开始，右（左）臂顶杠重心左（右）倒，接着右（左）腿经侧向前摆越，重心右（左）移，推离手快速握杠，右腿前伸，大腿根部靠杠，两臂伸直，上体立直，挺胸立背成支撑。

图 3–44

技术要点：上体立直，重心移动要快速，推杠与摆越协调配合。后腿摆越走远端，摆动幅度要大。

动作规格：摆越时重心侧倒明显，直臂，直腿侧摆越，骑撑时挺胸立背，两腿开度大于90°。

辅助练习：

（1）杠上支撑，推右臂右手撒杠重心左倒，然后推左臂左手撒杠重心右倒，反复练习，体会身体重心左右移动。

（2）两臂伸直，站在标志物一侧，以右腿为例，重心左移，右腿摆越标志物成前后开立，然后重心左移同时右后摆成直立，反复进行。

（3）保护帮助下完成，保护者站在杠前侧，右手扶上臂，帮助练习者左移重心，当摆动至骑撑时，右手托左腿，左手托右腿，帮助其完成。

（八）悬垂摆动

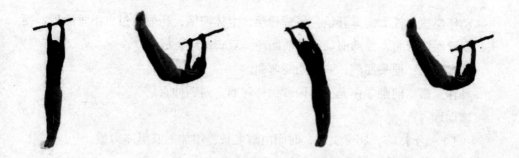

图 3–45

动作要领：举腿后摆，身体成反背弓，屈臂引体，收腹举腿，上体后倒送腿前伸，后摆过垂面至最高点时直臂压杠，向前转腕。前摆至垂面时，沉肩、伸髋，兜腿、扣腕，前摆至最高点。反复进行。

技术要点：摆动过垂面前沉肩，过垂面后，加速兜腿或甩腿，前摆至高点及时扣握，后摆至高点要压杠转腕，拉开肩角。

动作规格：兜腿、背腿、鞭打有力，摆动幅度逐渐增大，前后摆至杠水平。

辅助练习：

（1）双手握低杠走浪至前摆体会扣腕，走浪至后摆体会直臂压杠转腕。

（2）体会低杠小摆练习。

（3）带保护带体会前后摆浪。

（4）保护帮助下练习，保护者站于杠后侧方，双手握练习者手腕，帮助学生体会后摆压杠转腕练习。

（九）屈体向前腹回环下

图 3-46

动作要领：杠上支撑开始，屈臂屈髋，上体前倒，当躯干过杠下垂面后，梗头，双臂保持弯曲，臀部前翻，向前回环，双脚落地，成站立。

技术要点：梗头屈髋，双臂始终弯曲。

动作规格：前翻屈体充分，两臂保持弯曲，两腿伸直。

辅助练习：

（1）站于杠前，屈臂引体，时间由短变长，增加上肢引体力量。

（2）杠上屈体，前后摇摆，体会前翻感觉。

（3）保护帮助者站于杠前侧方，右手托背，左手托腿，保护帮助下完成翻上成杠上屈体支撑，前翻落下。

（十）支撑后回环

图 3-47

动作要领：上体前压，屈髋后摆，直臂含胸，顶肩撑杠。腹部主动贴杠，迅速后倒上体，回环至杠前时，两腿后伸，抬头、转腕回环成支撑。

技术要点：梗头后倒，主动贴杠，快速倒肩，直臂压杠，回环至 3/4 时，两腿后伸抬头、转腕回环成支撑。

动作规格：回环连贯，直臂直体。

辅助练习：

（1）在低杠上体会连续后摆贴杠动作。

（2）杠上支撑，膝关节贴胸，屈髋夹杠，快速倒肩，在帮助者保护帮助下练习夹杠后回环。

（3）在帮助下练习，帮助者站在杠左（右）前侧，右（左）手扶腰，左（右）手托腿，帮助其回环，当回环至 3/4 时，左（右）手托肩，右（左）手托腿至杠上支撑。

（十一）后摆挺身下

图 3-48

动作要领：杠上支撑开始，两腿前摆，屈髋，上体前压，然后加速后摆腿，直臂顶肩撑杠，后摆接近最高点时，后伸制动，顶肩推杠，两腿下压，挺身推杠，抬头，振胸，挺身下。

技术要点：上体前压，屈髋前摆腿，后摆过垂面后用力后摆腿，直臂含胸，顶肩推杠，后摆至高点及时制动，推手振胸，充分挺身。

动作规格：后摆肩保持在杠上垂面，尽可能摆动至最高点。

辅助练习：

（1）低杠支撑开始，后摆离杠，体会连续后摆贴杠动作。

（2）保护者站于高垫，一手托肩，待其后摆至水平，另一手托腿，帮助其后摆至高点，右手撤出，练习者顺势推杠挺身下。

（3）保护帮助下练习，保护者站在杠后侧，一手扶肩，一手托大腿，帮助其上摆，至最高点后，抬头，振胸，挺身下。

七、平衡木

（一）起踵立

图 3-49

动作要领：两脚前后站立，双手叉腰，前脚掌着木，尽量起踵。

技术要点：起踵时两腿夹紧，起踵立踝，挺胸、收腹、立腰。

动作规格：身体直，起踵高。

辅助练习：

（1）身体直立，双手扶把杆，体会提踵练习。

（2）站于高台，前脚掌踩高台，提踵练习。

（3）反复练习提踵落下再落下的动作。

（二）俯平衡

图 3-50

动作要领：以右脚支撑为例，左腿伸直后举，上体前倾，抬头、挺胸，两臂侧举成平衡。

技术要点：两臂上举，上体前倒，背肌收缩，支撑腿伸直，另一腿后举，维持平衡。

动作规格：两腿伸直，头部高于臀，脚高于头。

辅助练习：

（1）双手扶把杆体会动作要领。

（2）保护者站于一侧，一手托肩，一手托腿。

（三）弹簧步

图 3-51

动作要领：提踵立，两臂侧举，左脚向前做柔软步，着地时稍屈膝，重心移至左腿上，两臂落至体侧，接着左腿伸直并提踵，右腿屈膝前举，左臂前举，右臂侧举。

技术要点：左腿应柔和地依次伸直髋、膝和踝关节。

动作规格：动作连贯、柔和、有弹性。

辅助练习：

（1）手扶把杆练习柔软步。

（2）地面练习弹簧步，再过渡到木上练习。

（四）柔软步

图 3-52

动作要领：左脚前伸，脚面绷直并外展，脚尖落木依次过渡到全脚掌，重心前移。两脚交替进行，两臂前后自然摆动。

技术要点：重心及时前移，身体立直，挺胸、收腹、立腰。

动作规格：动作柔和大方、重心前移平稳。

辅助练习：

（1）两手叉腰，分解练习。

（2）脚法掌握后，可加手臂练习。

（五）变换步

图 3-53

动作要领：两臂侧举，左脚向前做柔软步，重心前移，两臂落至体前，接着右脚并与左脚后，左脚再向前做柔软步，重心前移，右腿伸直后点地，脚面绷直并稍向外，右臂前举，左臂侧举。

技术要点：重心前移要及时，上体保持挺胸、立腰、收腹姿势。

动作规格：动作协调，连贯。

辅助练习：

（1）在地面练习分解动作。

（2）在木上配合手臂练习完整动作。

（六）横木挺身下

图 3-54

动作要领：两臂上举，经后前摆，重心前倾，屈腿蹬起，跳起后两臂侧上举，挺胸，收腹，展髋。

技术要点：起跳时前脚掌用力蹬木；跳起时挺身、收腹、挺髋。

动作规格：挺身充分。

辅助练习：

（1）垫上做纵跳练习。

（2）俯卧垫上，挺身，体会两头翘的动作。

（3）站在低木，挺身跳下。

第三节　身体素质练习

教育部《体质调研》相关数据显示近 30 年来，中国青少年体质健康水平连续下降，力量、耐力、速度、爆发力等各项身体素质全面下滑，引起国家乃至社会的全面关注，在多方努力配合下，目前身体素质水平略有回升，青少年身体素质训练的必要性是显而易见的，必须引起家长、学校、社会的关注与重视。

一、力量素质练习

力量素质是指：肌肉在用力过程中克服或对抗阻力的能力。一般把它划分为最大力量、快速力量（含爆发力）和力量耐力。力量素质的发展既受人体的肌肉、神经等生理器官的影响，又受人的动机、兴趣、意志等心理因素的影响。因此，在发展力量素质时，既能增强生理机能，又能提高心理素质。力量素质是人的运动能力的基础，研究表明，7～12岁是克服自身体重的动力性力量发展的有利时期，因此，要十分重视儿童此项素质的发展。

（一）上肢及肩带力量练习

1. 悬垂力量练习

（1）低单杠或双杠悬垂爬动：利用低单杠或双杠，手脚并用，从杠的一端横向或纵向移至另一端。随着力量的增加逐渐过渡到双脚离地悬垂爬行。

（2）双杠、单杠吊悬垂：采用不同握法，由悬垂开始，两脚离开地面，两脚并拢，可以直臂悬垂亦可屈臂引体悬垂。悬吊时间逐渐增加，两臂可以交换经单臂悬垂。还可以游戏方式进行，只要不掉下，允许悬垂移动，增加上肢力量。

（3）爬杆（绳）：手脚并用，最终过渡到仅用双手爬。

（4）斜位引体：两脚固定，身体呈斜位悬垂，身体挺直，屈臂引体。

（5）引体向上：吊悬垂开始，采用正握或者反卧，挺髋顶肩，屈臂引体。

（6）引体翻上：吊悬垂开始，采用正握或者反握，充分引体，收腹举腿，翻上成支撑。

2. 支撑力量练习

（1）双杠支撑：站在杠中，双手握杠，跳起成支撑，两臂伸直，两腿并拢，收腹含胸，目视前方。

（2）单杠或平衡木支撑移动：双手握杠，跳上成支撑，两臂伸直，挺身，两手交替移动。

（3）双杠支撑前移：由支撑开始，保持身体直立，两手交替前移或者同时跳移。

（4）双杠屈臂撑：杠上支撑开始，含胸屈臂，当肩关节平肘或低于肘时推成直臂，保持身体直立。

（5）双杠倒手撑：杠上支撑开始，两臂伸直，重心左右移动，幅度由小渐大，直至一手可以推手再握。

（6）双杠支撑摆动：支撑开始，保持身体直立，直臂顶肩，摆动幅度由小渐大。

3. 肩带力量练习

（1）反爬倒立：两手撑地，腹部面对墙，手脚配合，反爬贴墙，到倒立位置时，两手前移，返回。也可靠倒立，时间由短逐渐增加。

（2）俯撑爬行：俯撑开始，双脚置于海绵块上，含胸，直臂，臀部收紧，两腿伸直，直体快速爬行。

（3）纵拉橡皮带：含胸、扣腕、直臂快速下压。

（二）躯干力量练习：腹背肌和侧腰肌力量

（1）仰卧起坐：仰卧在垫上，直腿或屈腿，两臂胸前交叉，梗头，快速收腹，上体收至与地面垂直即可。一般可采用斜位仰卧起坐，坐于高垫上体悬空仰卧起坐，屈腿置于高垫上体做仰卧起坐。

（2）俯撑或仰撑硬人：双脚置于体操橙上，两臂伸直，含胸，圆背臀部收紧，可以在背部或者腹部负重练习。

（3）仰卧或悬垂举腿：仰卧垫上或肋木悬垂，腹部收缩，快起慢落，动作幅度大，可以要求伸腿翻臀练习，也可以做举腿绕环动作，随着能力增强可以负重练习。

（4）仰卧两头起：仰卧垫上，两臂伸直，腹部收缩，上体和下肢同起同落，双手触及脚背。

（5）仰卧体砖起坐：仰卧在垫上或斜面，起上体背部紧张，并转体90°或更大角度。

（6）侧卧起上体：侧卧于地面或马上，双脚固定，向侧抬上体，两手抱头或胸前交叉。

（7）俯卧或仰卧硬人：脖子或脚跟置于高包上，双手放于腹部，脚尖膝盖绷直，臀部收紧，沉腰紧腹，身体保持成直线。

（8）仰卧或俯卧小摇：两臂伸直，两头翘起大约30°，腹背肌始终收缩，进行小幅度摇动练习。

（9）背起：两腿固定，两手抱于头顶或屈于后背，两眼看地，背部收缩抬上体，尽可能的抬高。

（10）抱马背腿：上体俯卧纵马一端，双手抱马，背部收缩向后摆腿，尽可能地让腹部远离马背。

（三）下肢力量练习

（1）连续纵跳：两手叉腰，直腿并腿，脚踝发力，连续做小跳，也可以单腿交替小跳，还可在海绵包上连续纵跳。

（2）连续蛙跳：两腿并齐，摆臂前跳，规定距离，不中断地连续跳跃。

（3）提踵练习：手扶肋木或墙，连续做提踵练习。

（4）连续跳高包：根据学生年龄，设置不同高度的包，做连续的跳上跳下练习。

（5）跳垫练习：铺设 10cm 的体操垫，进行不同方向的跳上跳下练习。

（6）鸭子步：蹲下，两腿分开，两臂自然摆动或背于身后，两腿交替前移。

（7）脚部力量：由坐姿开始，进行绷脚、勾脚练习。

（四）力量游戏

1. 青蛙过河

游戏目的：发展跳跃能力，培养竞争意识、集体荣誉感和责任感。

游戏方法：地上画一条起跳线，线前 8 ~ 10 米并排插 4 面小旗，每个小旗间隔 3 米左右。把学生分成人数相等的 4 队，分别对准前面的小旗成一路纵队站在起跳线后。听到发令后，各队排头连续向小旗双脚跳。跳过小旗后举起小旗，然后再将小旗插回原地，跑回各自队伍与下一个同学击掌后站到本队排尾。依次进行，最先完成的队伍获胜。

游戏规则：

（1）必须按规定的动作跳（双脚连续跳）。

（2）发令后才能起跳。

教学建议：

（1）可让学生随教师呼数、击响或音乐，练习双脚向前跳。主要是改进动作，发展动作节奏感，激发活动兴趣。要求动作协调、平稳、节奏好。

（2）做模仿性（如小兔、袋鼠等）双脚跳练习，以满足学生模仿需要，发展模仿兴趣和想象力、表现力、创新能力。

（3）全程跳时可配上音乐。

（4）要引导学生在练习中开动脑筋，改进动作。教师可提出问题让学生去探索，如应该怎样摆臂、怎样才能跳得又快又稳。也可观摩同伴的动作，但应明确观察和评价的重点。

（5）注意安全。场地要平坦，无石块、砖头，要穿软底鞋，跳跃距离要适合学生体力。

（6）变化方法。此游戏属跳跃比快游戏。可从以下几方面变化：①变化竞赛方法。可变分组依次竞赛为迎面或往返接力赛；可改单人跳跃为协同跳跃，如2 ~ 3 人或全组排队跳跃。②跳途变化。跳跃距离可长可短，可直可曲，可平坦无物也可设置障碍，如钻洞、跳沟、越物等。③变化跳跃方式。可变连续双脚跳为连续立定跳远或蹲撑跳。④变化终点任务。变拿旗为移物、解结扣等操作活动。

2．打靶比赛

游戏目的：发展上肢力量，提高投准能力；培养团结、进取和竞争意识，发展距离知觉、体位和方位知觉、力度知觉和调节注意焦点的能力。

游戏方法：在场地上画两条相距 1 米的平行线，前面一条为投掷线，后面一条为预备线。投掷线前 10～12 米处画一个投掷靶，每环相距 20 厘米，并标明各环的得分数。将学生分成人数相等的四队，各队成一路纵队站在预备线后，排头各持一沙包站在投掷线后。每队选队长一名，负责统计成绩。

教师发令后，各队排头依次投掷，队长按落点记录成绩。听到"拾包"口令后立即跑步拾包并交给本队第二人，自己站到排尾。依次进行，最后以名次多的队名次列前。

游戏规则：

（1）按规定方法投掷，投掷时不得踏越投掷线。

（2）以沙包落地点（沙包停止不动）计算成绩。若落点在两环中间，按高分计算。

教学建议：

（1）应根据发展学生投掷能力的需要，变化游戏的方法。如为了加强上肢爆发力可以采用：加大投掷远度和靶子或交替使用垒球和小沙包投掷。为了更好地提高动作的准确性，可以采用：减轻投掷物重量；近距离站立，举臂于肩上投掷，让学生着重体会出手时的体位感；不断变化投掷距离和靶高，让学生体会力度感。

（2）教师可提出问题让学生去探索，如应怎样站位、举臂才能投得更远。

（3）应采用多种投掷动作做游戏，以丰富投掷内容，提高投掷能力，并使更多的肌群得到锻炼。

（4）应组织儿童用左右臂投，以促进上肢均衡发育。

3．跳进去拍人

游戏目的：发展腿部力量和跳跃能力；培养机智、灵活和勇敢精神，促进学生注意力集中和分配能力、思维灵活、敏捷性以及情感、意志等心理素质的发展。

游戏方法：在场上画一条直线，线前 2 米处画几个直径 5～6 米的圆圈。把学生分成人数相等的几队，每队再分甲乙两组。甲组先分散在圈内，乙组正对本队甲组站在线后。教师发令后，各队第一人用单脚跳，跳进圈内，跳着追拍甲组队员，甲组队员在圈内单脚跳或双脚跳着躲闪，如被拍着，暂时退出圈外。每人追拍一定时间，换另一人跳进去追拍，乙组每人都追拍一次，或甲组队员全被拍着时，两组交换。

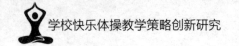

游戏规则：

（1）圈内躲闪的学生不能出圈，否则算被拍到。

（2）追拍的学生只能用单脚跳，双脚着地时就算失败（另一只脚不能着地），失败后换另一队员追拍。

教学建议：

（1）应改进跳跃动作的以下缺陷：落地重；跳跃动作连贯性差；摆动腿不用大腿摆动，摆动幅度不合适；不能用摆肩和躯干动作调节平衡。

（2）应启发学生提高确定追拍目标的意识性，减少选择目标的盲目性。可追拍能力比自己强的，以更好地提高自己的追拍能力，锻炼自己敢向强者挑战的精神；也可有意追拍弱者，为本队多积分。

（3）变化游戏的方法。①动作变化的方法：单脚跳可变为一脚握同侧或异侧脚腕跳，抱同侧膝跳，双人协同跳（包括手拉手、手搭肩等方法）。也可改为双脚并跳（兔跳）等跳法。②确定练习时间的方法变化：可用捕捉人数轮换法，也可采用定时轮换追拍人法。③处理被拍人方法的变化：被拍人可以在对手换人时再上，也可不允许再上。④两队轮换条件的变化：可规定对方被拍人数与该队人数相等或所有人均被拍下时轮换；也可采用定时轮换的方法，或规定拍到规定人数时即轮换。⑤决定胜负方法的变化：可按拍到人数和对方失误人数计分办法决胜负，也可不计胜负。⑥奖罚方法的变化：可不予集体奖罚，也可设集体奖罚。奖罚方法可参看"报数比赛"。

二、速度素质练习

（一）速度素质概述

速度素质是指人体快速运动的能力。包括人体快速完成动作的能力和对外界信号刺激快速反应的能力，以及快速位移的能力。通常采用定量计时或定时计数的办法，让学生快速重复一些基本难度动作，以此来发展相应的动作速度。7～12岁是速度素质发展的有利时期，要重视并认真抓好此项素质的教学。

1. 位移速度

20～30米跑：划定30米距离，站立式起跑，摆臂自然，蹬跑有力。可采用计时、比赛、追逐等形式。

后蹬跑：自然摆臂，一腿抬高，另一腿充分蹬直，两腿交替进行。还可双手扶墙或者把杆做后蹬练习，练习时两臂伸直，后腿蹬直，前腿抬高。

负重牵引跑：将绳一端系于腰间，另一端系不同重量的物体。

原地高抬腿：两腿交替抬腿速度快，抬腿重心要高。

俯撑或仰撑爬行：俯撑或仰撑在技巧垫上，四肢着地，手脚并用，快速爬行，也可加长距离，要求时间越短越好。

2. 动作速度

（1）连续后踢腿：双手扶把杆或窗台，快速后踢腿，要求速度快，腿直。

（2）连续前、后滚翻：要求团身紧，滚翻圆滑，蹬腿有力。

（3）快速摆倒立：靠墙摆倒立，蹬摆有力，要求姿态好。

（4）连续侧手翻：要求快速蹬摆，动作连贯，手脚一条线，方向正。

（5）快速前手翻：前手翻单脚落，翻转快速，连接顺畅。

（6）快速后手翻：要求蹬地有力，充分挑髋，翻转快速流畅。

（7）连续后空翻：要求翻转速度快，团身紧，可在教师帮助下练习。

（二）速度练习

1. 各种预备姿势，突发各种信号的快速移动

动作方法：学生用蹲、坐、仰卧、俯卧等预备姿势，听到突发信号（哨音、掌声、口令等），立即向指定的方向快速移动。

教学提示：此项练习可以发展反应速度、位移速度，提高在最短时间内使身体由静止状态加速至本人最高速度起动能力，发展下肢爆发力和灵敏素质。掌握变化身体姿势的运动技能和改进起跑技能，发展注意能力、思维能力和速度意识、竞争意识。教师要善于调动学生的注意力，发出信号要突然、响亮。要培养学生的速度意识和竞争意识。

教学建议：

（1）此类练习是儿童感兴趣的自然活动，但他们只注意用力快跑，而很少注意改进动作。教师要引导儿童跑时要注意把动作做正确。

（2）用比赛法进行练习时既要比快，又要比谁的动作合理、谁的注意力集中、谁善动脑筋等。

（3）起动信号既可用听觉信号，又可用视觉信号，还可用触觉信号。移动方式可用跑，也可用跳、爬等。

（4）可以让儿童想出新的起动姿势和移动方式（跑或跳、爬），互相挑战比赛。

2. 变换各种方向的跑动

动作方法：向前跑动时，听信号后迅速改变跑的方向、临时突发指定方向跑等。

教学提示：此项练习可以发展速度素质和灵敏素质，改进急起、急停、转身

等动作，发展注意能力、听觉的敏锐性和准确性与记忆力。教学应根据教学目标确定变向次数。如主要发展位移速度应跑多转少，如主要发展反应速度和动作速度则应转多跑少。

教学建议：用比赛法练习，也可用跑、小球类的练习手段。

3. 短距离重复跑

动作方法：站立式起跑，快速跑 20 米左右后，走回起点重复进行。要根据学生的情况掌握练习的次数和间隔时间。通过练习可以发展速度素质，提高快跑能力。改进跑的技能，了解发展速度和速度耐力的方法，培养竞争精神。教学要根据学生情况，具体确定发展速度素质的内容、选择练习方法和安排身体负荷。如速度耐力差则应重点发展速度耐力，速度差则重点发展跑速。

教学建议：

（1）不宜采用简单的重复练习法，最好采用比赛法或游戏法。

（2）应先测验儿童 50 米快跑的分段成绩，以便准确地确定教学目标和教学重点。如在 30 ~ 40 米跑段跑速明显下降则应着重发展速度耐力，如前 30 米跑速太慢则应重点发展反应速度和速度。

（3）发展速度则跑距不宜超过 40 米，间歇时间不少于 2 分钟，重复次数一般是 3 ~ 5 次；练习次数则应根据学生体力和课的总负荷而定。也可用距离少于 30 米，间歇时间少于 1.5 分钟，重复次数稍多的方法来发展速度耐力。

（三）速度游戏

1. 冲过战壕

游戏目的：发展奔跑和闪躲能力，培养机智、果断的品质和勇往直前的精神。

游戏方法：场地中间画两条长约 10 米、间隔 1 米左右的平行线为"战壕"，两端距离"战壕"8 ~ 10 米，各画一条横线作为起跑线和终点线。选两个学生站在"战壕"里作为狙击手，其余学生分成人数相等的 4 队，面对"战壕"成四列横队站在起跑线后。教师发令后，按 1、2、3、4 队的顺序依次冲过"战壕"，狙击手则在"战壕"中阻击（追拍）通过"战壕"的队员。被拍者算失败，应站在"战壕"旁边指定的区域里，未被拍中者站在终点线后，仍按原次序排成横队。下次进行游戏时，终点线改为起跑线，原起跑线则变成终点线。四队都冲过"战壕"后，以冲过人数多的队名次列前。

游戏规则：

（1）发令后才能起跑。必须从正面通过"战壕"，不得从旁边绕过。

（2）狙击手不得跑出"战壕"，阻击时只能拍人，不能推人或拉人。

（3）越过"战壕"时被拍中，或从旁绕过"战壕"的都算失败，应站在"战壕"外规定的区域内。

教学建议：

（1）分2～4组，在距战壕3～5米处随音乐或有节奏的拍手声做舞蹈动作。听到教师叫到哪组，哪组儿童就迅速跑向终点。

（2）1人在壕内拦截2～3人，往返2～4次冲击者即获胜。目的是发展跨跳和追捉躲闪能力。

（3）可用以下方法培养严守规则的习惯与能力：①组织和引导儿童进行自我评价和相互评价；②表扬主动承认犯规的儿童；③组织2～3人在"战壕"两端检查犯规行为。④逐步提高障碍难度，"战壕"可由窄到宽、由长到短，拦截人则从无到有、由少到多、由弱到强。

（4）变化方法。①变化障碍。"战壕"可变一为二，可变开放的直线型为封闭的三角形或四方形，"战壕"宽度和长度均可变；拦截人数量可变，拦截方式也可变，如拦截人可站在战壕两端，用投球或滚球的方法在沟里击打冲击者。②变化越过"战壕"的方式。可改跨过障碍为跑过障碍，此时壕沟已变成限制拦截人活动范围之用。③变化分配角色的方法。教学中常用教师指定拦截人的方法。为了提高学生兴趣性和主动性，可改用推选法、选优法。如第一轮游戏由儿童推选拦截人，以后各轮由各组首先到达终点的儿童依次担任拦截人，也可规定在一次拦截中能拦2人以上者可连任。④变化练习顺序与起动方法。教学中常用的方法是由教师发令，依次练习。为了发展儿童注意力和反应能力，提高儿童的兴趣性和主动性，可不固定顺序，教师叫到哪组哪组跑。⑤变单向奔跑为往返奔跑。往返跑可规定次数，也可只规定时间不限次数。⑥变化奔跑距离。跑程可长可短，要根据儿童能力、教学目标和场地条件等因素灵活变化。如以发展奔跑能力为主则加长奔跑距离，如以发展跨跳能力和捕捉躲闪能力为主则宜缩短奔跑距离。

2. 喊数抱团

游戏目的：发展奔跑能力和快速反应能力，培养机智、果断的品质。

游戏方法：

第一种方法：学生成一路或二路纵队沿圆形场地线慢跑，在行进中，教师突然发出口令"N人一组！"学生立即按口令的要求结集，手拉手成若干小组，未按规定人数结组的学生为游戏失败者。

第二种方法：场地上画一个半径约5米的圆圈，游戏开始时学生可以在圈内自由活动，听到"N人一组"的口令后，迅速按规定的人数拉起手或集结在一起，未能按规定人数和方式结组的学生为失败者。

游戏规则：

（1）集结时不能推人或撞人。

（2）必须按指定人数和方式结组，否则为失败。

教学建议：

（1）游戏方法变化要有层次，由易到难，循序渐进。其中有方法的难易、组合时间的长短变化等。

（2）对因结组人数过多，而自己主动脱离并迅速重新结组者（方便让给别人）；或因结组人数不足，自己能机敏果断解散，迅速重新结组者（随机应变、机智果断），教师要注意观察发现，及时表扬、鼓励。

（3）学生活动方式变化：单圈跑、双圈跑，双圈内外圈的相反方向跑，螺旋跑等，也可让学生在圈内做各种活动、各种游戏。

（4）教师的组合口令下达方式变化：明确组合人数口令；通过计算（和、差、积、商）确定组合人数，教师击响确定组合人数等。

3. 地滚球

游戏目的：发展奔跑能力和速度与腰腹肌力量，培养儿童友好竞赛精神、集体责任感和荣誉感。

游戏方法：距起跑线10~15米设标志物4~6个，相隔1.5~2米。将学生分成人数相等的4~6队，各队在起跑线后面对标志物站成一路纵队。每队第一名同学持球，听起跑信号后迅速将球放在地上并滚球向前跑，绕过前面标志物返回，把球停在起跑线前，第二名同学继续滚球前进，依次进行。先跑完的队获胜。

游戏规则：

（1）必须滚球跑。

（2）必须绕标志物返回。

（3）前一人在起跑线后把球停住第二人才能起动。

教学建议：

（1）滚球练习：①1人或2~3人跑动滚球。②滚球过洞或击物游戏。注意力要集中在改进滚球动作、体验用力大小、发展动作准确性上。

（2）个人滚球比赛：可按能力分组比赛等。注意力要集中在控制球滚动速度上，做到球不挡人，人不追球。

（3）可引导儿童变化滚球动作、比赛方法和场地，并用儿童想出的方法去游戏，以促进他们思维活跃，发展创造性思维能力，培养主体意识。

（4）变化方法。①变化滚球动作。可不规定滚球动作，也可规定单手或双手滚球，单手还可规定左或右手，双手交换滚；手滚球的部位或形状也可变，如规定用手指或手背滚球、用拳头滚球等，还可持物滚球，如用小棍滚、板羽球拍滚等。两队还可用不同的滚球动作进行接力赛。②变单人滚球为双人滚传球。③变化跑道。跑道形状可变，直、曲、圆形均可，道的宽窄可变，跑道上也可设障碍，障碍物可用实心球、沙袋，也可用粗管、小垫子搭起的洞，规定球须从中滚过。用人当障碍变化的方法可参看足球运球比赛。④变化接力方式。往返接力、迎面接力、滚传接力均可。

三、耐力素质训练

（一）耐力素质概述

耐力素质是指机体坚持长时间运动的能力。通过耐力训练可以提高少年儿童心血管和呼吸系统机能，使学生有健康强壮的体质。

往返跑：划定区域，设置 3、6、9、12 米的距离，进行不同距离的往返跑，也可采取循环方式，多组练习。

连续上板跳：由若干队员组成，依次进行 20 米助跑跳高包练习，10-20 个为一组。还可进行上板分腿腾越、上板前空翻等练习。

通关赛：可以设计多个不同场景，将力量、速度等练习贯穿其中，每次练习时间间隔 30-60 秒。

4. 游戏练习：设计适合不同年龄段的游戏，时间大约控制在 20 分钟。

（二）耐力练习

1. 发展上肢力量耐力的练习

（1）手脚并用爬竿（绳）。

动作方法：

预备：两手用"拳式"握法握住于肩上或头上的绳子，用腿、脚夹住绳子；然后开始手脚并用向上爬。

夹绳的方法有两种：一种是以一脚的脚背外侧和另一脚的脚跟外侧夹住绳（脚跟在上），同时两胫部和两膝部的内侧也紧紧夹住吊绳；另一种是以一脚的脚背和另一脚的脚掌夹绳，胫和膝部的方法同上。

攀绳方法也有两种：

1）三拍法。

预备姿势：直臂悬垂在杆（绳）上。

第一拍——两腿弯曲尽量向上提起，腿、脚夹住杆（绳）。

第二拍——两臂弯曲引体向上，同时两腿夹住杆（绳）蹬伸把身体向上推起。

第三拍——两手依次向上换握成预备姿势，但此时两腿仍夹住杆（绳）。

2）二拍法。

预备姿势：一臂伸直，另一臂弯曲（手与下颌等高）握杆（绳）的悬垂。

第一拍——两腿弯曲尽量上提，腿、脚夹住杆（绳）。

第二拍——伸直双腿，一手引体向上，另一手同时向上换握。

教学提示：上下肢的协调配合。在教学过程中，二拍法需要的力量稍大一些，但实用性强，故应视学生的实际情况因人而异。

（2）斜身引体。

动作方法：仰卧，两臂与肩同宽，手正握低单杠；收腹、挺胸、屈两臂引体使胸部贴单杠；然后伸直两臂还原成仰卧开始姿势。如此重复进行。

教学提示：

第一，此项练习是在小学生力量相对较差的情况下，克服自身体重进行上肢、肩带肌群收缩力量练习比较好的项目，是将来学习"引体向上"的过渡性教学内容。

第二，练习可根据学生个人的实际情况，逐渐减小身体与地面间的夹角，加大练习的幅度。

2. 发展腰腹力量耐力的练习

（1）俯卧"一头翘""两头翘"。

动作方法：

一头翘：一人压练习者的腿，练习者俯卧，两臂前举，连续做体后屈、伸。

教学提示：

第一，此项练习可单独作为素质练习内容，也可作为技巧、支撑跳跃、低单杠、跳远等教材的辅助性练习内容。

第二，此项练习可运用计时、计数等方法，调动学生的练习积极性，也可与其他练习形式结合，如采用游戏的形式进行练习。

（2）仰卧起坐动作方法。

预备姿势：仰卧，两腿并拢屈膝，两脚放平，两手抱头后，同伴压着脚面。

两手抱头收腹，低头成坐姿，两肘触膝；然后还原成预备姿势，连续进行。

教学提示：

第一，可以给学生制定课堂和不同时期完成的目标，激励学生积极进行经常锻炼。

第二，除课上练习之外，还应鼓励学生课后练，以调节学习和生活的节奏。

第三，练习的方式要灵活多样，如：通过计时、计数，比较学生的进步情况，调动学生的练习积极性。

3. 发展下肢力量耐力的练习

（1）各种方式跳短绳。

跳短绳因练习的要求、形式的不同，锻炼的效果也不尽相同。如以最快频率跳短绳，主要发展足、踝关节和小腿肌肉的力量；如以计时跳绳为主，则主要锻炼心肺功能，等等。因此，应根据学生实际情况不同而有所选择。

1）连续单脚交换跳。

动作方法：两手握绳两端，由后向前摇绳子，一脚在前跨跳过后，另一脚随即跳起，绳从两脚下依次轮转过去。

教法建议：①根据教、学、练的需要，做准备性、辅助性、诱导性和发展协调性、弹跳力等各种徒手的单脚交换跳练习。如：马步（一脚在前，一脚在后）前进、后退跳，前后交错步原地跳，前进后退跳，两脚开合跳，模仿连续单脚交换跳绳等。不断建立连续单脚交换跳绳的动作意识和节奏感，发展身体协调性、灵巧性、弹跳力。②持绳模仿连续单脚交换跳绳动作。即两手各握一条对折短绳的绳端（最好是无柄绳），做原地和前后移动跳。③随着前脚迈出，两臂向前摇绳，进行有节奏地由走到慢跑的练习。多让学生做个人尝试练习。④原地做连续单脚交换跳绳尝试练习。不断提高连续性、协调性。⑤参照连续并脚跳绳的各种练习方式，提高连续跳绳的技能，发展协调性、弹跳能力、下肢力量和意志品质。⑥在学生掌握连续单脚交换跳的基础上，可尝试两脚交替向前迈步、一步一摇的"跑步式"跳绳。

2）并脚跳。

动作方法：两手摇绳的两端，并脚跳过由后向前摇转的绳子。

教法建议：①复习加垫和不加垫的并脚跳绳方法。②通过不持绳的各种并脚跳练习，发展弹跳力、自控力、灵巧性、协调性，增强下肢力量。③根据教、学、练的需要，做准备性、辅助性和发展协调性、弹跳力等各种徒手的并脚跳练习。如：提踵练习，直膝前脚掌着地的连续弹性跳，前后左右移动跳，变换方向的转体（90°、180°）跳，变换频率、节奏的直膝、屈膝跳，向高处跳，向远处跳，等等。不断提高控制身体的能力，发展力量素质。④做各种方式的连续并脚跳绳练习。如：5～10米向前跳，30秒计时跳，耐力跳（失败为止），轻松跳（看谁跳得轻松、协调、自然），变换方向跳，前后左右移动跳，听教师信号变换节奏跳，变换高度跳，半蹲跳，等等。由于学生灵敏、协调性存在差异，上述各种练习有的难度较大，因此不要求每个学生都掌握好这些跳法，可以鼓励学生掌握更多的跳法。通过练习，不断提高跳跃的能力，发展下肢力量，培养刻苦锻炼的意志。⑤采用迎面和往返接力的方式练习，但跳的距离不宜太长。

（2）各种方式跳皮筋。

动作方法：以下各种动作方法，均指当支撑腿原地跳一次时，另一腿的动作。

点：绷脚面用前脚掌点地一次。

顶：屈膝提腿，小腿正面或侧面将皮筋顶起。

挑：腿伸直，脚面或脚腕将皮筋挑起。

踩：以脚掌将皮筋踩下。

迈：屈膝提腿迈过皮筋。

绕：在皮筋外侧，用小腿从内向外将皮筋绕在腿上。

掏：接"绕"的动作，将绕在腿上的皮筋向回绕。另一种方法是右（左）腿从里向外绕，另一腿则在右（左）脚后踩住皮筋，右（左）脚由里向外掏出。

转：两腿接触皮筋向左（右）边跳边转动；或将皮筋绕在腿上再转出；或两腿夹皮筋，向左（右）跳转360°，使皮筋绕在腿上，然后再向相反方向转出。

摆钩：一脚上摆并用脚面钩住皮筋，以前脚内侧将皮筋钩下。

摆压：一腿上摆用小腿内侧将皮筋压下。

踢：一脚将皮筋钩下（如"摆钩"动作），另一脚迈过皮筋，钩筋脚用脚面将皮筋踢起。

以上仅是腿部的基本动作。练习时手臂随着跳动的节奏自然摆动或根据需要拉动皮筋。牵拉皮筋一般有：二人拉（一条或两条平行）皮筋和多人拉多条皮筋，组成三角形、四边形、多边形、圆形等；也可将皮筋固定在木柱或其他物体上。练习的方式有：一条皮筋单人跳、多人跳，单人巡回跳多条皮筋或集体跳多条皮筋，以及各种图形跳。

教学提示：

作为发展身体素质练习内容的跳皮筋活动，可以全面锻炼学生的身体，增强下肢力量和身体的灵活性、协调性，促进身体生长发育。练习应根据教学任务即发展身体素质的功能需要进行动作组合。一套完整的动作组合，应该具有发展某种身体素质的针对性，并配上适宜乐曲或儿歌，边唱边跳，生动活泼。

教法建议：

第一，先让学生学会单个的基本动作，然后再进行组合练习。

第二，可选用学生平时常跳的内容进行练习。

第三，还可让学生在掌握基本动作的基础上，以发展下肢力量为重点，创编新的练习组合。

（三）耐力游戏

1. 斗鸡

游戏目的：发展单脚跳能力力量素质，培养注意力、观察力、思维能力以及机智、勇敢顽强的意志品质。

游戏方法：在场上画两条相距 6 米的平行线，两线中间画几个直径 1.5 米的圆。把学生分成人数相等的两队，面对面站在两线后面。每个圆圈内各队出一个人对面站立。

游戏开始，发令后，双方把手背在背后（或两手抱住肩或一腿）做连续单脚跳，并用肩互相冲撞，以能迫使对方站立不稳而双脚着地或退出圈者为胜，胜者得 1 分。全队做过后，以积分多的队为胜。

游戏规则：

（1）不得用头撞人，不得用手推、拉人。

（2）提起的腿落地或被撞出圈就算失败。

教学建议：

（1）在窄道内做背手单脚跳比赛。

（2）练习人在圆形窄道内站立，相距 1.5 ~ 2 米。听信号后开始用单脚跳向同一方向跳进，追逐身前的练习人。被后面追逐人拍到后应退出，退出 1/2 人数后游戏结束，未退出的获胜。

（3）注意培养儿童对抗兴趣，可采用以下方法：①比赛双方身高、体重和体力要相当。②要鼓励弱者勇于同强者较量，但应帮助他们掌握争斗技巧，及时鼓励其进步。③多鼓励敢于拼搏、意志顽强的儿童。④采用鼓励弱者的竞赛方法，如规定 3 次碰撞未被击败者即为获胜。

（4）对抗区域大小应根据比赛人数和儿童能力而定。

（5）要倡导友好竞赛精神，防止妨碍团结的事情发生。

（6）变化方法。本游戏是属于直接对抗的游戏。①变化两手放置的部位。可双手抱腿也可单手抱腿，还可双手在背后相握、双手抱后颈、双手叉腰等。②变化碰撞部位。可变肩碰撞为手推手。③变化竞赛人数。可 1 对 1、2 对 2，也可 1 对 2 ~ 3，多人自由碰撞，如 4 ~ 5 人在圆圈内，自由碰撞，最后未被撞出圈外或未失掉平衡的 1 或 2 人获胜。④改变支撑动作。变单脚跳为双脚跳。

2. 拔河

游戏目的：发展力量、耐力等身体素质，培养集体团结协作和坚毅、顽强的意志品质。

游戏方法：场上画 3 条平行的短线，间隔 1.5 米，中间的为"中线"，两边的为"河界"。拔河绳中间系上一根红带子为标志带；将拔河绳放在场地中间，并使标志带对准中线。把学生分成人数相等的两队，每队选指挥员 1 人，其余队员分别站在"河界"线后拔河绳两侧。

发出"预备！"口令后，双方队员站好位置，拿起绳拉直，做好准备。这时绳上标志带应垂直对准中线。教师鸣笛后，双方在指挥员的指挥下，一齐用力拉，把标志带拉过本方"河界"的队为胜。

游戏规则：

（1）鸣笛后才能够用力拉。

（2）不得在地上挖坑或借助外力。

（3）胜负以标志带过"河界"垂直面为准。

教学建议：

（1）每局比赛的时间可作适当规定（1 ~ 2 分钟），在规定时间已到时，如仍相持不下，则算平局，休息后再重新开始。可根据学生的体力情况，将比赛规定为三局二胜。教学中要严格限制有伤病的学生参加。

（2）教师要启发学生团结一致，充分发挥集体的力量，服从指挥，统一行动；还要引导学生开动脑筋，研究战术和阵容的安排。如将身高体壮力量大的学生放在最前面，可以起到稳定绳的方向，以利于发动快攻的作用；也可将体重大的学生放在最后面，起到压住阵脚，防止"摆尾"的作用。

（3）游戏中要引导学生发扬勇敢顽强的精神，齐心协力去争取胜利。

（4）要求学生注意力集中，听从指挥，不得突然松手，以免对方摔倒。

（5）休息时要引导学生做放松和整理活动。学生人数过多时，可分组轮换比赛。

（6）分组时要注意力量的平衡搭配。

（7）游戏前，要检查学生的鞋是否有后跟；不允许在场地上挖坑。

（8）可以不用拔河绳，用一对一、二对二、三对三的与对方拉手、本方搂腰拔河。

（9）器材的变化，可用一根体操棒，双人或多人的拔河。

3. 夺球大战

游戏目的：发展全身力量和力量耐力、上肢的爆发力，培养勇敢、顽强的意志品质。

游戏方法：在场地上画两条相距 8 ～ 10 米的平行线，中间画 5 ～ 10 个直径 2 米的圆圈，每个圈内放 1 个球。将学生分成人数相等的两队，成横队面对面站在两边线后。游戏开始每个圆圈内两队各站 1 人，两人将球抱好。

教师发令后，双方尽力把球夺到手中，或把对方拉出圈外。先夺到球或把对方拉出圈的得 1 分。然后换另外两人参加比赛，最后以积分多的队为胜。

游戏规则：

（1）发令后方可开始夺球。

（2）不能放开球拉人、推人，或有意松开手、顺势绊倒对方。

教学建议：

（1）要教育儿童严守规则，讲求友爱。

（2）对抗双方实力应相当，男女应分组。弱者可自愿提出向强者挑战。

（3）各组出场顺序应让儿童自己商定。

四、柔韧素质训练

（一）柔韧素质概述

柔韧素质是指人体关节在不同方向上的运动能力以及肌肉、韧带等软组织的伸展能力。柔韧训练分为动力拉伸和静力拉伸。动力拉伸是指有节奏的、通过多次重复同一动作的练习使软组织逐渐地被拉长的练习方法。静力拉伸是指在练习中先通过动力拉伸到一定程度时要暂时静止不动,使软组织得到持续拉长的效果。

1. 腕部柔韧

正撑压腕：跪于垫上，双手撑地，重心前移，使手腕充分拉伸。

反撑压腕：跪于垫上，双手手背撑地，重心前移，使手腕充分拉伸。

2. 肩、胸部柔韧

侧向拉伸：两人并排侧弓箭步，四手相握，上体向外做牵拉练习，起到对体侧肌肉拉伸的作用。

双人压肩：两人面对而立，相互搭肩，在口令指挥下进行上下振压练习。

站立双人拉伸：两人背向前弓步站立开始，直臂相握，彼此向相反方向牵拉，达到拉伸肩胸韧带作用。

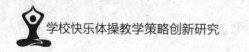

体前屈压肩：两臂伸直，两手放于平衡木或把杆上，进行有节奏的上下振压练习。

背向拉肩：背对肋木或平衡木，并腿或弓步开始，两臂后举反握肋木或平衡木，有节奏的进行拉肩。

吊肩：一杠吊悬垂开始，收腿翻臀，穿过两手挺髋伸腿拉伸，利用自身重量拉伸，可采用正握、反握、扭臂握拉伸。

俯卧拉肩：俯卧垫上，两臂上举或后举，在外力帮助下向后或向前拉肩。

转肩：双手握体操棍或绳，直臂向前或向后转肩。随着柔韧的增加，两手的握距可由宽变窄，甚至可以零距离转肩。

3. 腰部柔韧

（1）体前屈：坐于地面，分腿或者并腿，上体前压，两臂伸直双手触摸脚尖；还可站于体操蹬上，双手紧扣体操蹬沿或两侧，两腿伸直，臀部后坐。

（2）双人体前屈：两人直腿屈体相对而坐，脚掌相对，四手相握，前后用力，一进一退，对膝关节韧带及脊椎韧带起到拉伸作用。

（3）坐姿背向拉伸：两人背对而坐，四臂相挽，进行前后顶拉练习，对膝关节韧带及脊椎韧带起到拉伸作用。

（4）扶墙下腰：离墙 50 ~ 70cm，两腿分开略宽于肩，两臂上举，抬头看手，扶墙下移，当移至地面时，原路线返回。

（5）甩腰：教练坐于高垫上，双手拦学生腰部，学生双腿顶垫沿，两臂上举甩腰触地，利用惯性拉伸腰部。

（6）走桥：仰卧于地面，两腿分开，两臂伸直，拱起成桥，手脚并用，交替前移，也可同手同脚摇桥前移。

（7）吊腰：两腿分开略宽于肩站于海绵包前，双手上举，下腰蹬垫，随着柔韧增强，海绵包的高度可以逐渐降低，两脚宽度逐渐变窄直至并脚，最终并腿平地完成。

4. 髋关节、腿部柔韧

（1）三面叉：两腿分开，伸直，脚面外旋，纵叉时两手依次撑于前腿两边，上体挺直；横叉状态时，两手撑于体前或两臂侧平举。随着柔韧的增加，也可将脚放于高垫。对于初学者，可以一腿向前伸直，一腿跪，向前俯压，还可以一腿向后伸直，一腿跪，向后推压。

（2）前压、控腿：站于把杆边，半面转，距离一拳，右手（左手）扶把杆，左手（右手）置于大腿面，脚面外展，上体前压，胸部腹部贴腿，下颌够脚面，在节拍的指挥下做前压及还原。控腿时左腿（右腿）抬起，左臂（右臂）侧举。

（3）侧压、控腿：站于把杆边，距离一拳，双手扶把杆，上体立直，左腿（右腿）放于杆上，上体向左（右）侧压，左肩（右肩）背贴于左（右）腿上，在节拍的指挥下做侧压及还原。控腿时，左腿（右腿）抬起，控腿方向为身体正侧方。

（4）后压、控腿：侧向站于把杆边，距离一拳，左手（右手）扶把杆，右手（左手）上举，外侧腿置于把赶上，上体前倾，直臂向后挥摆带动上体后振，在节拍的指挥下做后压及还原。控腿时右臂（左臂）前平举，右腿（左腿）控高。

（5）扳、踢腿：可以仰卧于地面，帮助下扳腿，还可扶把杆或窗台踢腿，也可行进间踢腿。

5. 踝部柔韧

（1）跪卧压：跪撑于地面，可以将脚尖置于 10cm 垫子上进行跪坐静压，还可双膝跪于 30cm 的垫上，身体重心后移，坐于脚后跟。

（2）跪仰压：跪撑开始，臀部坐于脚后跟，身体后仰，两臂置于体侧，可以将膝盖稍稍抬起。

（3）蹲撑压：双脚并拢全蹲，肩、背、负重压踝，脚后跟着地，重心前移，增加踝关节背屈的幅度。

（4）勾绷脚：直角坐于地面，两手置于大腿面指尖相对，脚踝有节奏的做同步或者依次屈伸练习，也可在最大限度勾脚或绷脚时停顿控秒练习。

（二）柔韧素质的训练游戏

1. 翻滚快车

游戏目的：培养学生上肢柔韧性、与他人协作的能力。

游戏准备：平坦空旷的场地一块。在场地上画出两条相距 20 米左右的平行线作为起点与终点。

游戏方法：将学生分为两个到三个小组，由起点开始，每组的两个人面对面站立，双手握在一起。当教师发出"开始"的口令之后，两人步调一致地完成翻转动作。翻转前进时，外侧腿向前进方向侧迈，外侧臂下压，内侧臂上举至头上方，随后外侧臂的肩对肩身体做向外翻转，同时内侧腿向前进方侧迈，当身体翻转成背对时，两臂成上举姿势，随即身体继续侧迈并向内翻转回到开始姿势。

游戏规则：两个人双手不能分开，只有当两人都过终点线才能判定结束。

教学建议：

（1）此游戏适合小学高年级的学生。

（2）做游戏之前应做好充分的准备活动。

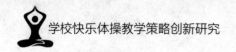

2. 编花篮

游戏目的：培养学生协调与腿部的柔韧性，发展学生团队配合的能力。

游戏准备：平坦空旷的场地一块。

游戏方法：将学生分为 3 ~ 5 人一组，每人弯曲右腿，以脚背钩于右侧同学的膝关节处，同时自己的膝关节也被左侧的同学钩住，形成一个花篮。游戏开始时，学生以一定的节奏沿顺时针方向跳圈。哪组所做的时间最长则获得胜利。

游戏规则：

（1）游戏时任何一个人的脚从他人膝盖处掉落，则视该组失败。

（2）游戏时该组组员可以自行制定节奏，或快或慢。

教学建议：

（1）此游戏适合小学各年级学生。

（2）游戏前应做好充分的准备活动。

（3）有条件的学校可以为其配上音乐。

3. 空中运球

游戏目的：发展学生的上肢柔韧与力量。

游戏准备：平坦空旷的场地一块，体操球两个。

游戏方法：将学生分为人数相等的两个小组。两个小组排成两列纵队，学生之间间距一臂，两个组的排头各自领取一个体操球。游戏开始时，开始向后传递球，传球时须两手抱球，从头顶上传出，双手不能有弯曲，双脚不能移动。最先完成传球的组获得胜利。

游戏规则：

（1）传球时双手不能弯曲，否则视该次传球无效，必须重新传。

（2）游戏时双脚不能移动。

教学建议：此游戏适合小学各年级学生。

五、灵敏素质

（一）灵敏素质概述

灵敏素质是指在各种突然变换的条件下，学生能够准确、协调地改变身体运动的空间位置及运动方向，以适应变化的外环境能力。

往返跑：不同距离放置标志物，采用集体比赛的方式，快速触摸标志物。

蛇形跑：放置一定间距的海绵块，采用跑或者爬行的方式，快速绕过各个海绵块。

前后交叉跑：站在线上，向前跑时左脚踩右边，右脚踩左边，交替前进；向后跑时，左脚后退，然后右腿后退，交替进行，待熟练后，由走过渡为跑。

转向跑：由若干人员站成一路纵队，间隔距离拉开，当学生跑近时任意臂伸出，学生需从另一侧跑过，根据反应情况，可将伸臂的时间缩短。

（二）灵敏素质游戏

1. 靠背站立

游戏目的：提高学生的协调灵活与团队协作能力。

游戏准备：平坦空旷的场地一块。

游戏方法：将学生分为几个人数相等的小组，先由二人背对背，肘部相勾，坐在地上，当教师发出"开始"的口令后，二人迅速地站立起来，接着三人做、四人做、五人做……方法同前，看哪个小组勾肘站起的人数最多最快为优胜。

游戏规则如下：

（1）在进行游戏前，学生必须是肘部相勾，坐在地上，不能以蹲姿开始。

（2）必须在所有人都站立起来后才能判定成功。

（3）游戏人数由少到多，逐渐淘汰，最后以人数最多、用时最少的组获胜。

教学建议：

（1）此游戏适合小学各年级学生。

（2）场地尽量选在室内。

（3）游戏时每组人数相等。

2. 偷菜

游戏目的：发展学生反应速度与上肢灵活性。

游戏准备：平坦空旷的场地一块。

游戏方法：将学生分为两人一组，一前一后站立，前一人双手叉腰当"菜农"，后一人当"偷菜人"。当教师发出"偷菜"口令后，"偷菜人"可伸出双手食指，从"菜农"的腰两侧伸到"菜农"的身前，左右食指点击几次算偷到几颗菜。这时候"菜农"不能动，动了就算犯规。当教师说"抓贼"时，"菜农"便可立即伸直双臂，紧紧地夹住"偷菜人"的手臂，夹到一次得一分。

游戏规则如下：

（1）"菜农"与"偷菜人"的动作必须听从教师的口令。

（2）"菜农"在夹住"偷菜人"的手臂时必须双臂伸直，避免受伤。

教学建议：

（1）此游戏适合小学各年级学生。

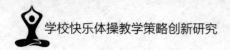
（2）分组时尽量将男女分开进行。

3. 抢椅子

游戏目的：练习学生的灵活性。

游戏准备：椅子若干把，平坦空旷的场地一块。把椅子在场地上摆成一个圆形或其他形状。

游戏方法：游戏时椅子的数量要比参加游戏的人数要少一两把。大家围着椅子转圈儿，由教师在旁边喊"停"，"停"字一出口，大家就争抢椅子坐。没有坐到椅子的人被淘汰出局，同时带走一把或两把椅子，这样人与椅子渐渐减少，最后只剩下两个人抢一把椅子。

游戏规则如下：

（1）在争抢椅子的时候不能有强行推人等危险动作。

（2）在教师未喊"停"之前，不能去争抢椅子。

教学建议：

（1）此游戏适合小学各年级学生。

（2）在进行转圈儿时可以进行唱歌放背景音乐等。

（3）在争抢椅子时注意安全。

第四章 学校快乐体操课程设计与创编

基于我国少儿体质健康水平持续下降，肥胖和超重检测率持续上升的现状，探求更安全、更有趣、更有效的少儿身体锻炼新内容和新方式，引导少儿从小养成注重身体锻炼的运动家精神，帮助他们获得能够产生长期健康效益的终身体育意识和能力，不仅是预防肥胖、促进健康，强健体魄最积极、最直接、最有效的措施，也是当前体育科学与公共卫生领域的重大课题。本章围绕学校快乐体操课的设计、学校快乐体操课的编排展开论述。

第一节 学校快乐体操课的设计

一、学校快乐体操课的创造性思维

儿童创造性思维的启蒙和培养是目前素质教育的核心内容，在小学阶段的素质教育工作中，始终贯穿有意识培养儿童创造性思维的教学理念。近年来，儿童创造性思维的培养已经逐步从基础课堂走向更加开放化的平台，在各个学科的教学中有意识地或引导性地对学生的创造性思维进行挖掘，已成为各个学科教学工作的重点。

提升兴趣对学生创造性思维的发展有启动、导向功能，因此在教学中，教师应利用一切可能的条件不失时机地激发学生的创造兴趣。众所周知，丰富的想象是创造的翅膀。而所谓想象是指在原有感性形象的基础上创造出新形象的心理过程，它分为再造想象和创造想象两种，其中创造想象对培养学生创造性思维、进行创造性劳动和掌握知识是非常重要的。如何才能启发学生的创造性想象呢？这就需要精心的设计和教师的珍视、鼓励和引导。这样学生的创造力才能被激发出来，从而其创造性思维得到很好的锻炼。当然，在体操教学中培养学生的创造性思维能力不可能一蹴而就，它还需要教师在平时的教学过程中不断启发引导，促

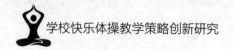

进学生创造性思维的发展。

（一）重视培养学生的观察力

学生在认识和了解世界的过程中，有着天生的、强烈的探究事物本源的本能和需要。而这种本能和需要是体育教学中学生创造性思维培养的重要基础之一。学生只有在观察的基础上，才能获得感性经验，才能不断丰富想象。因此在体操课的设计中，教师要引导学生观察、积极思考、大胆想象。

（二）重视保护儿童的好奇心和求知欲

好奇心和求知欲是科学发明的巨大动力，若没有好奇心和求知欲，就不可能产生对社会和人类具有巨大价值的发明和创造。小学生由于知识面有限，很容易对事物表现出强烈的好奇心，并会以自己的方式去探索、发现事物。体育教学的课堂犹如学生的小社会、小天地，能较为充分地满足学生的求知、求新的欲望。故在体操课的教学中，教师要充分保护学生的好奇心和求知欲，鼓励学生大胆幻想和善于幻想的能力，将学生的好奇心转化为求知欲，引起学生的学习兴趣，这是创造力发展的基础。

（三）重视发展儿童的想象力

一切创新的活动都是从创新性的想象开始的。儿童时期是孩子想象力表现最活跃的时期，儿童的想象力是儿童探索活动和创新活动的基础。创造性思维有创造想象的参与，创造想象是一切创造活动不可缺少的重要部分，也是创造者必须具备的心理素质，因而想象正是"创造之母"。体操课能为学生提供储备丰富的表象，而表象丰富的学生思维灵活、敏捷。如何抓住这一特点，引导学生比较表象之间的不同点，有利于提高学生的形象思维能力，从而提高学生的创造性思维能力。

（四）采用现代化教学手段

创新是人类社会生生不息、永远向前的动力。现在是知识经济时代的学校教育，就必须以发展人的创新思维、开发人的创新潜能为核心。创新是有层次的，小学生的"创新"与科学家、艺术家的"创新"不可相提并论。

体育教学中学生创造性思维的激发和培养是建筑"创新"大厦的基础之一。通过体育教学对学生施以积极的教育和影响，为使他们最终作为一个独立的个体能够学会并善于发现和认识有意义的新知识、新事物、新方法，掌握其中蕴涵的基本规律并具备相应的能力打下初步的基础。

二、学校快乐体操课的设计原则

"三基"是小学体育与健康教学的重要目标，快乐体操课的设计要紧紧围绕该目标进行，改变过去的以教师为中心教会孩子运动技术的做法，从孩子的角度提出要求，使孩子由被动地接受变为生动活泼、主动而又快乐地学习。这样就从根本上把"三基"教学的方向由单纯的教技术向培养孩子学会学习、学会做事、学会做人的方向转变，这是快乐体操对新大纲中对"三基"丰富内涵的新注释。

（一）贯穿一个"育"字

学校体育教育应树立"健康第一"的指导思想，体操教学也不例外。但在具体的教学中，由于教材的不同，那么，指导思想也应有所不同。毛振明博士和赖天德教授在《体育为健康，运动技术学习也为健康》一文中揭示了树立"健康第一"的指导思想与体育教学实践是一种相互促进和相辅相成的关系。既然是一种相互促进和相辅相成的关系，那如何通过精心设计教学，寓"育体"于"育人"之中，实现"快乐体育"思想，促进学生全面健康发展呢？这就要求教师在设计课时无论以何种形式进行，其方法、形式、作用都要与教育中心主题相吻合，最后在实施教学的过程中及时用语言对学生进行适当的提示、诱导，最终达到对学生进行思想品德教育的目的。

（二）激起一个"趣"字

趣——就是激发学生的学习兴趣。大家都知道，"兴趣是最好的教师"，孔子也曾说过："知之者不如好之者，好之者不如乐之者。"学生只有有了兴趣才会积极主动地学习，由此可见，培养孩子的学习兴趣，让学生在生动有趣、丰富多彩、充满激情、富有活力的体育课堂教学中得到启发，受到鼓舞，有所收获，所以兴趣是调动孩子学习积极性至关重要的条件。

1. 开始部分："诱导"孩子兴趣

在设计课的开始部分时要考虑到本次课的具体目标和教学内容，从教材的特点出发，与教材搭配，既要引起孩子的兴趣，又要有实效性。其设计与组织有很多，如：进行队列队形设计时，可以通过组织有趣的队列队形小游戏导入新课，还可采用谜语等学生喜闻乐见的形式，设置悬念，明确目的，诱导学生进入学习的殿堂。如：在学习垫上前滚翻的内容时，先别告诉孩子动作名称，而是在一堂课的开始出个小谜语让学生猜："两手用力撑，两脚迅速蹬，团身如球滚，展体似雄鹰。"谜一出，学生的注意力及兴趣就一下子调动起来了，这样不仅激发了学生的兴趣，活跃了课堂气氛，而且还使学生对所学知识易学易记，从而起到寓

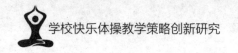

教于乐的目的。

新颖地设计好"开始部分",这将对激发学生兴趣,集中学生的注意力,引起学生的认知冲突,打破学生的心理平衡,使学生很快进入学习状态,提高课堂教学质量起到十分重要的作用。

2. 基本部分:"推进"学生兴趣

在基本部分,教师在教学中可以根据教材的内容,设拟情景,引发学生想象,激发学生学习的动机和兴趣。这样就能满足学生的愿望,即变"苦学"为"乐学",变"要我学"为"我要学"。这样边做边想、边想边做,其乐无穷。尤其在进行队列练习、素质操时,我们可以通过新颖的设计把单调、枯燥的练习变得好玩、有趣。

例如:在队列练习中,采用"听令指部位","我说大家做:快速反应练习",这样,既培养了灵敏的思维能力,又达到了队列练习的目的。同样在素质类体操练习中,我们可以特地把跑、跳技巧和攀登爬越等项目串编一组命题为"勇敢者道路"。当教师把设计好的题目一宣布,学生一定感到新鲜、好奇,都想成为勇敢者。那么在接下来的练习中都会尽量设想快速克服障碍的办法,兴趣较高,从而达到动中有思的效果。

再例如:有些经验丰富的教师在进行立正的教学时,先把技术要领和完成要求编成儿歌,先教会学生唱儿歌,等学生记住儿歌后再进行训练,这样就容易多了。在进行原地踏步教学时,同样用儿歌的形式对他们进行训练,如:"听到走后空一拍,抬起左腿往前迈,手摆高,腿抬高,比比谁最棒。"同时在教学过程中适当穿插组与组比赛,或是每队派出代表比赛,不仅提高了学生的积极性,而且活跃了课堂气氛。在愉快的氛围中练习,不仅不觉得疲劳,而且还满足了儿童喜欢比赛的心理特点。

3. 结束部分:"延伸"学生兴趣

对结束部分,许多教师往往重视不够,一般就设计为教师小结等。如果把体操课结束部分的放松练习设计好了,孩子在愉快的、恋恋不舍的情绪中结束本课学习,就将激发他们对下一节课的期盼和对新的学习的兴趣。

在教学中通过教师精心的设计让孩子尽快地进入"角色",在尽情地"玩"中入趣、入情、入境,逐渐从"玩"的心态中向主动的学习过渡,使实践课达到"课开始,情趣生;课进行,情趣浓;课结束,情趣存"的教学效果,使学生在课堂中乐学、会学。

（三）体现一个"活"字

活——运用教学方法灵活、把内容教活、让学生学活。体育教学的最大特征就是实践性，活动是主体性的生成机制和源泉。活动性原则就是指教师在设计体育教学时，把活动性贯穿在整个教学过程中，使学生最大限度地处于主体激活状态，能积极地动手、动脚、动耳、动脑，给学生创设积极活动的情景，使学习成为学生自己的自主活动主体。

1. 教学方法的"灵活"运用

学校体操课的教学方法多种多样，每一种教学方法都有其特点和适用范围，不存在任何情况下对任何学生都有效的"万能"的教学方法，学校体操课中教学方法的选择必须和其他要素如教学任务、教材、教学手段、教学对象等进行综合考虑，因为它们之间都是相互联系、相互影响的。此外，教师的教学风格不同，所选用的教学方法也会有所不同。因此，在设计体操教学时，要从实际出发，选择恰当的教学方法，而且随着教学改革的不断深入，还要选择新的教学方法，以适应时代的要求。例如在进行奇妙的队列队形练习时，根据学生活泼好动、好学、好胜、好模仿的心理特点，指导学生采用听一听、看一看、想一想、议一议、说一说、唱一唱、演一演、赛一赛和乐一乐等学习方法，来激发学生主动参与学习过程的积极性，提高学生自主合作的能力。

教学中要注意多种方法的有机结合，做到教学时间用得最少，练习方法有效，教学效果最好，达到教学方法的整体优化。但无论采用何种方法，其最终结果都是要通过动脑、动口、动手、动眼、动身体，让学生把学习当成是一种"乐趣"，而不是一种"负担"。

2. 内容选择体现"教活"

新课程在教学内容的选择上给教师们提供了较大的空间，这就要求一名教师要从学生的兴趣爱好、体能等方面的实际出发，选择适合不同水平段学生的教学内容。换句话说，选择要符合以下要求：①符合学生身心发展和性别特征；②运动形式活泼，能够激发学生的学习兴趣；③具有健身性、知识性、科学性和人文性；④对增强体能、增进健康有较强的实效性；⑤因地制宜，简便易行。

3. 学生学习时的"学活"

在教学中，教师一定要时时处处站在学生的角度来思考自己所设计的教学方案，考虑课堂结构，把学生真正当成学习的主人，充分调动学生学习的主动性和积极性，使学生生动活泼、主动、有效地进行学习。只有得到学生的热爱、尊重、理解和信任，才能发挥学生学习的主动性、积极性。教学实践中，教师要善于用亲切的眼神、细微的动作、和蔼的态度、热情的话语来缩短师生心灵间的差距，使学生获得精神上的满足。尤其是后进学生，对他们更要少批评多鼓励，从而建立和谐民主的教学氛围，使学生产生与教师合作的欲望。

可见，教师精心设计课堂教学，就是要激发学生的情趣，激活和加速学生的认知活动。通过教学实践，我们深深地体会到，教学只有根据孩子的年龄特点和认知发展水平，努力改变教学内容的呈现方式和孩子的学习方式，才能把适合教师讲解的内容尽可能变成适合孩子的兴趣。在课堂上要尽可能给孩子多一点活动的余地、多一点表现的机会、多一点体验成功的愉悦，让孩子自始至终参与到活动的全过程中来，使孩子成为体育学习的主人；让孩子"动"起来，让课堂"活"起来，促使孩子逐步从"学会"到"会学"，最后达到"好学"的境界。

（四）注重一个"实"字

实——就是教学中要讲求实效，不走过场，不摆花架子，用足球场上的一句话来说，就是教学要"到位"，即努力做到教学内容充实、课堂训练扎实。

第一，教学内容充实。合理地确定教学内容。一节课的容量过大、知识点过多，学生难以接受，而一节课的信息量过小、知识点过少，则浪费时间，不利于调动学生的积极性。

第二，课堂学练扎实。即体现边讲边练，讲练结合。做到练有目的，练有重点，练有层次，形式多样，针对性强，并注意反馈及时、准确、高效。

（五）满足一个"异"字

学生之间的差异是客观存在的，教师在教学思想上要尊重学生的个体差异，并向不同的学生提出有差别的学习要求，在教学方法上要因材施教、区别对待，使每个学生都学有所得，都能在自己原有的基础上得到较好的发展，而不是让每一个学生都按同一个水平发展。这就是通常说的因材施教。同时在课程设计中还要考虑到在教学过程中可能发生的情况，并预计进行调整的手段与方法。

三、学校快乐体操课的设计方法

"快乐体操"课的设计形式是以让学生自发、自主地学习并能充分体验运动的内在乐趣为目的。它寓教于乐，为学生在课堂上营造一种愉快、欢悦的学习环境，引导、激发、培养和发展学生的学习兴趣，其表现为：第一，"快乐体操"强调以学生的"乐学"作为教学的基点。第二，"快乐体操"注重充分发挥学生的创造性。第三，"快乐体操"提倡建立与学生互教互学相联系的教学组织形式，教师从情感教学入手，以自己对学生、对教材、对教学的热爱来激发学生的兴趣。

第四，"快乐体操"在教学中强调不同类别的体操所独具的乐趣，让学生在练习中充分体验快乐。为此，在快乐体操课的设计中，我们要充分利用多形式、多手段引导学生活动，吸引学生积极参与①。

（一）巧用生活中的事物，提高学生理解力

"教育即生活"，最好的教育就是"从生活中学习""从经验中学习"。新课程标准极力倡导体育教学内容应是学生平时熟悉的、喜欢的，并贴近学生生活、符合学生特点的。在快乐体操的课堂中，教师要善于观察学生的生活，深入了解这个年龄段的孩子的心理、生理特点和发展需求，能准确抓住孩子感兴趣的事物，讲解动作要领时巧妙运用孩子喜欢的事或者熟知的人或者动物打比喻，从而提高孩子对知识的理解。

小学生具有很强的模仿能力，他们想象力丰富，形象思维占主导地位。在教学中，教师应遵循儿童认知和情感变化的规律，进行生动活泼和富有教育意义的教学，以迎合小学生的心理需求和学习的需要。因此，教师要精心设计课堂教学内容，科学地运用教学方法及教学手段，使课堂教学成为学生学习的乐园。比较常用的是情景创设的课堂教学模式，让学生在模仿中创造，体验运动的乐趣。例如：小学生缺乏自控能力，站在队列中常你推我挤、吵吵嚷嚷，对有趣的活动争先恐后，对不感兴趣的活动则一个劲推别的同学上场。针对这种情况，单凭训斥、指责是难以奏效的。教师可巧打比方，借物喻理。如以守纪律的雁群、听指挥的鸭子、按顺序走的驼队作为比喻，并运用丰富生动的语言和形象逼真的动作使学生进入角色，养成自觉遵守纪律的习惯。

在进行快乐体操课的设计时，要根据学生的年龄特点和认知发展水平，改变教学内容的呈现方式和学生的学习方式，让孩子自始至终参与到活动的全过程中来；让孩子"动"起来，让课堂"活"起来。这样才能促使孩子逐步从"学会"到"会学"，最后达到"好学"的境界。

（二）巧设赞赏方式，激励学生自信心

体育教学新评价的一个显著特点是：教师的微笑多了，能够与学生达成一种无形的默契，使得一节课的教学目标在学生身上得以实现。其实，每个学生在学习的过程中都有被赏识的渴望。在课堂上，教师用真诚的微笑、友善的目光、亲切的赞语、热情的鼓励来营造和谐热烈的氛围，不仅能唤起学生积极的情绪，激励学生的学习欲望，同时也能更好地激励他们的质疑与探索精神。

---

① 杨红，刘智丽，李德华.快乐体操[M].成都：四川人民出版社，2011.

对于孩子们来说，教师的鼓励是增强自信心最好的一剂药方，在上课过程中，教师要多用激励性语言，教师对孩子的赞许可以用无数的词语来表达自己的态度和情感，要避免简单地说"好"或"很好"，否则会使孩子心理上得不到满足。教师可以用"你的动作非常好，我很喜欢""大家来看 XXX 的表演，他做得真棒！""教师相信你是成功的"等语言进行激励。另外，教师在评价上少用主观性的臆断，而应采用多样性评价。如一堂课，教师如果在最后的评价中能把四组分为最佳表现组、最团结组等，或者对取得三、四名的小组加以鼓励，那么也许该课会更加完美。这样不仅可以增强教师和学生间的关系，更有利于激励学生的自信心和活动的积极性。

除了语言鼓励，教师对他们微笑、点头、竖起大拇指等非言语性动作奖励也会给学生莫大的鼓舞；教师经常走近学生身边拍拍他的肩，摸摸他的头，对学生表示出一种无声的赏识和赞扬；在活动中教师经常注意用视线接触学生，告诉他们教师在注意他们等方法，对提高学生活动的积极性都有一定的激励作用。

（三）巧用竞技性游戏，提倡学生竞争意识

争强好胜是小学生的又一天性，如何让学生从小就具有良好、健康的竞争意识呢？体操课的设计中要充分利用学生不甘落后的心理，运用比赛、评比等形式进行教学。课堂是主要的培养天地，兴趣盎然的游戏，公平端正的裁判，新奇刺激的奖品，再加上教师不失时机地赞扬"你答得真好，动作演示得真完美，希望你继续努力"，这就如一支兴奋剂，能让学生不遗余力地全身心地投入竞赛中去，让竞争的思想贯穿于课堂，学生的自我表现欲得到淋漓尽致的发挥，从而达到意想不到的教学效果。

（四）巧设层次目标，满足学生不同层次的需求

在教学活动中要考虑不同能力学生的需要，改变过去那种"一刀切"的做法，从学生的个体差异出发，对发展水平不同、能力不同的学生提出不同的要求。对那些动作发展好的学生要适当提高难度，让他们"玩得有劲"；对那些动作发展较差的学生则降低动作要求，让他们也体验"成功的快乐"。例如在素质体操的练习中，要提供几种不同的要求和运动量，让学生自由选择。学生们根据自己的能力和水平选择适合自己的量进行练习，然后再根据自己的实际情况选择是否增加高度。教师只是起到引导、鼓励、保护学生的作用。

而在设计器械体操的练习中，由于学生的基础不同，性格差异，在课堂中积极、活跃的表演欲也不同，教师根据课的任务和学生掌握技能的情况，有计划、有步骤地设置多个水平的"练习点"，在每个练习点上安排不同形式的练习，在

完成练习的基础上设计"破层次记录"的比赛游戏，让学生依据自己的技术、技能，选择符合自己的练习，使学生始终处在积极、主动的练习之中。

（五）巧用课堂特色，发扬学生集体精神

德育是素质教育的一个重要部分，如何让德育渗透进课堂，推进素质教育的实施呢？在教学中，教师是组织者、领导者，也是参与者。因此，在教学中可以从改变教学的分组形式入手，通过学习小组形式的重新组合，来满足学生好奇的心理需求和学习的实际需要，以提高学生学习的主动性和学习的兴趣。具体的方法有：

第一，自由组合的分组形式。目的是让兴趣一致、关系良好的学生结合在一起，营造一种愉快、和谐、团结互助的课堂气氛，增强小组的凝聚力和奋斗目标，这样有利于学习。

第二，互帮互学的分组形式。根据学生身体素质优劣情况和对体操动作、技能掌握的程度，调节各小组人员的组合，使各小组都有一部分好的学生和稍差的学生，以便在学习中通过组员间的互帮互学来提高学习质量，以达到共同提高的目的。

第三，分层次教学的分组形式。根据学生的身体素质和运动能力的不同，将学生分为不同层次的小组，对不同层次的学生提出相应的学习目标，实行因材施教。这样，有利于调动各层次学生学习的积极性和主动性，使每一层次的学生都能在各自的基础上"学有所得、学有所成"。

有特色的教学构思，开展生动活泼的教学过程，设计扣人心弦的教学内容，足以调动学生的学习兴趣，创造出一种和谐的教学氛围，让学生从玩中学，学中玩，乐于学，乐于做，达到愉快教学的目的，更能让课堂轻松、愉悦，起到事半功倍的效果。

总而言之，一节体操课看似简单，却蕴涵着诸多因素，它从指导思想到教学目标、从教学内容到组织形式、从练习方法到教学环境、从对教师的要求到课堂上的评价都发生了巨大的变化。因此，教师应加强多方面的学习，充实自己；从教材、教学条件、学生性格、生理心理、家庭、社会、学校等多方面去考虑，认真对待每一节体操课。

四、不同类型快乐体操的设计案例

（一）队列队形设计：巧用儿歌和口诀

队列练习是小学体育课的一项常规内容，也是上好体育课的基本保证。队列队形教学是一个基础性工程，不能纯粹为了教而教。它的主要功能是，在学生掌握基本的动作要领后，教师合理运用队列、体操队形，并结合课堂程序展开的实际情况进行适时、合理的变换，能使课堂既顺畅，又省时、省力，从而提高课的练习密度。但是，如何把学生的队列练习教好，却是一个困扰许多体育教师的难题。

口诀、儿歌能很好地激发学生的学习热情，发挥想象，掌握动作技能。例如有些经验丰富的教师在进行立正的教学时，先教会学生儿歌：五指并拢，紧贴裤缝，脚跟靠，脚尖分。学生记住儿歌后再进行训练，这样就容易多了。在进行原地踏步教学时，同样用儿歌的形式对他们进行训练，如：听到走后空一拍，抬起左腿往前迈，手摆高，腿抬高，比比谁最棒。这样既达到队列操练的目的，又能起到意想不到的练习效果。

（二）素质体操设计：巧用竞赛性游戏

针对素质类体操的练习，我们借助游戏的形式让它变得轻松些。教师在实践中，利用游戏的形式，在玩中做出跑、钻、跳、投、跨的串联动作，发展学生相关部位的力量[①]。

例如，一组命题为"勇敢者道路"的游戏，首先教师把场地按照主题要求布置好，利用色彩的刺激，让学生从视觉上感到场地新颖，从而产生跃跃欲试的心理。接着教师把设计好的题目向同学宣布，学生感到新鲜、好奇，都想成为勇敢者。所以在接下来的练习中都尽量设想快速克服障碍的办法，达到动中有思的效果。

再例如，"青蛙跳"是专门用来锻炼腿力的一个游戏：教师在设计中利用富有节律的音乐伴奏，让孩子像青蛙那样蹲在地上，一步一步向前跳；同时在完成过程中还要设置一些障碍物（呼啦圈、泡沫块等）。

（三）持轻器械体操设计：巧用学生求新意识

轻器械体操与徒手体操不同之处是手持轻器械做各种体操动作，这样既可更好地收到锻炼效果，又可增加孩子的兴趣。在进行器械体操的设计时，一定要目的明确、经济、实用、有效，符合教学的需要，既要从学生的身体、心理素质考虑，又要考虑安全系数。在保证安全的情况下，注重器械的实用性、巧妙性，利用色彩刺激学生的感观、视觉，如改变器械的颜色、增加色彩线条等，这样学生从视觉上感到新颖，从而产生跃跃欲试的心理，不经意间让学生在乐中玩、玩中练，从而达到解决课堂教学的枯燥问题。

---

① 蔡林河.浅析在快乐体操教学过程中常见的问题及对策 [J].青少年体育，2017（01）：91-92.

（四）课间操设计：巧用学生集体荣誉感

课间操又称为课间体育活动，是学生每天必须参加的一项体育活动，是学生紧张学习之中的一种积极性休息，同时也是校园体育文化建设的重要内容和综合反映。课间操的设计要精心构思、合理选择，要符合孩子的生理特征并且令孩子喜欢。

第二节　学校快乐体操课的编排

一、学校快乐体操动作编排的特点与结构

（一）学校快乐体操动作创编的特点

任何事物的诞生与发展都有外部的、内在的客观条件与规律，发现、总结、遵循这些条件与规律才能使事物得以健康发展。快乐体操的创编者要想创编出优秀的动作，应当遵循小学生生理和心理的发展特点，否则将事与愿违而背离我们的初衷。

第一，明确的目的性和鲜明的针对性。在创编快乐体操时，首先要明确编排的目的，应根据学生的水平、条件和课的任务及所要解决的具体任务来选择内容，进行创编。在编排低段的学生的准备活动时，应选择基本的、简单的，以活动身体、培养基本姿态为目的的练习，例如选择徒手体操、基本的舞蹈步伐等；而高段的学生有了一定的基础，掌握的动作类型多，因此可选择较复杂、协调性高的轻器械体操等。

第二，编排的趣味性。"趣"是人们力求认识某个事物或从事其一活动的特殊的倾向。兴趣能促使人们积极地钻研，主动地学习。因此，在编排动作时，不仅要根据实际情况选择各种动作，而且应该针对不同的要求，创造性地编排一些新颖的动作，尤其在动作之间的连接上，编进一些颇有趣味的小巧动作，避免千篇一律、枯燥无味，使学生在练习时感到新鲜、有趣，从而提高学生学习的积极性。

第三，重复性和对称性。为了使学生身体各个部位得到均衡的发展，动作编排应注意身体各部位与动作方向的对称，即左臂与右臂、左腿与右腿、腰的左侧与右侧、背部肌肉与腹部肌内等等。同时也应根据小学生自身特点，每个动作可以多次重复出现，目的在于全面巩固和提高动作技能，使身体各部位均衡、协调地发展。

第四，全面发展身体原则。我们应当注意有意识地、科学地使用各关节的各

种动作形式，从而促进肌力的增加、关节灵活性的提高以及通过改变运动位置、方向、节奏、路线影响不同的肌群。通过运动路线、节奏、位置、方向与单一动作、复合性动作的变化来培养人的协调性，全面发展身体各个部位、各种身体素质和基本活动能力，认真细致地"雕琢"人体的每一部位。同时，把身体练习与内在气质的培养结合起来，使练习者通过体操特定动作的练习产生正确的审美意识，既使形体得到良好的发展，又拥有高雅脱俗的气质，在美好的艺术环境中得到享受。

第五，有序性及规律性原则。所谓"有序"，是指活动部位的有序以及动作与动作前后连接的规律有序。比如，按解剖的位置由上至下、由外向内，从动作上由局部、单一至综合与复杂。为了有利于孩子的接受与掌握，我们在创编中可以有意识地分解复合性动作并使动作有序。如：先编排脚步动作再逐渐进行复合性动作的配合，使整套动作形成一定的规律，这样可以使孩子尽快掌握动作从而加强锻炼的实效性。而所谓"规律"，是指整齐而有规则，是事物之间的内在的必然联系，决定着事物发展的必然趋向。我们在进行动作的创编时必须遵循学习规律由易到难、由简到繁、逐步增加学习难度和要求的原则，在内容方法和运动负荷的安排上做到合理遵循运动规律。这样既可以提高练习效果，又能防止伤害事故的出现。

第六，运动负荷的科学性。快乐体操作为一种有氧运动项目，首先要满足的是练习者需在氧气充分供应的情况下进行的体育锻炼。即在运动过程中，人体吸入的氧气与需求相等，达到生理上的平衡状态。所以其创编都应严格遵循运动的生理解剖规律，运动负荷应由小到大，强度由弱到强，当达到和保持一定运动负荷后再逐步减小运动量，使心率变化逐渐上升与下降，并在过程中呈波浪式曲线上升与下降，从而使心血管系统、呼吸系统和内脏器官功能得到全面的改善和提高。

（二）学校快乐体操动作创编的结构

快乐体操动作创编结构采用感知结构，注重人的视觉、听觉和触觉等要素提供的结构关系。任何事物都是由内容和形式所构成的。人们对事物的认识一般都要经过由表及里、由感性认识到理性认识的过程。如果没有对客观事物外在形式的观察、感受，就不可能有对其本质的了解和认识。没有内容就没有形式，而没有形式也就没有内容。快乐体操也不例外，它的内容存在于形式之中。

（1）视觉感知。通过视觉器官所感知的包括人体动作、线条及运动路线。任何动作都是由人的四肢、躯干和头部动作及各种人体线条的运动和变化所形成。创编者通过对动作的特殊处理让孩子把自己的情感体验展示出来，而这种情感体验具有只可意会难以言传的特殊状态。如动作的内在节奏韵律、音乐的丰富情感、舞蹈的细致风格特色等，只有在动作的过程中才能赋予充分的表现。并且就是同样的一个动作，如果给予不同的线条、节奏、力度、幅度的变化，也体现出不同的情感特征。另外，锻炼者在动作完成的过程中路线的变化也是属于人们视觉的感受。

（2）听觉感知。听觉感知是指物体振动所发出的声音，作用于人的听觉器官，而引起生理和心理的情感体验或特定生活的形象的联想。成套动作编排的结构和情趣是根据听到的音乐撞击出来的，音乐自身的风格、旋律和结构已经给成套动作的编排起到导向作用。

二、快乐体操动作创编的语言艺术

（一）学校快乐体操动作创编的动作语言

由于快乐体操是属于视觉和听觉的综合的艺术形式，动作是其最基本的元素，通过一系列动作所组成的动作语言不停顿地发展、变化来诠释该作品的艺术性。

一是多方位、多方向、多角度动作语言。成套动作中的单个动作都是由不同的方向、路线贯穿起来的。通过动作路线的左右变化、前后移动，方位的高低起伏，使动作语言在不变中形成发展。

二是幅度与力度动作语言。幅度与力度是属于视觉的节奏。在动作的创编中，相同的动作通过节奏的发展变化——或是在力度上增强、减弱，或是在速度上加快、减慢，或是在幅度和能量上增大、缩小，都可以使动作具有语言的张弛性。

三是重复与间断动作语言。在动作形成过程中，需坚定地强调动作语言的保持，并在保持统一的动作语言基础上运用类型、数量及动作间的连接方式进行变化。从最单一的姿态开始，到一组动作的形成，通过多重性节奏变化（四拍、两拍、三拍、八拍等的递进性变化或者重叠性变化）加强印象。

（二）学校快乐体操动作创编的音乐语言

音乐是用有组织的乐音来表达人们思想感情、反映现实生活的一种艺术，它的最基本的要素包括音的高低、音的长短、音的强弱和音色。由这些基本要素相互结合，形成音乐的常用的"形式要素"，例如节奏、曲调、和声以及力度、速度、调式、曲式、织体等。构成音乐的形式要素，就是音乐的表现手段。音乐的最基本要素是节奏和旋律。音乐是音响和时间的艺术，声音是音乐基本素材之一。音乐作为完整的艺术形式，有着自己强烈、系统、完整的表达方式，动作在音乐的衬托之下，快乐体操更具有生命力与艺术性，扩大了表现空间。在舞蹈艺术中，旋律与肢体语言是最亲密的伙伴。音乐能使舞者产生一种激情和冲动。

（1）强弱动作语言。在进行快乐体操动作创编时，要仔细分析音乐的结构和特点，将每一个具体动作的编排都和音乐中的每一个起、承、转、合完美融合，使动作的大小、力度的强弱都与音乐的变化相适应，让音乐在时间的延续中起伏跌宕。音乐的强弱变化为动作的力度与起伏造成了内在的条件，使动作与音乐在结构上产生联系，曲调与节奏的变化加之动作起伏从而产生韵律感。

（2）长短动作语言。注意乐句、乐段和乐曲的完整性。音乐的节奏与速度严格地控制着动作的节奏与速度，因此，在很大程度上控制着动作的强度。

（3）风格动作语言。音乐风格很大程度上指导着动作的风格。音乐风格受时代变迁、民族地域、环境、作者等因素影响，唯有这样音乐与动作才能变得协调，才能有力地支撑动作。动作的选取应当符合所选音乐的基本节奏与风格，适当融入各民族独特的舞蹈动作元素，借鉴不同舞种、不同领域的一切可操作性元素，以此在音乐的基础上创编动作。

三、学校快乐体操动作创编的方法与程序

（一）学校快乐体操动作创编的方法

（1）调查法。要进行快乐体操的创编，首先要了解学生的状况，根据学生各个方面的特征进行创编，这就需要到学生中进行调查。另外要了解快乐体操的创编元素，看哪些元素符合学生的要求，从而进行整合动作、创编动作，以达到最佳的健身效果。

（2）构思法。构思法就是利用感知的和已知的信息进行再创造的方法。它是指创编者根据输入的信息，在大脑的记忆库中搜寻与之相关的信息或者利用大脑记忆库中的一些信息形成与之相关信息的过程。这种方法反映了创编者对动作技术的广泛吸纳，实践中的各种动作素材都可通过构思法作为快乐体操的动作。通过此种构思法，达到开拓思路并实现动作创新的目的。

（3）资料法。资料法是指创编者根据需要，采用录像、图片、书籍以及生活中的细心观察等资料进行创造动作的过程。资料法运用是一个收集动作素材的过程。创编者可根据所看到的动作，进行改编或者移植，使其成为组合动作或者成套动作中的其中之一。这种方法适合于初级创编者，可根据实际需要，有选择地选取录像材料或者图片、书籍来观看，吸纳其中的动作。

（4）组合法。组合法是指在创编快乐体操动作时，将两个或者两个以上独立的技术动作通过巧妙的连接或重组，形成新的技术动作或者成套组合动作。快乐体操组合既可以是同一类型动作变化为多个不同特色风格的动作，也可以使不同类型多个单独动作进行适当重组，最后完成成套动作的编排。成套动作是否流

畅、自然，连接与过渡动作至关重要，动作的设计要符合大众健身舞的特点。

（5）完善法。完善法是创编后期采用的方法，一般是创编的动作、组合或者成套动作有了雏形之后，进行修改完善的方法，此方法的运用使得快乐体操的创编更加完善。创编者考虑的因素在后期要更加细致，相当于一次课结束后的总结，就不对或者不完善的动作、组合进行修改。

（6）反馈法。反馈法是指动作创编结束后，创编者通过自己练习或者在健身人群中进行教学，自我检验或者通过学生的反应，来进行调整完善动作的方法。此方法是检验动作或者组合是否完善、科学的重要方法之一。通过此环节，学生可以更加放心动作的安全性和科学性。因此，反馈法也是创编者常采用的创编方法。

（二）学校快乐体操动作创编的程序

一套动作的编排不是简单的单个动作的罗列，而是动作间的有机联系、和谐配合及完整统一，是具有空间要素的立体艺术，是一项创造性的工作。

第一，设计框架。框架就是骨骼，它竖立起整个成套，使成套能够完整。快乐体操的框架应当是科学的、鲜明的、有序的。应该按照快乐体操的创编原则去做，建立框架时应在考虑音乐等各种因素的情况下遵循快乐体操的创编原则去做。音乐与成套结构紧密联系的有乐句、过渡、乐段及终止等因素。核心动作内容确定组合类型是单一型还是综合型、组合的练习形式是定位练习还是行进间练习、有无队形变化等，根据核心动作间的逻辑关系确定动作顺序，根据核心动作的数量和重复次数计算组合长度，形成组合动作的框架结构。

第二，选择音乐。音乐作为快乐体操的另一组成部分，在创编中是不容忽视的。根据创编的目标，选择音乐的旋律、风格，确定音乐的长短起伏。根据核心动作的节奏和风格特点，组合的长度和框架结构选择适宜的乐曲。

第三，编排动作。根据创编的要求和音乐的风格选取那些适合的动作进行组合，以核心动作为主，配合简单的连接动作，按音乐乐句的长度编排联合动作。根据动作之间的逻辑关系及音乐的结构特点，将联结动作串编成组合成套动作。

第四，修饰加工。首先在口令指挥下做动作，检查动作之间的衔接是否合理、动作节拍是否完整、所要编的动作内容是否充分体现、成套动作长度是否合适。删除不合理部分，对不妥之处进行修改、完善。然后配上音乐伴奏进行成套练习，检查动作和音乐是否吻合、节拍长度是否一致，对于配合不协调的动作进行修改或调整，使其和谐。

第五章　学校快乐体操的多元化形式与教学策略

　　快乐体操是以体操动作作为基础发展起来的一种创新项目，兼具趣味性和娱乐性，深受幼儿及少年儿童的喜欢。其作为一项创新的体育项目进入学校课堂，不仅会改善体育课堂教学模式，丰富教学内容和活跃课堂气氛，而且符合全民健身的需要，也有利于消除人们对体操的误解，从而为体操的发展营造一个良好的社会环境。所以，快乐体操作为传统体操的创新发展，凭借其自身特点和价值，非常适合在学校开展。本章基于学校快乐体操的队列队形教学、轻器械体操、课间体操、表演体操不同方面探索学校快乐体操的多元化形式与教学策略。

第一节　学校快乐体操的队列队形教学

一、队列队形练习的作用与原则

（一）队列队形练习的作用

1. 队列队形练习在体育课中的作用体现

　　第一，丰富教学内容和手段。队列队形练习在体育教育课中占有一定的比例，队列队形练习无论是在课的开头还是在课的进行中都可以使用，运用丰富多彩的队列队形练习内容可以提高课的质量，通过队列队形的调整更能体现课的组织纪律性和严密性。

　　第二，提高学生的积极性。通过组织有条有序的队列队形练习和运用多种练习的形式，给予队列队形练习趣味的元素，那么队列队形练习就能够提高学生参与课的积极性。

　　第三，增强师生之间的情感交流。队列队形练习是教师指挥学生练习的一种很好形式，在练习过程中强化了教师与学生之间的交流。另外教师参与到学生中一起练习，这有利于教师与学生之间的融洽，为进入基本教学阶段做好充分的准备。

队列队形练习组织得好，能提高学生的兴趣，不仅提高了学生身体各环节的机能，也提高了学生参与上课的心理水平，这样进入课的基本内容就会容易得多。

2. 队列队形练习对学生的作用体现

一是培养学生正确的姿态。队列队形练习是较为规范的个人和集体练习内容，通过练习就能规范学生的各种姿态，在充满趣味的练习中不知不觉端正了学生的站、走、坐的身体姿态[①]。

二是培养学生的集体协作意识。队列队形练习的集体动作需要队员之间很好地相互配合才能完成练习，学生之间配合得好，完成的效果就会更好。通过教师的引导，学生就会自觉用集体行动需要的个人行动参与到集体练习中，强化了学生的集体协作意识。

三是陶冶学生的情操。学生在队列队形练习中无论是个人动作还是集体动作都能展示学生的自我提高和集体协作意识，尤其在集体行动中认识到集体配合而完成个人无法达到的效果，学生的内心就会升华。不仅享受到个人的提高，更能实实在在感受到集体的快乐。

四是提高学生的听从指挥能力。队列队形练习是在口令指挥下进行的，学生的一切行动都必须听从口令的指挥才能做好练习，在此过程中就培养了学生听从指挥的能力。

（二）队列队形练习的基本原则

一是精讲多练原则。队列队形练习与其他体育内容一样要精讲多练，讲解的内容要简短明了，教师要组织好讲解的语言，力求在学生注意力非常集中的情况下去讲解，三言两语说清楚就练习，切忌滔滔不绝。学生只有在不停的练习中才可能配合教师，他们都喜欢在动态中表现自己，而不是听教师的啰唆。这对教师的表达能力有较高的要求。教师应该简要讲解练习的要点，提示听指挥的方法，考虑好整个练习的组织过程。

二是教师带领原则。在队列队形练习中一定要灌输教师带领的原则。学生在很多情况下都是看着教师的，如果教师能以身作则，用全身心的热情和积极的心态参加到学生当中，那么学生也会受到教师的影响积极参与。在练习中教师一定

---

① 江广和. 快乐体操研究 [J]. 体育文化导刊, 2015（08）: 56–58+71.

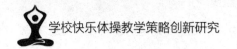

要把自己当成学生中的一员，与学生同走同跑，一起激动一起欢笑。但教师一定要深入地进去也要随时出来，发挥教师的主导作用，组织好整个练习。

三是寓教于乐原则。无论是什么教育都要寓教于乐，尤其是体育教育，体育教育是一个身体的教育过程，让学生在愉快中锻炼到身体是最好的体育教育方式。队列队形练习如果完全按照教科书上的内容进行练习是相当枯燥的。因此教师在进行队列队形练习教学时一定要拓展思路，采用有利于提高学生情绪的手段、方法、内容和形式有条不紊组织好队列队形练习，让学生在欢笑和思考中接受身心锻炼。多采用学生接受的、引起激情的内容和组织形式非常有利于教师与学生之间的融洽，有利于教学内容和教学手段的实施。

二、队列队形练习中指挥技巧的运用

（一）发音方法的运用技巧

队列队形练习的指挥口令需要有一定的命令性，因此声音要有威严，那么发音的方法也与平时说话的发音有些区别。平时说话一般都是很自然地把声音说出去，不加任何其他的技巧和动作，仅仅是经过嘴皮送出就行。而指挥口令的声音不能直接送出，通过喉部发声经过口腔的共鸣后才能喷出，也就是要把声音向内吞回，让声音在口腔中产生回响。因此要求在指挥时，指挥员身体一定要直，注意力要集中，收紧小腹。无论是提示口令还是调节口令都是一样，做到精神饱满，节奏清楚。

（二）语言的运用技巧

1. 准确性

在队列队形练习中指挥的口令一定要准确，队列队形练习往往是多人练习，口令是否准确关系到练习的整齐度和练习的质量。如果口令出现偏差或是有不同的理解，那练习者就会无所适从，在练习中他们听到一个口令就会出现多种动作，那就失去了队列队形练习协调一致的特点与风格。口令的准确是指挥技巧的表现之一，指挥口令与对应的动作是唯一性，下达的口令要做到不能让练习者有多种理解，又要能快速正确理解。

2. 情感色彩要饱满

指挥口令的情感色彩也是指挥艺术性表现的重要方面，在队列队形练习中指挥口令不能自始至终只是一种声调、一种情绪。要根据场面情况用不同的声调、语气和情绪进行指挥，练习场面不太整齐和开始时应多用命令式语气，把指挥声调提高以求灌输练习内容和规范练习动作；练习者都进入角色，练习效果比较好时，就应该用柔和的语气，降低声调，用体现关怀和融洽的声音来指挥，使得练习者轻松练习。切忌无论在什么情况下指挥口令的情感色彩都是雄赳赳气昂昂的，那样练习者就会一直处在紧张的气氛当中，不利于教育，不利于练习者的身心健康，更不利于教师与学生之间的融洽。指挥口令情感色彩的掌握表现在教师对练习场面情况的把控、对学生情绪的捕捉，采用人文关怀的精神适时运用不同的声调、语气，用激昂、刚健、抒情、柔美的语调掌握控制练习场面，适时加上有节奏的表扬语言和鼓励性语言，效果就会更好。

3. 多样性

在队列队形练习中指挥口令一定要多样化才能适应当前的体育教育。语言的丰富是我们进行优质教育的重要手段，队列队形练习指挥口令多样性也是指挥技巧的重要表现。自始至终都是简单的指挥方式将会使得学生产生听觉和视觉疲劳，为了给学生不同的听觉和视觉刺激，我们就得用多种指挥方式进行。交替运用语言指挥、动作指挥、小道具指挥，也可以用体育骨干进行指挥或学生集体指挥集体练习等方式进行，这样学生就会在不同的指挥方式中得到不断的新的信息刺激，使学生在练习中总有新鲜感，有利于提高学生练习的积极性。指挥口令多样性的艺术效果在于丰富指挥的形式，激发学生练习的积极性。指挥口令多样性的艺术性要求教师要活跃思想，多用"拿来主义"，借鉴其他多种艺术表现形式，来加工指挥口令的表现内容。

4. 节奏感

队列队形练习动作中有很强的节奏，指挥口令应该像音乐一样节奏明显。如果指挥口令失去节奏，那学生将无法进行练习。集体的动作就是靠强烈的节奏来统一动作的律动，协调动作的整齐和规范。队列队形练习开始时，口令一定要有节奏感，节奏感好的学生就能整齐行动，如"齐步——走"的口令应该用二拍完成，"齐步"占一拍，"步"的拖首占一拍，"走"一拍。如果"步"的拖音太长或太短学生就不能找到迈出左脚的节奏。另外，口令指挥中要注重节拍的强弱，一般说来重拍落在左脚上，弱拍落在右脚上，预令稍弱，而动令要强。这样才能体现口令的节奏感，指挥口令才有命令性。掌握好口令的节奏是能指挥好队列队形练习的关键，学生就能默契地配合教师的指挥口令，达到学生与教师之间心灵融通。

5. 语言的掌握

语言是指挥艺术性的重要载体，在队列队形练习中指挥口令语言是必不可少的，运用好语言的艺术可以大大提高队列队形练习的质量。准确是语言运用的基本要求，准确的语言是口令指挥艺术性表现的基础。在指挥练习中语言的准确就能展示出口令的无他性和唯一性。为了展示指挥口令的艺术性，我们在指挥队列队形练习时不一定仅仅用标准的口令语言，还可以加入其他语言，只要语言合乎练习的节奏就行。在指挥练习中我们的语言要做到准确、鼓舞、风趣、有节奏。语言的掌握是一个综合性的问题，除了常规的语言外我们要应用许多大众语言进行指挥，如用"左键，右键"来替代"一二一"或"左，右，左"的口令。根据情况用练习对象喜欢接受的语言进行指挥。但要注意口令指挥的语言中常规语言是基础，非常规语言仅仅是我们调剂情趣的手段，一样的非常规语言不可重复次数太多，这就要求我们平时要注意各种语言的收集和提炼，根据场面情况灵活机智地运用到现场指挥当中，做到让学生自然接受指挥语言的变化，而不感到生硬和勉强。

三、队列队形练习的内容与基本术语

（一）队列队形练习的内容

根据中国人民解放军队列条例规定和体育教学的需要，常用的队列队形练习有如下的内容：

1. 队列练习

（1）单人动作有立正、稍息、原地转法（向左、右、后转，半面向左、右转）、行进（齐步、正步、跑步、便步、踏步、移动和步伐变换）、立定、行进间转法等。

（2）班（队）动作有集合、解散、看齐、报数及队列变换、行进间队列变换等。

2. 队形练习

（1）原地队形有横队、纵队、方队、弧形、梯形、圆形、三角形等。

（2）行进间队形有横队、纵队、方队及其队形变化。

一路的纵队行进间练习有：绕场行进、对角线行进、蛇形行进、圆形行进、"8"字形行进和螺旋形行进等。

（二）队列队形练习的相关术语

列：左右并列成一排称列（一般是从右向左按高矮的顺序排列）。

路：前后排成一行称路（一般是从前向后按高矮的顺序排列）。

间隔：相邻左右两人之间的间隙（横队中一般为10厘米，以肩距为准，纵队一般为两步）。

距离：相邻两人之间前后的间隙（纵队一般为一步约75厘米，横队约为两步）。

横队：由"列"组成的队形（一般队伍的横宽大于纵深）。

纵队：由"路"组成的队形（一般队伍的纵深大于横宽）。

排头：位于纵队之首或横队右翼者。

排尾：位于纵队最后或横队左翼者。

翼：队形的两端或两侧。左端为左翼，右端为右翼。

基准：被指定作为动作目标的队员（除排头排尾外，作为基准的队员应举手示意）。

伍：二列及二列以上横队中，各列同数的队员组成为一"伍"。若各列人数相等，各伍人数等于列数，则称满伍。若不等对，最后不足人数的伍称缺伍。

步幅：一步的长度（后脚跟至前脚跟的距离）。

步速：单位时间行进的步数。

口令：在队列操练中，指挥员所发的命令。除一些需改变人体姿势和形态等的口令，例如立正、稍息、坐下、蹲下等等外，一般口令都分预令和动令。

四、队列队形练习策略及拓展

（一）队列练习

1. 集合

口令：集合！发此口令要求声音要洪亮，尤其是"合"字不但音量大而且要拖长，拖长的长度视人数多少而定。在实际操作中也有用"全体注意！"口令代替"集合！"口令的，看情况来运用。

方法：指挥员选择好队伍集合站位的地点后下达"集合！"口令，听到集合口令后全体队员立刻原地立正。指挥员看到全体队员都安静后做出集合手势并同时下达"成 X 列横队，向右看一齐！"或者"成 X 路纵队，向右看一齐！"口令。队员迅速跑到指挥员的前面成 X 列横队或者成 X 路纵队向右看齐站好。在看其中第一列或第一路的排头要让指挥员在队伍前面中间不远不近的地方。指挥员看到全部队员都看齐后下达"向前看！"的口令完成集合。

技术要点：指挥员选位准确，学生做到快、静、齐。

拓展内容：

（1）模仿可爱动物集合。模仿可爱动作集合就是让学生在看齐的过程中扮作各种可爱动物，用可爱动物的特性动作到达集合位置。比如小兔子竖起两个耳朵双脚小跳、小灰熊端着双前腿抖动小跑、小企鹅夹着双手一步一步移动、小猩猩吼声到位双拳捶几下胸部然后立正、小鸟挥动翅膀飞等等。

（2）拉火车集合。拉火车集合就是在集合过程中，让一路一路的队员连在一起扶肩、扶腰采用小跑、齐步走如同千足虫般到达集合位置。

（3）唱歌集合。唱歌集合就是在集合过程中，让队员边唱歌边走到集合位置。用此类方法一定要考虑好歌曲的选用，歌曲要有力量，全部队员都会，最好用适合走步的节拍，选用歌曲的某一段，不用太长的时间，歌曲唱完就到集合的位置最佳。

2. 解散

口令：解散！

方法：听到解散的口令后队员迅速离开队伍，解散时如果是稍息状态，队员必须立正后才离开队伍。

技术要点：迅速离开。

拓展内容：

（1）击掌解散。听到解散口令后，全体队员整齐用各种节奏击掌后离开队伍。用此类方法一定让击掌的节奏感强时间短，不能节奏太复杂、时间太长。

（2）口号解散。听到解散口令后，全体队员整齐用各种节奏呼口号后离开队伍。

3. 立正

口令：立正！（没有预令）发出立正口令要注意，立正两个字连发，"立"字短"正"字拉长，而且"正"字的收音要提高。

方法：听到"立正"口令后队员完成立正的动作。解放军队列条例规定立正的姿势是两脚跟靠拢并齐，两脚尖向外分开约60°；两腿挺直；小腹微收，自然挺胸；上体正直，微向前倾；两肩要平，稍向后张；两臂下垂自然伸直，手指并拢自然微曲，拇指尖贴于食指第二节，中指贴于裤缝；头要正，颈要直，口要闭，下颌微收，两眼向前平视。

技术要点：并腿挺胸安静站立。

拓展内容：

（1）动作立正。即听到立正口令后做简单动作后成立正的姿势。如抬腿踏步两次同时呼"一二"，双手侧平举（前举）然后放下同时呼"一二"，左腿侧出一步半蹲然后收回，高高抬起左腿然后踏下等。

（2）声音立正。即在立正的同时发出声音。如立正同时发出"正""好""到"等语言。

4. 稍息

口令：稍息！（没有预令）此口令的声调要比立正的声调柔和一些。

方法：解放军队列条例规定稍息的动作是左脚顺脚尖方向伸出约全脚的2/3，两腿自然伸直，上体保持立正姿势，身体重心大部分落于右脚。稍息过久，可以自行换脚。

技术要点：左脚伸出要迅速。

拓展内容：

（1）声音练习。发出声音后完成稍息动作。如"嘿""嗨"或者是流行的短语等。

（2）动作练习。完成一个简单动作后完成稍息。如双手抬至胸前然后放下同时稍息，右手敬礼后放下同时稍息等。

5. 看齐

看齐有"向右（左、中）看——齐""向前——看"

口令：向右（左、中、前）看——齐！向前——看！（有预令和动令之分）预令的最后一个字要拖长，动令要短促有力。

方法：听到口令后横队练习时基准队员不动，其余队员向右（左、中）转头看齐队伍；纵队练习时下达"向前看——齐！"口令，每路的排头不动，后面的队员自行标齐。向中看齐时基准队员要上举右手，等听到"向前——看！"的口令右手才能放下。每个看齐的动作完成后都要加一个"向前——看！"的口令，听到"向前——看！"的口令后全部队员头转正。

技术要点：转头迅速。

拓展内容：

（1）动作看齐。加上其他简单动作。来完成看齐的动作。如双手抬至胸前平曲右转头，听到"向前——看！"的口令时双手放下；双手叉腰有转头，听到"向前——看！"的口令时双手放下；模仿动物看齐（比如猴子）在适当的时候也可以用。

（2）声音看齐。在看齐动作之前发出声音然后完成动作。比如同时发出"嘿""哈""齐"然后看齐，也可以让队员重复一遍口令再完成看齐动作。

6. 报数

口令：报数！（没有预令）

方法：队员迅速转头同时报出一个数字，声音要洪亮清楚。听到"报数！"的口令，队伍只能是第一排由右到左（纵队由前向后）依次向左转头并报出数字，最后一名队员不转头，最后一排的最后一个队员报满伍或缺伍。如果需要由左向右报数那么口令就是"从左向右报数！"

技术要点：转头迅速，声音短促洪亮。

拓展内容：

（1）自然报数。队员从小号码报到全部人数的最大号码。在练习中可以用连接报数报出全部的人数。如第一排报完，第二排的排尾开始接上由左向右继续报数，第三排排头接上继续报数，直到全部队员报完。

（2）趣味报数。加上一些能产生趣味的要求进行报数。如遇7或7的倍数不报数，自然报数过程中遇到7或7的倍数的时候该队员不报出该数字而用动作（如击掌）通过，下一位队员接报下一个数字；节奏报数，队员只能用"一二三四五六七八二二三四五六七八"……报数，但报到8时该队员不报出，全体队员做统一动作（或同时发出一个声音），接着往下报；儿歌报数，如用"一二三四五，上山打老虎，老虎没打到，打到小松鼠，松鼠有几只，让我数一数，数来又数去，一二三四五！"。

7. 原地向左（右）转

口令：向左（右）——转！

方法：听到动令后，双手立正姿势，上体正直，以左（右）脚跟为轴，提起右（左）脚跟向左（右）转体90°，然后右（左）脚靠左（右）脚成立正姿势。

技术要点：转体有力，不能偏倒。

拓展内容：

（1）节奏转体。在转体练习中规定第一拍转体第二拍靠腿，全部队员可以同时喊"一二"或别的声音完成转体。

（2）反向转体。练习转动的方向与口令指挥的方向相反。指挥向左转队员就向右转。这种类型的练习可以是全部同样的动作，也可以是一部分是反向一部分是正向练习。

8. 原地向后转

口令：向后——转！

方法：听到动令后，双手立正姿势，上体正直，以右脚跟为轴，提起左脚跟向右转体180°，然后左脚靠右脚成立正姿势。

技术要点：转体有力，不能偏倒。

拓展内容：与向左（右）转的拓展内容一样。

9. 半面向左（右）——转

口令：半面向左（右）——转！

方法：听到动令后，双手立正姿势，上体正直，以左（右）脚跟为轴，提起右（左）脚跟向左（右）转体45°，然后右（左）脚靠左（右）脚成立正姿势。

技术要点：转体有力，不能偏倒。

拓展内容：与向左（右）转的拓展内容一样。

10. 面对面、背对背转体

口令：面对面向左向右——转！背对背向左向右——转！

方法：两路纵队需要调动队员成面对面（或背对背）站立时就可以用这两种口令指挥队伍，达到变换队员面向的目的。

技术要点：转向正确，集体整齐。

11. 踏步

口令：停止用"踏步——走！"，行进间用"踏步！"

方法：解放军队列条例规定踏步的动作是，两脚在原地上下起落（抬起时，脚尖自然下垂，离地面约15厘米；落下时，前脚掌先着地），上体保持正直，两臂按照齐步或者跑步摆臂的要领摆动。

技术要点：踏步要整齐，行进停下要一致。

拓展内容：

（1）动作踏步。在踏步同时手上做一些动作。如双手握拳胸前平曲踏步，双手击掌踏步，四拍击掌两拍侧上举两拍放回胸前踏步。

（2）依次踏步。队员不同时踏步，按照规定的节拍进行踏步。如从一边开始踏步，一个八拍后下一个单元开始，直到全部；依次踏步规定好踏几个八拍就停下，这样就有依次开始依次结束的效果。

（3）声音踏步。在踏步的同时全体队员喊"一二一！"或者别的有节奏的话语进行。

12. 前进

口令：前进！

方法：听到动令后迈出左脚齐步走。

技术要点：迈步要整齐。

13. 齐步走

口令：指挥口令是"齐步——走！"，调节口令是"一二一！"或者"左右左！"，"一"落在左脚上，"二"落在右脚上。喊完"一二一！"要停一拍才

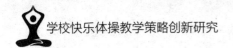

能接上下一个"一二一！"指挥口令用来指挥队伍开始行动，调节口令用来整齐队伍行动的步伐。

方法：解放军队列条例规定齐步走的动作是，左脚向正前方迈出约 75 厘米，按照先脚跟后脚掌的顺序着地，同时身体重心前移，右脚照此法动作；上体正直，微向前倾；手指轻轻握拢，拇指贴于食指第二节；两臂前后自然摆动，向前摆臂时，肘部弯曲，小臂自然向里合，手心向内稍向下，拇指根部对正衣扣线，并高于春秋常服最下方衣扣约 5 厘米，离身体约 30 厘米；向后摆臂时，手臂自然伸直，手腕前侧距裤缝线约 30 厘米。行进速度每分钟 116 ~ 122 步。

技术要点：双腿自然交替行进，双臂摆动自然。

拓展内容：

（1）动作齐步走。改变手臂的动作进行齐步走练习。如手挽手齐步走，每排队员左右手挽手（或腹前背后握手）进行起步走练习；每路纵队右手放在前面队员肩上摆动（或肩上左右挥动）左手练习。

（2）唱歌齐步走。在齐步走练习中用歌曲来调节队伍行进的步伐。歌曲一定要选进行曲类，而且歌曲的拍子速度要符合齐步走的速度。如《三大纪律》《打靶归来》等。

（3）依次齐步走。整个队伍在练习中不是同时进行，而是在规定的节拍上一部分一部分开始。如第一排前进一个八拍第二排才开始起动，以此类推完成全部的起动，规定好起动后前进几个八拍就自动停下；也可以是一路一路、一个一个小方块等形式进行；一排练习可以由排头开始依次向左边每位队员晚两拍起动练习，在进行的过程中就会走出一条斜线；等等。

（4）弹簧齐步走。整个队伍的行进过程像弹簧一样行进，每排都是前进一个八拍原地踏步一个八拍，但第二排比第一排晚起动一个八拍，以此类推，行进过程就会像弹簧一样移动。

14. 跑步走

口令：指挥口令是"跑步一走调节口令是"一二一！"或者"左右左！"落在左脚上，"二"落在右脚上。喊完"一二一！"要停一拍才能接上下一个"一二一！"。

方法：解放军队列条例规定跑步走的动作是，听到预令，两手迅速握拳（四指蜷握，拇指贴于食指第一关节和中指第二节），提到腰际，约与腰带同高，拳心向内，肘部稍向里合。听到动令，上体微向前倾，两腿微弯，同时左脚利用右脚掌的蹬力跃出约 85 厘米，前脚掌先着地，身体重心前移，右脚照此法动作；

两臂前后自然摆动，向前摆臂时，大臂略垂直，肘部贴于腰际，小臂略平，稍向里合，两拳内侧各距衣扣线约 5 厘米；向后摆臂时，拳贴于腰际。行进速度每分钟 170 ~ 180 步。

技术要点：第一步要越出去，进行节奏感要强。

拓展内容：

与齐步走中的练习形式可以相同，为了加强队员的节奏感，可以让全部队员在练习中一起喊调节口令，但最好要规定喊几个"一二一"后停下。

15.　正步走

口令：正步——走！调节口令同齐步走。

方法：解放军队列条例规定跑步走的动作是，左脚向正前方踢出约 75 厘米（腿要绷直，脚尖下压，脚掌与地面平行，离地面约 25 厘米），适当用力使全脚掌着地，同时身体重心前移，右脚照此法动作；上体正直，微向前倾；手指轻轻握拢，拇指伸直贴于食指第二节；向前摆臂时，肘部弯曲，小臂略成水平，手心向内稍向下，手腕下沿摆到高于春秋常服最下方衣扣约 15 厘米处，离身体约 10 厘米；向后摆臂时（左手心向右、右手心向左），手腕前侧距裤缝线约 30 厘米。行进速度每分钟 110 ~ 116 步。

技术要点：踢腿要有力，重心要跟上。

拓展内容：

与齐步走中的练习形式可以相同，为了加强队员的节奏感，可以让全部队员在练习中一起喊调节口令，但最好要规定喊几个"一二一"后停下。

16.　立定

口令：立定！立定的口令一般有三种，常规立定、紧急立定、多拍立定。常规立定用两拍完成，"立"字落在左脚，"定"字落在右脚；紧急立定用一拍完成，两个字都落在右脚上；多拍立定可以把"立"字拖很长（指挥对象越多就越长），但"定"字一定要落在右脚上，而且要非常有力。

方法：齐步走立定方法是听到动令后左脚上前一步制动，右脚靠左脚成立正。正步走立定方法与齐步走立定相同。跑步走立定是继续向前跑动两步缓冲，然后左脚上前一步制动，右脚靠左脚成立正，用四拍完成。

技术要点：上步制动，并腿有力。

拓展内容：

（1）动作立定。在立定同时加上手上的动作。如上左脚同时双手胸前击掌依次放下立正，双手握拳提至胸前平曲放下，右手前举放下等。

（2）加声音立定。在立定同时加上声音来完成立定的动作。如上左脚呼"1"，并右脚呼"二"，或呼"嘿""哈"；跑步立定要呼"一二三四"或"嘿嘿嘿——哈"完成立定动作；或者用别的简短语言，只要在节奏上就行。

17. 齐步走与跑步走互换

口令：跑步——走！齐步——走！在指挥齐步变跑步时用"一二一"调节口令直接接"跑步——走！"，此口令用三拍完成，第一拍发"跑步"，第二拍空，第三拍发"走"，动令落在右脚上，动令出来后调解口令的速度要加快；指挥跑步变齐步同上要求，但动令后有两拍调节速度不变，然后调节口令的速度变慢为齐步走口令速度。

方法：齐步变跑步，听到动令后马上跃出左脚变成跑步行进；跑步变齐步。听到动令后继续跑动两步缓冲，然后迈出左脚再上右脚成齐步走。

技术要点：跃出要及时，制动要明显。

拓展内容：

（1）队员呼节奏练习。在练习中规定好几个调节口令"一二一"后下"跑步走！"口令，然后又多少个"一二一"后下"齐步走！"口令，再几个"一二一"后喊"立定！"。这种方法可以分组练习，比一下哪一组做得好。

（2）左右拉手练习。队员之间左右拉手进行练习，这样练习可以保证队员相互提醒，不会出现哪一个队员冲出队伍的情况。

18. 移动

口令：向前（后）×步——走！向左（右）×步——走！

方法：横队最好不向左向右移动，纵队最好不向前后移动。向前只能用单数步移动，听到动令后上左脚走到口令的步数后右脚靠左脚立正。向后可以是自然数步数，但只能是退一步并步再退步并步的形式完成向后移动。向左右移动也是侧跨步并步再侧跨步并步移动。

技术要点：注意各种移动的形式及步数。

19. 一列横队变二列横队及其还原

口令：成二列横队—走！成一列横队—走！

方法：首先横队"一二"报数，在练习中报"一"的队员不动，报"二"的队员退到右边报"一"的队员后面。退有两种方法，一是两拍法，报"二"的队员右脚后右侧方退一步左脚并右脚。二是三拍法，报二的队员左脚后退一步右脚侧跨一步左脚并右脚。如果想用三拍法完成就得在口令前面加"三拍法"再喊出"成二列横队——走！"。还原的时候仅仅需要喊"成一列横队——走！"就可以了，用多少拍变成二列横队还原就用多少拍。三拍还原时是侧跨左脚右脚进左脚并右脚。

技术要点：报数要准确，动作要统一。

拓展内容：

（1）呼节拍击掌练习。在练习时全部队员呼"一二"或者"一二三"同时变队；喊"侧，并腿""后，侧，并腿"进行练习；击掌练习，击掌可以用不同的节奏，但节拍不变，无论是怎样的节奏只能是两拍或三拍。

（2）同时动作练习。移动队员在变队同时不移动的队员也做两拍或三拍的动作。如踏步两次或右脚开始踏步三次。

（3）一数队员动作练习。根据节拍在移动队员移动的时候，一数队员做两拍或三拍的动作。如蹲下一（二）拍起立一拍；双手侧上举一（二）拍，双手放下一拍；一拍双手胸前平曲一拍上举一拍放下，等等。

（4）排头到排尾练习。让排头跑步到排尾进行练习。调动排头后全部队员的报数都产生了变化，刚才是一的变成二，是二的变成一。这样就能保证每个队员都能进行不同角色的练习。

20. 一路纵队变二路纵队及其还原

口令：成二路纵队——走！成一路纵队——走！

方法：首先纵队"一二"报数，在练习中报"一"的队员不动，报"二"的队员右前斜进到报"一"的队员右边。斜进有两种方法，一是两拍法，报"二"的队员右脚前右侧方进一步左脚并右脚。二是三拍法，报"二"的队员右脚横跨一步左脚向前一步右脚并左脚。如果想用三拍法完成就得在口令前面加"三拍法"再喊出"成二路纵队——走！"。还原的时候仅仅需要喊"成一路纵队——走！"就可以了，用多少拍变成二路纵队还原就用多少拍。三拍还原时是退右脚侧跨左脚右脚并左脚。

技术要点：报数要准确，动作要统一。

拓展内容：练习方法与一列变二列相同。

21. 一列横队变三列横队及还原

口令：成三列横队——走！成一列横队——走！

方法：首先"一~三"报数，报"二"的队员不动，报"一"的队员左前方前进一步并腿，报"三"的队员右脚右后方退一步并腿。一般用两拍完成。

技术要点：报数要准确，动作要统一。

拓展内容：练习方法与一列变二列相同。

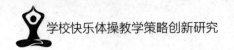

22. 一路纵队变三路纵队及其还原

口令：成三路纵队——走！成一路纵队——走！

方法：首先纵队"一~三"报数，报"二"的队员不动，报"一"的队员左脚左后方退一步右脚并左脚，报"三"的队员右脚右前方上一步左脚并右脚完成练习。

技术要点：报数要准确，动作要统一。

拓展内容：练习方法与一列变二列相同。

23. 二列横队变三列横队

口令：成三列横队——走！成一列横队——走！

方法：首先每排"一二三"报数，报"一、三"的队员都不动，前排报"二"的队员右后方退右脚并左脚到右边报"一"队员后面，后排报"二"的队员左前方上左脚并右脚到报"三"队员前面。

技术要点：报数要准确，动作要统一。

拓展内容：练习方法与一列变二列相同。

24. 梯形队形变化

口令：成梯形队形——走！

方法：一列队形首先"一三五七"报数，听到口令后报数多少就前进多少步然后右脚靠左脚立正。

技术要点：报数准确，步幅统一。

拓展内容：

（1）规定节拍练习。前进七拍第八拍立定（先到位的队员原地踏步），两拍向后转，再用七拍走回，第八拍立定，两拍向后转。练习时全体队员同时喊节拍，"一二三四五六七八""一二""一二三四五六七八""一二"，"一二"是向后转节拍。

（2）加上动作练习。在练习中加上手臂的动作。前进第一拍双手放下，第二拍双手前举，第三拍双手上举，第四拍双手侧举，第五至第八拍同第一至第四拍。转体双手放下。返回第一拍前举，第二拍上举，第三拍侧举，第四拍放下，第五至第六拍双臂自然摆动。转体双手放下。

（3）多排练习。如果场地许可的情况下可以进行多排练习。可以用"一三五"报数。在练习之前指挥员一定要计算好排与排之间的距离。

25. 三角形队形变化

口令：三角队形——走！

方法：一列横队首先"一三五七九一一""九七五三一"报数，听到口令后报数多少就前进多少步然后右脚靠左脚立正。

技术要点：报数准确，步幅统一。

26．菱形队形变化

口令：菱形队形——走！

方法：背对背两排首先"一三五七九一一""九七五三一"报数，听到口令后报数多少就前进多少步然后右脚靠左脚立正。

技术要点：报数准确，步幅统一。

27．行进间向左转走

口令：向左转——走！（动令落在左脚上，用三拍完成口令，第一拍发"向左"，第二拍发"转"，第三拍动令"走"，从左脚开始左脚结束。）在指挥中可以用两种调节口令，"一二"或"一二一"，用"一二"就可以直接喊"向左转——走！"，用"一二一"就得停一拍才能接"向左转——走！"。

方法：听到动令后，右脚向前半步，脚尖向左约45°，身体向左转90°时，左脚不转动，同时出左脚按照原步法向新方向行进。

技术要点：脚尖内扣，转体自然。

拓展内容：

（1）队员自喊口令练习。在练习中规定好全体队员喊多少个"一二一"后喊"向左转一走！"，然后做出向左转走的动作，可以连续喊几遍。一般规定二至三个"一二一"后下口令。练习之前要先教会全体队员喊口令的节奏。

（2）多单元练习。把队伍分成几个单元，调动各个单元到一定的位置后进行指挥。用这种方法练习对指挥员的距离感要求较高，在指挥中要提前判断队伍行进的速度和单元之间的距离。

28．行进间向右转走

口令：向右转——走！（动令落在右脚上，从右脚开始右脚结束，同向左转走口令用三拍完成，第一拍"向右"，第二拍"转"，第三拍"走"。）指挥中用"一二"调节就得停一拍才能接"向右转——走！"口令，用"一二一"就可以直接接"向右转——走！"口令。

方法：听到动令后，左脚向前半步，脚尖向右约45°，身体向右转90°时，右脚不转动，同时出右脚按照原步法向新方向行进。

技术要点：脚尖内扣，转体自然。

拓展内容：同向左转走。

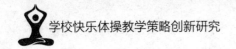

29. 行进间向后转走

口令：向后转——走！（动令落在右脚上，从右脚开始右脚结束，同向左转走口令用三拍完成，第一拍"向后"，第二拍"转"，第三拍"走"。）指挥中用"一二"调节就得停一拍才能接"向后转——走！"口令，用"一二一"就可以直接接"向后转——走！"口令。

方法：听到动令后，左脚向右脚迈出约半步，脚尖向右约45°，踩下左脚同时抬右脚向后转180°踩下右脚，出左脚按照原步法向新方向行进。

技术要点：转动时，保持行进时的节奏，两臂自然摆动，不得外张；两腿自然挺直，上体保持正直。

行进间三种转法的拓展内容：

（1）顺序练习。有两种顺序，一是"左、后、右"，二是"右、后、左"。用这两种顺序队伍练习后肯定会到原位。用哪一种一定要观察好队伍的面向和场地的情况。

（2）分单元组合练习。根据指挥的熟练程度可以把队伍分成若干个单元进行练习，两个单元较好指挥，四个单元就较难。在练习之前一定设计好每个单元的面向和调动每个单元的位置，如若不然练习中就会出现单元之间冲突。

30. 裂队、并队走

口令：裂（并）队——走！

方法：双数路纵队行进过程中听到"裂队走！"口令时，右半边路全部排头右转90°绕场行进，左半边路全部边排头左转90°绕场行进，后面的队员前进到排头转体的位置做同样的动作跟在前面队员后面行进；纵队行进两边排头相对相遇时听到"并队走！"时，两边排头同时转向场地并肩行进。

技术要点：排头注意力要集中，指挥时机恰当。

31. 分队、合队走

口令：分（合）队——走！

方法：任何路数纵队行进中听到"分队走！"口令时每路排头左转弯第二个队员右转弯，下一个队员左转弯，以此类推绕场行进。两路或多路纵队相向相遇时听到"合队走！"口令时右边全部排头左转弯行进，左边全部排头插入左边排头后面，两边依次插入队伍中行进。

技术要点：排头注意力要集中，指挥时机恰当。

拓展内容：

（1）牵手练习。在练习中让左右队员相互牵手或者搭肩，那么再分队走的时候他们就会两个两个走向一边。此练习可以在练习场地适当的位置标两个醒目的点或者小框框，要求队员必须走到点上或者小框框里边才能转体向新的方向行进。

（2）报数练习。练习之前纵队"一二"报数，给队员交代清楚"一"和"二"各自行进的方向。在转弯时要求队员喊出"一"或"二"。

（3）设定红黑色练习。在练习之前指挥员设定好哪些队员是红色哪些队员是黑色，让各自颜色举手示意几次，然后讲明红色和黑色转弯时的方向，要求队员在转弯时大声喊出"红"或"黑"。

（4）交通路标练习。在练习场地适当的位置画上转弯箭头并在箭头之前写上"1""2"或者"红""黑"，让队员按照路标方向行进。标两个醒目的点或者小框框，在练习中要求队员必须走到点上或者小框框里边才能转体向新的方向行进。

32. 行进间一路纵队变二路纵队

口令：成二路纵队——走！（口令要求从右脚开始右脚结束，用三拍完成，第一拍喊"成二路纵队"，第二拍喊"纵队"，第三拍出动令"走"）。

方法：首先进行纵队"一二"报数，一路纵队行进过程中听到口令后，报"一"的队员左脚开始原地踏步两拍，报"二"的队员左脚左前方前进一步右脚跟上踏步一次，然后全部队员齐步走前进。

技术要点：踏步整齐，前进同时。

33. 行进间二路纵队变一路纵队

口令：成一路纵队——走！（口令要求从左脚开始左脚结束，用三拍完成）。

方法：一路纵队行进过程中听到口令后，右边的队员小步走两步，左边队员右脚右前方进入路纵队中上左脚，然后全部队员齐步走前进。

技术要点：进入迅速，前进同步。

拓展内容：

（1）呼口令练习。在变化过程中呼"一二""左右"或者"嘿哈"等。在一路变二路呼"一二"，在二路变一路就得呼"二一"或者"右左"。

（2）击掌练习。在变化过程中用两次击掌替代上面的口令练习。此练习可以用模拟动物走步的办法进行练习。

34. 行进间一列横队变二列横队

口令：成二列横队——走！（动令落在左脚上）

方法：首先"一二"报数，听到动令后报"二"的队员右脚横跨一步上左脚继续前进。报"一"的队员不停前进。

技术要点：横跨右脚稍后一点，跟进及时。

35. 行进间二列横队变一列横队

口令：成一列横队——走！（动令落在右脚上）

方法：首先各排队员左右之间取好距离，听到口令后前排左脚开始踏步两拍，后排左脚左前方进入前排两个人之间右脚跟上踏步一次，然后一起前进。

技术要点：进入及时，前进同步。

拓展内容：同行进间二路纵队变一路纵队的拓展内容。

36. 行进间一路纵队变多路纵队

口令：成 n 路纵队左（右）——走！（左或者右转要根据队伍的位置而用）

方法：一路纵队绕场行进过程中听到指挥口令后，由排头开始前进到一定的位置就 n 个队员同时转向场地内，后面同样 n 个队员走到前面队员的位置同时转体行进，就成了 n 路纵队。当 n 路纵队行进到场地的另一头时排头同时向刚才转体的反方向转体 90°绕场行进，后面队员同样到位转体跟上。

（二）队形练习

1. 绕场行进

口令：绕场行进——走！（调动好队伍后根据队伍的面向和场地大小、队伍人数情况，在口令之前加上几路纵队左或者右转弯）

方法：听到口令后，靠近指挥员的纵队先走，远离指挥员的纵队接在后面围绕场地行进，行进中在场地直角的地方用左转走或右转走的步伐转弯。在练习中根据情况可顺时针或逆时针方向行进。

技术要点：步伐整齐协调，直角转弯明显。

2. 蛇形行进

口令：蛇形行进—走！

方法：一路纵队绕场行进过程中听到口令后排头立即连续两个向左（右）转走，行进到场地的另一边再连续两个向右（左）转走，其他队员跟进到排头转体的位置再做与排头同样的动作。

技术要点：步伐整齐协调，直角转弯明显。

拓展内容：练习中队员可以拉住前面队员的衣襟，队伍连成一条线走出蛇形的效果。

3. 圆形行进

口令：圆形行进——走！

方法：一路纵队绕场行进过程中听到口令后排头根据场地的大小和人数多少

立即切入圆弧，带头走出一个圆形。走到最后应该是首尾相接。

技术要点：圆要走正，首尾相接。

拓展内容：

（1）双圆练习。两路纵队在行进中听到口令左边排头向左右边排头向右转弯走成两个圆。练习中可以比赛哪一个圆走得最好。

（2）多圆练习。在大圆队形的基础上由圆上一个队员开始"一～八"报数，听到"成小圆行进"口令时，每个单元的"一"号带头左（右）转弯，"二～八"号跟进走成一个小圆，然后再由"一"号带回大圆上继续前进。为了整齐规定多少个八拍走成小圆，从第三个八拍开始走回大圆。

（3）太阳行进练习。在大圆队形的基础上由圆上一个队员开始"一～八"报数，听到"成太阳行进"口令时，每个单元的"一"号带头左（右）转弯，"二～八"号跟进走直线向圆心行进，走到一定的位置停止成一个太阳。然后向后转反方向走回大圆上。

4.　交叉行进

口令：交叉行进!

方法：当队伍行进到排头与队伍的中间相遇时，相交叉的队员一边过一个。

5.　"8"字行进

口令："8"字行进——走!

方法：在一路纵队行进中，听到口令后由排头带领在场地上走出一个"8"字的形状，当排头与队伍的中间相遇时要下达"交叉行进"的口令。

7.　对角线行进

方法：纵队绕场行进中听到口令后排头带领右（左）转体135°对准场地的另一角行进，如果队伍过长有交叉的时候要下达"交叉行进"口令。

8.　螺旋行进

口令：螺旋行进——走!

方法：在一路纵队行进中听到口令后排头带领在场地上走出螺旋的形状。有开口螺旋和闭口螺旋，闭口螺旋就是排头带领成螺旋后再后转180°带出；开口螺旋就是排头带领成螺旋后下达向后转走的口令，排头变排尾，排尾变排头走出绕场行进。

技术要点：找准螺旋的位置，行进中队员不能中断。

拓展内容：

（1）教师带领练习。在教师带领下进行练习，在第一次课中队员一般找不

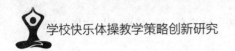

到螺旋的位置和形状，教师带领队员练习就容易让队员建立螺旋的概念。

（2）拉手练习。螺旋队形练习中它的旋转和复杂的路线较易让队员找不到方向，让队员之间相互牵手或者牵着前面队员的衣襟就不会掉队。

（3）动作练习。在螺旋队形练习较熟练后可以加上双手的动作进行练习，如行进中拍手四拍，后面四拍，两拍侧上举，两拍放下。可以用走步练习，也可以用跑步练习。

五、口笛在队列队形练习中的应用

（一）吹口笛的方法

首先是用上下牙齿轻轻咬住口笛，不能用力过大，以能够把控口笛为准，然后用舌尖堵住整个口笛的嘴，收住两个腮帮鼓足气，然后弹开舌尖让气流快速冲出又用舌尖堵住口笛，也就是舌尖快速弹开吐气后又堵上。不能用吹气的方法让口笛发声，那样口笛的声音不够清脆和洪亮。吹口笛是身体的姿态和头部要正，尤其头部千万不能随着口笛的节奏前后伸缩。

在用口笛指挥队列队形之前，用习惯的手拿住口笛自然靠近脸部，下达指挥口令后迅速将口笛送入嘴中，按照节奏吹出声音。咬住口笛后手就离开口笛，使用口笛指挥一段时间后采用一些办法拿开口笛一会儿吞一下口水，免得影响吹口笛的声音质量。

指挥队列队形练习的口笛声有长声、短声和急促声。长声就是拉长口笛的声音，但收尾声一定要响亮有力；短声一定要爆发力好；急促声一定要让舌尖灵活弹堵，节奏尽量快，而且越来越有力。

（二）集合的应用

集合队伍的时候可以用口笛来指挥，发出的声音是发出一声响亮的笛声稍停顿后来一段急促的笛声，而且笛声越来越急促越来越响亮，最后的收声要果断有力。应用笛声集合要通过几次的使用学生才能适应，千万不能在关键课的时候第一次使用。在用口笛指挥集合的时候最好用手拿住口笛来吹，因为急促吹响口笛有可能吹掉口笛。另外在用口笛声提醒学生注意的时候也可用急促的口笛声。

（三）节奏的应用

应用口笛指挥队列队形练习只能用来指挥步伐调节口令，比如齐步走、正步走和跑步走的节奏，而不能替代提醒动作的语言，比如行进间各种转法。当然，队伍整步步伐行进路线较长的情况下也可以用笛声来指挥。

笛声指挥齐步走、正步走和跑步走时，首先用嘴发出"齐步——走！""正步——走！"或"跑步——走！"的口令后再吹出调节口令"一二一"或者"一二"。如果用"一二一"节拍，那么第一个"一"声音平和中正，"二"稍拉长一点，第二个"一"短促有力，停一拍才能接下个"一二一"。如果用"一二"节拍，"一"稍拉长一点，"二"短促有力，紧接下一个"一二"。在指挥三种行进步伐中，节拍和方法都是一样的，但节拍的速度不同，正步走最慢，跑步走最快。

第二节 轻器械体操

轻器械体操是指手持绳、圈、球、棍等轻器械做的体操，有时还使用纱巾、哑铃、彩旗、花球、花环和扇子等。轻器械体操用具简单，一般不受场地限制，不同年龄、性别和不同运动水平的人都可以学习操练。各种轻器械体操，对身体的锻炼作用不同[①]。如棍操有助于提高上肢关节的灵活性，绳操有助于发展弹跳力、速度、灵敏和耐力。

一、绳操教学

在日常生活中，人们经常利用绳进行身体锻炼。跳绳是一种古老的健身活动，在中国已有1000多年的历史。据《酉阳杂俎》记载，唐代就有人"透索为戏"，透索即跳绳。作为快乐体操的绳，用亚麻、棉或尼龙编成。绳子的长短以练习者脚踏绳的中部，两手持绳的两端，长度达到两臂侧举齐肩的高度为宜（一般约为280厘米）。

（一）持绳的基本方法

一般用拇指、食指和中指握绳，同时握绳要松，以便于绳头在手中转动自如。

（1）两手各持绳的一端，或者是一手持双折绳头，另一手持绳的中段，或者两手持叠绳两端。

（2）单手持绳：一手持绳的一端或一手持折绳的一端。

（3）双长绳跳，即两个人每人两手各持平行的两长绳一端，有节奏地轮流以肩轴向内或向外摇转，一人或两人跳进做各种跳法。

（4）长短跳绳，即两人摇转一长绳，另一人摇跳一短绳跑进，使长短绳同

---

① 江广和. 快乐体操研究 [J]. 体育文化导刊, 2015（08）: 56-58+71.

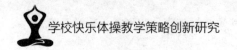

步摇转做各种跳法。

（二）跳绳的基本动作

（1）摆动。两手或一手持绳，以肩为轴在不同部位向不同方向做钟摆式运动。摆动时可以两手持绳左右摆动，或者一手持绳左右摆动。

（2）绕或绕环。双手或单手持绳以肩、肘、腕为轴，使绳在不同部位、不同面上向不同方向做圆周运动。以肩为轴是大绕环，以肘为轴是中绕环，以腕为轴是小绕环。

（3）绕"8"字。双手或单手持绳，以肩、肘、腕为轴，使绳在两个不同部位、不同平面上连续做两个对称的绕环构成"8"字。绕"8"字动作可两手持绳体侧绕"8"字，两手持绳体前后绕"8"字。

（4）小跳过绳。两手握绳两端，两臂体侧自然弯曲，手稍外张，用手腕转动摇绳。有前摇绳、后摇绳、交臂摇绳，还有两手握绳两端相并，于体两侧向前（后）轮流摇成"8"字形的空摇绳等。

（5）缠绳。双手或单手持绳绕环，绕环动作停止，绳缠绕在靠近握点的身体某部位，然后向相反方向绕动，使绳进入绕环状态。常见动作有：两手持绳绕环缠臂，两手持绳缠腰。

（三）绳操编排案例分析

第一个八拍：双脚并脚有节奏地提压踵，双手分别握绳头，左右依次直臂绕绳。

第二个八拍：双脚开立，以左脚开始左右脚依次屈膝移重心至另一只脚侧点地，左右手分别握住绳的两个绳头左右摆动绳。

第三、四个八拍：重复上面两个八拍的动作。

第五个八拍：将绳对折，双脚并腿稍屈膝弹动，双手向上横举绳并伴随节奏左右转动身体。

第六个八拍：双脚成开立，绳保持对折状，随节奏左右侧屈，拉伸腰部。

第七个八拍：原地踏步，双手分别握住绳的两个绳头，一手叉腰，一手将绳随节奏缠绕身体后再打开。

第八个八拍：原地双手摇绳，左右脚依次跳过绳。

二、圈操教学

圈是用塑料制成的圆环形器械，内径 80～90 厘米，重约 300 克，其运动形式丰富多彩，人们喜闻乐见的呼啦圈就是它的练习形式之一。圈的动作多种多样，幅度大，动力性强，具有较强的表演和娱乐价值，深受孩子们的喜欢，除常在团体操表演中用作道具外，也成为游戏和娱乐的器械。

（一）持圈的基本方法

圈的基本握法通常指拇指和四指相对握圈。一般握圈要松，便于灵活操纵。常有单手握、双手握、正握、反握、正反握等。

正握：一手或两手掌心向下握圈。

反握：一手或两手掌心向上握圈。

正反握：一手正握圈，一手反握圈。

外侧握：两手掌心向内握圈侧缘。

内侧握：两手从圈内握圈的侧缘。

（二）圈操的基本动作

（1）摆动。两手或一手持圈，手臂以肩为轴在不同面上向不同方向所做的幅度小于 360° 的钟摆式弧形运动。摆动时可以两手持圈左右摆动，或者一手持圈左右摆动。

（2）绕或绕环。双手或单手持圈以肩、肘、腕为轴，使圈在不同部位、不同面上向不同方向做的构成 360° 或大于 360° 的圆周绕动动作。以肩为轴是大绕环，以肘为轴是中绕环，以腕为轴是小绕环。

（3）绕"8"字。双手或单手持圈，以肩、肘、腕为轴，使圈在两个不同部位、不同平面上连续做两个对称的绕环构成"8"字。绕"8"字动作可两手持圈体侧绕"8"字，两手持圈体前后绕"8"字。

（4）穿过圈。是指身体某部位的全部或部分传入或穿出圈。可以两手持圈两侧，通过手臂的上下屈伸或圈的水平翻转，头部从圈面中穿进至腰部，接着再向上举圈或翻转圈，身体从圈中穿出。

（5）跳过圈。跳进跳出动作一般为一手持圈上缘摆动，同时两脚依次跳进圈内，当回摆时再依次跳出圈外。

（三）圈操编排案例

第一个八拍：

1～2拍：双脚开立不动，双手握圈上举。

3～4拍：双手向左摆动，左脚稍屈膝，右脚点地。

5～6拍：向右摆动圈，右脚屈膝，左脚点地。

7～8拍：身体回到直立位置，双脚直膝，双臂上举。

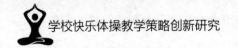

第二个八拍：

1～8拍：双手握圈，两拍一动由前向后绕圈，左右脚依次从圈中跳过，连续完成两次。

第三个八拍：

1～8拍：原地踏步，左臂前举，右手拿住圈由前向后在身体左、右侧依次大绕环4次。

第四个八拍：

1～8拍：双脚并拢，双臂与头上掌心相触，圈放于双手虎口位置，伴随节奏由左至右水平转动呼啦圈。

第五、六个八拍：

动作同第三、四个八拍，但运动方向相反。

第七个八拍：

1～2拍：双脚并脚稍屈膝，同时右手拿住圈在体前地面做陀螺转，左臂斜上举。

3～4拍：双脚直立，胸前击掌2次。

5～6拍：双脚并脚稍屈膝，右臂斜上举，左手将在做陀螺转的圈停下来。

7～8拍：双脚直立，双手在正前方扶住圈。

第八个八拍：

1～8拍：双脚开立，左右脚依次做支撑脚，另一只脚侧点地，右臂侧平举，左手拿住圈由下至斜上左右摆动4次。

三、棍操教学

棍长90～120厘米，直径2～3厘米。握棍的方法有单手握、双手握、正握、反握、正反握、宽握、窄握等。基本动作有大、小绕环和跳棍，也可以做限制性动作，如用不同宽度的握法做转肩动作或双人对抗动作等。

（一）持棍的基本方法

（1）握棍方法有正握、反握、正反握、交叉握和正翻握等。

（2）握棍部位有握棍两端，握一端，握中间，握同肩宽，握1/4或1/3处，一手握棍端另一手握中间或3/4、1/3处等。

（3）换握方法有离棍换握、滑动换握、转臂换握、转棍换握等。

（4）棍在空间的部位有水平位、垂直位、倾斜位等。棍处于倾斜位时，如不指明则与上体成45°。身体在任何姿势中，棍的部位都以棍与上体的关系来确定。

（二）持棍的基本动作

1. 持棍立正、稍息、行进

（1）持棍立正身体立正，右手拇指与食指握棍一端，其余三指贴住棍身，臂下垂，使棍垂直靠于右肩前。

（2）持棍稍息左脚侧出一步，同时右手压棍，使上端落下轻放于左脚尖前触地。

（3）持棍行进右手持棍方法同持棍立正，行进时，右臂不动，左臂自然摆动。

2. 持棍举的动作

（1）前举方法有握棍两端（或同肩宽），臂前举；两手握棍一端，臂前举；两手握棍一端，臂前举，棍向上；握棍两端（或同肩宽），屈臂棍在胸前举；握棍两端（或同肩宽）一手在上、另一手在下，臂前举，棍垂直等。

（2）侧举，方法有一手握棍一端靠肩，另一臂伸直握棍，臂侧举；一手握棍一端，臂侧举（或棍向上）等。

（3）上举方法有握棍两端（或同肩宽），臂上举；两手握棍一端，臂上举；一手握棍一端，臂侧上举，棍成水平；一手握棍一端靠臂（髋），另一臂伸直手握棍上举等。

（4）后举握棍两端（或同肩宽），臂后举；一手握棍一端，臂后举；握棍两端（或同肩宽），屈臂头后举；一手握棍一端靠肩，另一臂伸直握棍后举等。

（5）下举方法有握棍两端（或同肩宽），臂下举，棍在体前或体后等。

（6）中间方向的动作方法有握棍两端（或同肩宽）；臂前上（下）举，两手握棍一端，臂前上（下）举、侧上（下）举；握棍两端（或同肩宽），臂前举，一手在上、棍倾斜；握棍两端，一臂上举，另一臂侧举，棍倾斜；一手握棍一端靠肩，另一臂伸直握棍，侧上（下）举、后下举等。

3. 持棍绕和绕环的动作

（1）小绕和小绕环持棍，以手腕为轴向各方向做绕或绕环动作。如一（两）手握棍一端，臂前（上）举，棍在手外向前（后）绕或绕环；一手握棍一端，臂侧举，棍在手前（后）向上（下）绕或绕环；一手握棍一端，臂上举，棍在手前（后）向左（右）绕或绕环等。

（2）中绕和中绕环以肘关节轴向各方向做绕或绕环动作。如一手握棍一端（或中间），臂在前举、上举或侧举中，以肘为轴做各种绕或绕环。

（3）大绕和大绕环以肩关节为轴向各方向做绕或绕环动作。如握棍两端（或同肩宽），以肩为轴直臂向左或向右做绕或绕环等。

（三）棍操编排案例

第一个八拍：

1～2拍：双脚开立，双手握住棍的两端，直臂上举。

3～4拍：身体向下俯，低头，双臂下举。

5～6拍：身体面向8点，90度前屈上体，双臂前平举。

7～8拍：同5～6拍动作一样，反向相反。

第二个八拍：重复第一个八拍动作。

第三个八拍：

1～2拍：右脚屈膝，左脚向侧伸出成脚跟点地，双手握住棍的两端，身体向左侧屈。

3～4拍：身体回到直立位置，双脚并腿直膝。

5～6拍：重复1～2拍动作只是方向相反。

7～8拍：同3～4拍动作一样。

第四个八拍：

1～8拍：原地踏步同时右转360° 右手拿棍顺势在身后父换到左手呈背后双手握棍。

第五个八拍：

1～8：双脚开立，左右脚依次支撑之后侧点地，重心左右移动，右手背于身后，左手拿棍，上举左右摆动。

第六个八拍：

1～8：双脚并拢，左右脚依次屈膝垫脚尖，左右手分别握住棍的两端，将棍竖直立于胸前，左后手随节奏上下交换。

第七个八拍：

1～4拍；身体对8点，左脚支撑，有节奏屈膝2次，右脚随节奏吸腿2次，双手握棍的两端，随节奏依次上举，下举。

5～8拍：动作同1～4拍一样，只是方向相反。

第八个八拍：

1～8：原地转一圈，左手背于身后，右手握住棍的一端，并将棍的另一端垂直放于地面上，人在棍的外侧从右至左转圈。

四、球操

花球是两手同时持器械进行练习。它是一种比较常用，同时表演效果非常好的道具，通过一些上肢的动作把花球的色彩和层次体现出来，从而让动作的观赏性大大提高了。

（一）持花球的基本方法

双手握住花球的中部，使花球在动作完成的过程中形成较为稳定的画面。

（二）花球的基本动作

（1）High V（高举 V 字）。身体成立正姿势站立，双手持花球斜上 45° 角上举，微微向前，拳心向下。

（2）Low V（下举 V 字）。身体成立正姿势站立，双手持花球斜下 45° 角下举，微微向前，拳心向下。

（3）T 型。身体成立正姿势站立，双手持花球向体侧举起 90° 角，拳心向下。

（4）Broken T/Half T（屈臂前平举）。身体成立正姿势站立，在 T 的基础上双臂向体前弯曲，双肘与身体保持 90° 角，拳心向下。

（5）Touch Down（双臂上举）。身体成立正姿势站立，双臂伸直向上举夹耳侧微微向前，与身体成一直线，拳心相对。

（6）Low Touch Down（双臂下举）。身体成立正姿势站立，双臂伸直向下于体前，双臂之间的距离与身体平行，拳心相对。

（7）Hands on Hips（双拳撑腰）。身体成立正姿势站立，双拳位于腰两侧，两肘关节微微向前，拳心向后。

（8）Left K。身体成立正姿势站立，左臂做 High V，右臂做 Low V 于体前斜穿过身体，拳心相对。

（三）花球操编排案例

（1）第一个八拍：

1 ～ 4 拍：左脚向左侧迈出成左弓步，同时左脚脚跟提压 4 次，左手叉腰，右手侧上举，头看左前下方。

5 ～ 6 拍：右脚并左脚，同时立踵，右手经下向内绕环成上举。

7 ～ 8 拍：左脚向左侧迈出成左弓步，上体左转 90°，双手成左手前斜上举、右手前斜下举。

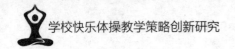

（2）第二个八拍：

1～2拍：右转回到直立位置，双脚成开立，双手胸前平屈，拳心向下。

3～4拍：上体成90°体前屈，手臂姿势不变，眼看前方。

5拍：上体回到直立位置，右手侧上举，左手侧下举。

6拍：上体姿势不变，双手交换动作成右手侧下举，左手侧上举。

7～8拍：双脚跳回成并脚站立，双手放下贴于裤缝。

（3）第三个八拍和第四个八拍：

同上，但换方向相反。

（4）第五个八拍：

1～2拍：跳开成两腿同肩宽，同时向左送胯，左手握拳抵于腰间，右手随胯部摆动成上举。

3～4拍：向右送胯，左手姿势不变，右手随胯部摆至下举。

5～8拍：动作相同，节奏变为一拍一动。

（5）第六个八拍：

1～4拍：以左脚开始向左侧迈出，右脚并左脚，连续完成2次，双手摆至体侧成侧下举，胯部随脚步动作自然摆动。

5～8拍：双腿自然弹动4次，5～6拍手臂胸前平屈小臂互相绕环，7～8拍手拍胯部2次。

（6）第七个八拍和第八个八拍：

动作同第五、第六个八拍，但方向相反。

（7）第八个八拍：

1～4拍：以左脚开始向前走三步，双手于胸前屈臂互握，第四拍跳并，同时双手侧下举。

5～8拍：以左脚开始向后退三步，双手于胸前屈臂互握，第四拍跳并，同时双手侧上举。

（8）第九个八拍：

1～2拍：迈左脚成左弓步，同时上体左转，双手成左手前斜上举、右手前斜下举。

3～4拍：右转回到直立位置，双脚成开立，右手侧下举，左手侧上举。

5～6拍：右脚并左脚同时立踵，左手握拳抵于腰间，右手上举贴于耳朵。

7～8拍：左脚向左侧迈步，同时经双腿屈膝半蹲，然后左脚并右脚直立，右手向内绕环一周成上举。

（9）第十个八拍同第九个八拍，但换方向做。

五、凳操

（一）持凳的基本方法

一般为双手扶凳或者双手持凳，或者坐于凳上、双膝跪于凳子上。

（二）凳操的基本动作

（1）双手持凳移动。

（2）坐在凳子上进行含展胸练习，身体的屈伸练习。

（3）站于凳子上，进行台阶式练习，增加练习负荷。

（三）凳操编排案例

第一个八拍：

1～2拍：双脚开立，双手开掌上举。

3～4拍：双脚不动，双手扶凳。

5～6拍：双脚不动，双手继续扶凳，身体向左倾斜。

7～8拍：身体回到直立位置。

第二个八拍：

1～2拍：双脚开立，双手扶凳，身体向右倾斜。

3～4拍：双脚不动，身体回到直立位置。

5～6拍：双脚开立不动，双手开掌上举。

7～8拍：双脚并拢，双臂贴于体侧。

第三个八拍：

1～6拍：由凳子的右边向前双脚踏步至凳子的正前方，双手握拳前后摆臂。

7～8拍：双手扶膝顺势坐在凳子上，身体保持直立姿势。

第四个八拍：

1～4拍：双手开掌，掌心向外，左右手一次屈肘于耳旁，另一只手斜上举交换摆动，节奏为2拍一动。

5～8拍：5～7拍节奏加快，8拍双手放下扶凳的两边。

第五个八拍：

1～2拍：上体和双手保持不动，左脚不动，吸右脚。

3～4拍：左脚保持不动，右脚水平位置向前踢出。

5～6拍：吸右脚。

7～8拍：右脚放下并左脚。

第六个八拍同第五个八拍，只是换成左脚完成动作。

第七个八拍：

1～2拍：双脚向上小跳成开立，双手相握于前平举，身体前屈90°。3～4拍：双脚，双臂保持不动，身体向左拧转对8点。

5～6拍：身体向右拧转对2点。

7～8拍：双脚并拢，双臂放下贴于体侧。

第八个八拍：

1～8拍：向左转身向后行进间踏不转体360°至凳子的正后方，第8拍身体正对1点，双手放下贴于体侧，双脚并拢。

第三节　课间体操

紧张学习之中的一种积极性休息，同时也是校园体育文化建设的重要内容和综合反映。课间操一般是在每天上午第二和第三节课之间进行，时间为20分钟，其内容以广播操为主。其锻炼形式多样，内容丰富。我们都非常清楚地意识到：课间操的锻炼除了有助于消除孩子紧张学习后所产生的疲劳，使大脑得到积极的休息，提高学习效率。同时身体各部分得到充分舒展，防止形成不良体姿，有利于学生的健康发育。还有更重要的作用就是，为树立良好的班风、校风打下了一定的基础。

课间体操的功能如下：一是教育功能。环境对人的影响是重要的，学校课间体育活动是一种良好的体育氛围，对学生能够产生潜移默化的影响。学生在集体气氛的潜移默化中会形成一致的态度和共同行为方式。因此课间身体锻炼具有一定的教育功能。二是导向功能。身体锻炼的意识性原则告诉人们，体育锻炼是一种有意识的实践活动，它不能自然发生。导向功能表现在对学生个体充分发挥积极性引导作用，帮助学生通过课间操的锻炼实践，培养体育锻炼的兴趣、爱好和习惯，自觉抵制和排斥某些消极不健康的生活方式。三是规范约束功能。课间操锻炼作为一种群体锻炼文化，它有赖于群体的共建，同时又反馈作用于每个个体，使个体把这种集体的锻炼化为自我要求。因此，在客观上对学生的行为方式必然产生一种"规范"和"约束"的效果，对学生的课间锻炼行为习惯养成起到规范约束的作用。

一、传统特色课间操教学

（一）第一节：头部运动

（1）第一个八拍：

1～2拍：并腿直立，双臂并掌胸前平屈，双手臂重叠，右臂在上，左臂在下，头前屈。

3～4拍：腿和手臂姿势不变，头向后屈。

5～6拍：腿和手臂姿势不变，头向左屈。

7～8拍：腿和手臂姿势不变，头向右屈。

（2）第二个八拍：

1～4拍：双脚原地踏步，双臂握拳腰间自然摆臂。

5～6拍：右脚向右侧迈出脚跟点地，左脚屈膝微蹲，双手胸前平屈，小臂交叉，手指搭于异侧肩。

7～8拍：右脚收回并于左脚，双腿直立，双臂贴于体侧。

第三个八拍动作同第一个八拍，头部动作顺序为后屈——前屈——右屈——左屈。第四个八拍动作同第二个八拍，5～6拍的动作反向完成。

（二）第二节：上肢运动

（1）第一个八拍：

1～2拍：双脚开立同肩宽，左臂贴于体侧，右臂由前向后直臂大绕环一周。

3～4拍：脚步动作不变，换手完成相同的动作。

5～8拍：脚步动作不变，双臂肩上屈，手指触同侧肩，由前向后绕环一周。

（2）第二个八拍：

1～2拍：双脚开立同肩宽，双手经侧至头上交叉，掌心向前，同时抬头看手。

3～4拍：脚下动作不变，双手侧平举，掌心向下。

5～8拍：重复1～4拍的动作。

（3）第三个八拍：

1～2拍：双脚开立同肩宽，右臂贴于体侧，左臂由前向后直臂大绕环一周。

3～4拍：换手完成相同动作。

5～8拍：双臂肩上屈，手指触同侧肩，由后向前绕环一周。

（4）第四个八拍重复第二个八拍的动作。

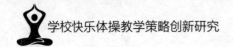

（三）第三节：体侧转运动

（1）第一个八拍：

1～2拍：双脚开立同肩宽，双手背于身后，身体前屈90°，抬头看前方。

3～4拍：脚下和手臂动作不变，上体回到直立位置。

5～6拍：脚下和手臂动作不变，身体左侧屈。

7～8拍：回到直立位置。

（2）第二个八拍：

1～2拍：脚下和手臂动作不变，身体向右侧屈。

3～4拍：身体回到直立位置。

5～6拍：左脚并于右脚，身体右转90°，双腿微屈，双手扶于头后。

7～8拍：双臂放于体侧，双脚并拢。

（3）第三个八拍：

1～2拍：双脚开立同肩宽，双手背于身后，身体前屈90°，抬头看前方。

3～4拍：身体回到直立位置。

5～6拍：身体向右侧屈。

7～8拍：身体回到直立位置。

（4）第四个八拍：

1～2拍：脚下和手臂动作不变，身体向左侧屈。

3～4拍：身体回到直立位置。5～6拍：右脚并于左脚，身体左转90°，双腿微屈，双手扶于头后。

7～8拍：上体回到直立位置，双腿伸直，双手贴于体侧。

（四）第四节：踢腿运动

（1）第一个八拍：

1拍：双手叉腰，吸左腿，膝盖平行地面。

2拍：左脚落下并于右脚。

3拍：左脚向前45°直腿踢出。

4拍：左脚收回并于右脚。

5～8拍：动作同1～4拍一样，换右脚完成。

（2）第二个八拍：

1～2拍：双臂侧平举，掌心向下，左脚向左侧45°摆出。

3～4拍：左脚收回并于右脚。

5～8拍：动作同1～4拍一样，换右脚完成。

（3）第三个八拍：

1～2拍：动作同第一个八拍的前2拍。

3拍：左脚向后45°直腿踢出。

4拍：左脚收回并于右脚。

5～6拍：动作同1～2拍，换右脚完成。

7拍：右脚向后45°直腿踢出。

8拍：右脚收回并于左脚。

（4）第四个八拍：

1～2拍：双臂侧平举，掌心向下，右脚向右侧45°摆出。

3～4拍：右脚收回并于左脚。

5～6拍：左脚向左侧45°摆出。

7～8拍：左脚收回并于右脚。

（五）第五节：下肢运动

（1）第一个八拍：

1～2拍：双手握拳前平举半蹲。

3～4拍：双手握拳放于体侧，双腿直立。

5～8拍：重复1～4拍的动作。

（2）第二个八拍：

1～2拍：双脚稍屈膝，右臂侧上举，左臂侧下举，掌心向下，转动手腕2次。

3～4拍：直膝，双手在胸前击掌2次。

5～6拍：动作和1～2拍一样，方向相反。

7～8拍：同3～4拍动作一样。

（3）第三个八拍：

1～2拍：双手握拳胸前平屈，拳心向下半蹲。

3～4拍：双手握拳贴于体侧，并脚直膝。

5～6拍：反向重复1～2拍动作。

7～8拍：同3～4拍动作。

（4）第四个八拍动作同第二个八拍动作。

（六）第六节：髋部运动

（1）第一个八拍：

1～3拍：右臂由左向右经上大绕环至侧下举，左臂由下至侧上举，双脚屈膝随节奏压脚踝。

4拍：双臂胸前平屈，双臂重叠于胸前，左臂在上，右臂在下。

5～6拍：右臂侧上举，左臂侧下举，身体左侧屈，抬头看右手，右脚屈膝，左脚侧点。

7～8拍：双脚并拢，双臂贴于体侧。

（2）第二个八拍：

1～4拍：双手侧上举。上体从左转到右，双脚开立。

5～6拍：双手前平举，双手相握。

7～8拍：双臂贴于体侧。

（3）第三个八拍：

1～3拍：左臂由右向左经上大绕环至侧下举，右臂由下至侧上举。

4拍：双臂胸前屈，双臂重叠于胸前，右臂在上，左臂在下，双脚屈膝有节奏压脚踝。

5～6拍：左臂侧上举，右臂侧下举，身体右侧屈，抬头看左手，左脚屈膝，右脚侧点地。

7～8拍：身体回到直立位置，双臂贴于体侧。

（4）第四个八拍动作同第二个八拍，只是1～4拍反向做动作。

（七）第七节：腹背运动

（1）第一个八拍：

1拍：双臂胸前肩上屈，双臂交叉。

2拍：提肘，双手向内绕环。

3拍：头上交叉上举，掌心向前。

4拍：双手上举，掌心向内。

5～6拍：双臂侧平举，掌心向下。

7～8拍：上体前屈，双手下交叉，双脚屈膝。

（2）第二个八拍：

1拍：上体保持前屈，双手向上摆臂。

2拍：回到下交叉位置。双脚保持屈膝。

3拍：向上提肘摆动。

4拍：回到下交叉位置。

5～6拍：上体继续保持前屈，右手触左脚，左手上举。

7～8拍：双臂贴于体侧。

（3）第三个八拍和第四个八拍重复前两个八拍动作，方向相反。

（八）第八节：跳跃运动

（1）第一个八拍：

1～3拍：双臂握拳屈肘在胸前双手绕环，右脚开始向前走三步。

4拍：双手直臂在头上击掌一次，左脚向上跳起，吸右腿。

5～7拍：双手握拳叉腰，右脚开始向后退三步。

8拍：胸前击掌一次，右脚向上跳起吸左腿。

（2）第二个八拍动作重复第一个八拍动作。

（3）第三个八拍：

1～2拍：左臂侧下举，右臂侧上举，向左一个小马跳。

3～4拍：右臂侧下举，左臂侧上举，向右一个小马跳，同时向右转体90°。

5～8拍：双手胸前平屈，手指触异侧肩，2次开合跳。

（4）第四个八拍动作同第三个八拍，只是顺势继续向右转体，最后回到直立位置。

（九）第九节：整理运动

（1）第一个八拍：双臂从下经侧至侧上举。脚下原地踏步。

（2）第二个八拍：双臂由上慢慢随节奏放下最后贴于体侧，脚下原地踏步。

二、现代特色课间操教学

（一）膝踝弹动

（1）第一个八拍：

1～2拍：双臂胸前握拳屈肘，跟节奏上下抖动（一拍一动），右脚向斜前垫步一次。

3～4拍：左脚向后退垫步一次。

5～8拍：重复1～4拍动作。

（1）第二个八拍：

1～3拍：双手握拳胸前滚动，左脚开始向前走三步，第3拍双手胸前交叉。

4拍：双臂侧平举，并脚。

5～8拍：右脚开始向后退三步，第四拍并脚，手上重复1～4拍动作。

（3）第三个八拍：

1～2拍：双臂胸前握拳屈肘，跟节奏上下抖动（一拍一动），左脚向斜前垫步一次。

3～4拍：手臂动作同上，右脚向后退垫步一次。

5～8拍：重复1～4拍动作。

（4）第四个八拍动作重复第二个八拍动作。

（二）上肢运动

（1）第一个八拍：

1～2拍：双臂由下至侧上举，原地踏步。

3～4拍：左手背于身后，右手扶于腹前并脚。

5～6拍：重复1～2拍动作。

7～8拍：右手背于身后，左手扶于腹前。

（2）第二个八拍：

1～4拍：双手握拳滚动（从右至左），并脚，有节奏起踵。

5～6拍：继续向左滚动，脚下不变。

7～8拍：双臂贴于体侧，双脚站立不动。

（3）第三个八拍重复第一个八拍动作。

（4）第四个八拍：

1～4拍：双手握拳滚动（从左至右），并脚，有节奏起踵。

5～6拍：继续向右滚动，脚下不变。

7～8拍：双臂贴于体侧，双脚站立不动。

（三）重心移动

（1）第一个八拍：

1～4拍：双手斜上方击掌4次，双脚开立弹动膝盖。

5～8拍：双手斜下方击掌4次，双脚开立弹动膝盖。

（2）第二个八拍：

1～3拍：叉腰，右脚开始向右做一次后交叉步。

4拍：击掌并脚。

5～8拍：反向重复1～4拍动作。

（3）第三个八拍：

1～4拍：双手斜下方击掌4次，双脚屈膝弹动。

5～8拍：双手斜上方击掌4次，双脚屈膝弹动。

（4）第四个八拍：

1～3拍：双手叉腰，左脚开始向左做一次后交叉步。

4拍：双手胸前击掌，同时并脚。

5～8拍：反向重复1～4拍动作。

（四）腰部运动

（1）第一个八拍：

1～2拍：左手斜上举，右臂贴于体侧，左脚向斜前方迈一步。

3～4拍：左臂不动，右臂斜上举，右脚向斜前方迈一步两脚成开立。

5～8拍：双臂一次屈肘于耳旁左右晃动4次，双脚依次屈膝顶胯。

（2）第二个八拍：

1～2拍：左手前平举，右臂贴于体侧，左脚向侧迈一步。

3～4拍：双臂前平举，双脚并拢，身体转向7点。

5～6拍：双臂屈肘搭肩，双脚屈膝。

7～8拍：双脚直立，双臂贴于体侧。

（3）第三个八拍：

1～2拍：右手斜上举，左臂贴于体侧，右脚向斜前方迈一步。

3～4拍：右臂不动，左臂斜上举，左脚向斜前方迈一步两脚成开立。

5～8拍：双臂一次屈肘于耳旁左右晃动4次，双脚依次屈膝顶胯。

（4）第四个八拍反向重复第二个八拍动作。

（五）髋部运动

（1）第一个八拍：

1～4拍：双臂由下至上划手至双臂下举，左脚向后退一步。

5～8拍：依次提右肩、左肩。左右脚依次屈膝。

（2）第二个八拍：

1～2拍：哒拍提右肩，1拍右肩向后移动压右脚踝一次，哒拍提左肩，2拍左肩向后移动同时压左脚踝一次。

3～4拍：重复前面1～2拍动作。

5～6拍：双臂贴于体侧，上体向下俯，低头，双腿屈膝。

7～8拍：双脚并拢上体直立。

（3）第三个八拍反向重复第一个八拍动作。

（4）第四个八拍重复第二个八拍动作。

（六）踝部运动

（1）第一个八拍：

1～4拍：左手背于身后，右手体侧屈肘晃动手腕，以右脚先开始完成两个左右并步。

5～8拍：重复1～4拍动作。

（2）第二个八拍：

1～4拍：左手背于身后，右手由左向右移动晃动手腕，右脚向侧迈两次，同时随节奏顶右胯。

5～6拍：右手继续移动，继续顶右胯。

7～8拍：双脚并拢双臂贴于体侧。

（3）第三个八拍反向重复第一个八拍动作。

（4）第四个八拍反向重复第二个八拍动作。

（七）腹背运动

（1）第一个八拍：

1～2拍：双手屈肘于胸前，左脚向侧迈一步，双脚屈膝。

3～4拍：双臂放于体侧，双脚开立直膝。

5～6拍：反向重复1～2拍动作。

7～8拍：动作同3～4拍。

（2）第二个八拍：

1拍：手侧平举伴随响指，左脚向侧迈一步。

2拍：右臂在前，左臂在后，双脚屈膝，右脚交叉于左脚后。

3拍：动作同1拍。

4拍：左臂在前，右臂在后，伴随响指，双脚屈膝，左脚交叉于右脚后。

5拍：双臂斜上举，左脚向斜上方迈一步。

6拍：双臂斜后举，吸右脚。

7～8拍：动作同5～6拍。

（3）第三个八拍：

1～2拍：双手屈肘于胸前，右脚向侧迈一步，双脚屈膝。

3～4拍：双臂放于体侧，双脚开立直膝。

5～6拍：反向重复1～2拍。

7～8拍：动作同3～4拍。

（4）第四个八拍反向重复第二个八拍动作。

（八）跳跃运动

（1）第一个八拍：

1～2拍：双臂胸前平屈，双脚屈膝。

3～4拍：右臂斜上举，左臂斜下举，右脚保持屈膝，左脚侧点地。

5～6拍：动作同1～2拍。

7～8拍：反向重复3～4拍。

（2）第二个八拍：

1～4拍：双手叉腰，左脚支撑，右脚踏地2次，身体顺势向右转动180°。

5～8拍：手不动，脚下节奏不变，继续向右转180°回到1点。

（3）第三个八拍：

1～2拍：双臂胸前平屈，双脚屈膝。

3～4拍：左臂斜上举，右臂斜下举，左脚屈膝，右脚侧点地。

5～6拍：动作同1～2拍。

7～8拍：反向重复3～4拍。

（4）第四个八拍反向重复第二个八拍的动作。

三、民族特色课间操

（一）上肢运动

（1）第一个八拍：

1～4拍：双手胸前平屈，合掌于胸前，由左经上向右大绕环一周，脚下原地踏步。

5～8拍：重复1～4拍的动作。

（2）第二个八拍：

1～2拍：右臂侧上举，左臂侧下举，右脚屈膝，左脚侧点地。

3～4拍：双手微屈肘头上击掌。

5～6拍：与1～2拍动作相同但方向相反。

7～8拍：同3～4拍动作。

（3）第三个八拍动作同第一个八拍一样，只是方向相反。

（4）第四个八拍：

1～2拍：左臂侧上举，右臂侧下举，左脚屈膝，右脚侧点地。

3～4拍：双手微屈肘头上击掌，并脚直膝。

5～6拍：同1～2拍，反向。

7～8拍：同3～4拍动作。

（二）方位运动

（1）第一个八拍：

1～4拍：左手扶于腹前，右手扶头后，右脚开始向右原地踏步转体360°。

5～6拍：双手于右侧肩上击掌两次，右脚屈膝，左脚侧点地。

7～8拍：双臂贴于体侧，并脚。

（2）第二个八拍动作同第一个八拍，反向完成。

（3）第三个八拍：

1～3拍：双臂由下至上慢慢举起，右脚开始向前走3步。

4拍：直接收回到胸前位置，双脚并拢。

5～6拍：双臂向右推出，身体向左移重心，双脚屈膝。

7～8拍：回到直立位置，直膝并脚。

（4）第四个八拍：

1～3拍：双臂由上向下移动绕一圈至上举，左脚开始向后走3步。

4拍：直接收回到胸前，双脚并拢。

5～6拍：双臂向左推出，身体向右移动重心，双脚屈膝。

7～8拍：身体回到直立位置，双臂贴于体侧。

（三）重心移动

（1）第一个八拍：

1～3拍：双臂侧平举，左脚开始向右前交叉步。

4拍：左手背于身后，右手扶于腹前，右脚于左斜前脚跟点地。

5～8拍：反向重复1～4拍的动作。

（2）第二个八拍：

1～4拍：双臂握拳左右摆动（2拍一动），右脚支撑，左脚前后点地。

5～6拍：重复1～2拍动作。

7～8拍：身体回到直立位置，双臂贴于体侧。

（3）第三个八拍：

1～3拍：双臂侧平举，右脚开始向右走三步。

4拍：左手背于身后，右手扶于腹前，左脚后跟点地于斜前。

5～8拍：反向重复1～4拍动作。

（4）第四个八拍：

1～4拍：双臂握拳左右摆动（2拍一动），左脚支撑，右脚前后点地。

5～6拍：重复1～2拍动作。

7～8拍：身体回到直立位置，双臂贴于体侧。

（四）腿部运动

（1）第一个八拍：

1拍：左臂于斜下位置，右臂提肘，左脚不动，抬右腿屈膝。

2拍：双臂下举，双脚屈膝稍蹲。

3拍：左臂斜下举，右臂斜上举，左脚不动，抬右腿屈膝。

4拍：同2拍。

5～8拍：重复1～4拍动作。

（2）第二个八拍：

1～2拍：双臂交叉于下举位置，左脚交叉于右脚前，双脚屈膝。

3～4拍：双臂侧平举，左脚不动，右脚侧点地。

5～8拍：反向重复1～4拍动作。

（3）第三个八拍：

1拍：右臂于斜下位置，左臂提肘，右脚不动，抬左腿屈膝。

2拍：双臂下举，双脚屈膝稍蹲。

3拍：右臂斜下举，左臂斜上举，右脚不动，抬左腿屈膝。

4拍：动作同2拍。

5～8拍：重复1～4拍动作。

（4）第四个八拍：

1～2拍：双臂交叉于下举位置，左脚交叉于右脚前，双脚屈膝。

3～4拍：双臂侧平举，左脚不动，右脚侧点地。

5～8拍：反向重复1～4拍动作。

（五）膝踝运动

（1）第一个八拍：

1～2拍：双臂由上举交叉向下划手，左脚向前上一步。

3～4拍：左臂斜下举，右臂斜上举，右脚后跟侧点地。

5～8拍：反向重复1～4拍动作。

（2）第二个八拍：

1～2拍：双臂屈肘重叠于胸前，双脚屈膝膝盖内扣。

3～4拍：左臂不动，右臂小臂垂直于左臂，膝盖向外打开。

5～8拍：重复上面4拍动作，节奏变为1拍1动。

（3）第三个八拍重复第一个八拍动作。

（4）第四个八拍：

1～2拍：双臂屈肘重叠于胸前，双脚屈膝膝盖内扣。

3～4拍：右臂不动，左臂小臂垂直于左臂，膝盖向外打开。

5～8拍：重复上面4拍动作，节奏变为1拍1动。

（六）髋部运动

（1）第一个八拍：

1～3拍：双臂由左斜下方开始向右大绕环一次，左脚开始向左做一次后交叉步。

4拍：左臂侧平举，右臂屈肘于耳旁，双脚屈膝，右脚交叉于左脚后。

5～8拍：反向重复1～4拍动作。

（2）第二个八拍：

1～4拍：双臂屈肘相并胸前左右推出（2拍1动），1～2拍双脚屈膝，顶左胯，3～4拍顶右胯。

5～8拍：双手相并从左至右大绕环一周，原地踏步。

（3）第三个八拍：

1～3拍：双臂由右斜下方开始向右大绕环一次，右开始向右一次后交叉步。

4拍：右臂侧平举，左屈肘于耳旁，双脚屈膝，左脚交叉于右后。

5～8拍：反向重复1～4拍动作。

（4）第四个八拍：

1～4拍：双臂屈肘相并胸前左右推出（2拍1动），1～2拍双脚屈膝，顶右胯，3～4拍顶左胯。

5～8拍：原地踏步双手相并从右至左大绕环一周。

（七）腹背运动

（1）第一个八拍：

1～4拍：双臂握拳左右摆动在水平位置，左脚不动，右脚踏地2次。

5～8拍：双臂握拳左右摆动在斜上位置，左脚不动，右脚踏地2次。

（2）第二个八拍：

1～4拍：双臂握拳斜上方左右摆动，左脚支撑，右脚踏地（2拍1动），同时向右转体180°。

5～8拍：动作不变，继续向右转180°，回到1点。

（3）第三个八拍：

1～4拍：双臂握拳左右摆动在水平位置，右脚不动，左脚踏地2次。

5～8拍：双臂握拳左右摆动在斜上方位置，脚下不变。

（4）第四个八拍：

1～4拍：双臂握拳斜上方左右摆动，右脚支撑，左脚抬起后踏地向左转180°。

5～8拍：动作不变，继续向左转180°，回到1点。

（八）跳跃运动

（1）第一个八拍：

1～4拍：双臂侧平举，1拍左脚向上跳起，吸右腿，2拍右脚落于左脚斜前。

3拍：同1拍，4拍双脚并拢。

5～8拍：重复1～4拍动作。

（2）第二个八拍换脚重复上一个八拍动作。

四、地方特色课间操

（一）上肢运动

（1）第一个八拍：

1～2拍：右手由下向上绕环一周至后斜下举，左手由上向下绕环一周至前斜上举，右脚向斜前方迈一步。

3～4拍：手臂动作同上，右脚退回斜后位置。

5～8拍：重复1～4拍动作。

（2）第二个八拍：

1～2拍：左手保持立掌前举，右手由后向下划手至前举，左脚支撑，右脚向前脚后跟点地。

3～4拍：右手由下向后摆动回后举，右脚回到后点地。

5～8拍：重复1～4拍动作。

（3）第三个八拍反向重复第一个八拍动作。

（4）第四个八拍反向重复第二个八拍动作。

（二）屈膝弹动

（1）第一个八拍：

1～4拍：双手握拳屈肘于胸前，上下晃动肘关节，1～2拍右脚开始向右斜上方45°做一次并步，3拍回到面对前面成开立，4拍右脚屈膝靠于左脚。

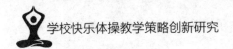

5～8拍：重复1～4拍动作。

（2）第二个八拍：

1～2拍：胸前握拳滚动，左脚开始向上迈2步。

3拍：胸前交叉。

4拍：双臂侧平举，双脚并拢。

5～8拍：手上动作同1～4拍，左脚开始向后退2步，7～8拍并脚。

（3）第三个八拍反向重复第一个八拍动作。

（4）第四个八拍重复第二个八拍动作。

（三）弹腿提撩

（1）第一个八拍：

1～4拍：双手叉腰，1～3拍左脚开始向左做一次前交叉步，4拍右脚前提撩。

5～8拍：反向重复1～4拍动作。

（2）第二个八拍：

1～2拍：左手屈肘，右臂斜后下方，左脚直膝，右脚屈膝内扣起踵。

3～4拍：换脚换手重复1～2拍动作。

5～8拍：重复1～4拍动作，节奏变为1拍1动。

（3）第三个八拍：

1～4拍：双手叉腰，1～3拍右脚开始向右做一次前交叉步，第4拍左脚前交叉步。

5～8拍：反向重复1～4拍动作。

（4）第四个八拍：

1～2拍：右手屈肘，左臂斜后下方，右脚直膝，左脚屈膝内扣起踵。3～4拍：换手换脚重复1～2拍动作。

5～8拍：重复1～4拍动作，节奏变为1拍1动。

（四）晃手移步

（1）第一个八拍：

1～2拍：双手交叉于胸前，右脚向前做"一"字步。

3～4拍：双臂侧平举，继续完成"一"字步。5～8拍：重复1～4拍动作。

（2）第二个八拍：

1～4拍：双手屈肘于胸前，从左至右划小圈2次，右脚向右做2次垫步。5～8拍：反向重复1～4拍动作。

（3）第三个八拍重复第一个八拍动作。

（4）第四个八拍：

1～4拍：双手屈肘于胸前，从右至左划小圈2次，左脚向左做2次垫步。
5～8拍：反向重复1～4拍动作。

（五）平走蹲步

（1）第一个八拍：

1～2拍：右手前举，左手侧平举，左脚向前小并步跳一次。

3～4拍：换手换脚重复1～2拍动作。

5～8拍：重复1～4拍动作。

（2）第二个八拍：

1～2拍：双手背于身后，右脚屈膝，左脚侧点地。

3～4拍：换脚做动作。

5～6拍：双手背于身后全蹲。

7～8拍：双臂贴于体侧，双脚并脚站立。

（3）第三个八拍：

1～2拍：右手前举，左手侧平举，左脚向前小并步跳一次。

3～4拍：换手换脚重复1～2拍动作。

5～8拍：重复1～4拍动作。

（4）第四个八拍：

1～4拍双手背于身后，左、右脚依次完成一次屈膝，侧点地。

5～6拍：双手背于身后全蹲。

7～8拍：双臂贴于体侧，双脚并脚站立。

（六）垫步转身

（1）第一个八拍：

1～4拍：左手叉腰，右手上举，四指握拳，竖食指，左脚为支撑，右脚开始2拍一动向左原地垫步转体180°。

5～8拍：手上动作不变，继续向左垫步转体180°回到1点。

（2）第二个八拍：

1～2拍：左臂屈肘向下斜，右臂斜上举，右脚剪刀步。

3～4拍：双脚并拢，双臂贴于体侧。

5～6拍：反向重复1～2拍动作。

7～8拍：动作同3～4拍。

（3）第三个八拍反向重复第一个八拍动作。

（4）第四个八拍：

1～2拍：右臂屈肘向下斜，左臂斜上举，左脚剪刀步。

3～4拍：双脚并拢，双臂贴于体侧。

5～6拍：反向重复1～2拍动作。

7～8拍：动作同3～4拍

（七）前进后退步

（1）第一个八拍：

1～4拍：双臂由下至上抬起呈斜上举，右脚开始向前走三步，第4拍并脚。

5～8拍：双臂保持斜上举不动，左脚保持不动，右脚抬起踏地2次。

（2）第二个八拍：

1～4拍：双臂由上至下划手一圈至斜上举，左脚开始向后退三步，第4拍并。

5～8拍：保持斜上举不动，右脚不动，左脚抬起向下踏地2次。

（3）第三个八拍：

1～3拍：双臂由斜下抬起至斜上举，左脚开始向左做一次前交叉步。

4拍：左手背于身后，右手扶于腹前，右脚交叉于左脚前。

5～8拍：反向重复1～4拍动作。

（4）第四个八拍重复第三个八拍动作。

（八）跳扭踢步

（1）第一个八拍：

1拍：右手扶左脚，左臂斜上举，右脚向上跳起，左脚前阿提秋。

2拍：右臂贴于体侧，左臂不动，双脚并拢。

3拍：右臂斜上举，左手扶左脚，右脚向上跳起，左脚向后屈小腿。

4拍：右臂不动，左臂贴于体侧，双脚并拢。

5～8拍：重复1～4拍动作。

（2）第二个八拍：

1拍：左手扶右脚，右臂斜上举，左脚向上跳起，右脚向后屈小腿。

2拍：左臂贴于体侧，右臂不动，双脚并拢。

3拍：左臂斜上举，右手扶左脚，左脚向上跳起，右脚向后屈小腿。

4拍：左臂不动，右臂贴于体侧，双脚并拢。5～8拍：重复1～4拍动作。

（3）第三个八拍：

1～4拍：双手叉腰，右脚向右侧脚跟点地剪刀步。

2拍：双脚屈膝，右脚以脚尖点地交叉于左脚前。

3拍：动作同1拍。

4拍：双脚并拢。

5～8拍：重复1～4拍动作。

（4）第四个八拍换脚重复第三个八拍动作。

第四节　表演体操

一、形体操教学

预备姿势：

直立，双脚并，双臂放于体侧。

第1×8：

直立，左右脚依次做两拍一动踩提，双肩四拍一动向后绕环两次。

第2×8：

1～2拍：左脚向左迈出，略宽于肩，同时双臂摆至侧平举，五指并拢，掌心向下。3～4拍：双臂抱于背后重叠，左上右下。5～6拍：双腿下蹲，头向后屈。7～8拍：左腿收回，同时头还原。

第3×8：

同第1×8。

第4×8：

同第2×8，方向相反。

第5×8：

1拍：左脚摆至前点地，左臂摆至侧平举，右臂摆至前平举，掌心向下。2拍：收腿，收臂，还原至预备姿势。3拍：同第1拍，方向相反。4拍：同第2拍。5拍：左脚摆至前点地，左臂摆至侧平举，掌心向下，右臂摆至上举，掌心向内，头左转90°。6拍：同第2拍。7拍：同第5拍，方向相反。8拍：同第2拍。

第6×8：

1～2拍：左侧迈成左弓步，左臂屈，左手并掌置于背后，右臂侧摆至上举，并掌，掌心向内。3～4拍：保持侧弓步姿势不动。5～6拍：站立，左脚尖点地，右臂经左绕至侧平举。7~8拍：左脚收回成预备姿势。

第7×8：

同第5×8，动作相同，方向相反。

第8×8：

同第6×8，动作相同，方向相反。

第9×8：

1~2拍：左脚向左迈出，右脚脚尖点地，左臂侧平举，右臂前平举。3~4拍：重心移至右侧，左脚脚尖点地，双臂经收回摆至右臂侧平举，左臂前平举。5~6拍：向左并步跳一次，双臂经下左绕环一次至下举137~8拍：左转90°，左脚前，右脚后，左臂侧平举，右臂前平举。

第10×8：

1~4拍：上体前屈90°，右腿后举至水平，成俯平横姿势，手臂不动。5~6拍：保持平衡不动。7~8拍：手腿收回成预备姿势，同时右转90°。

第11×8：

同第9×8，动作相同，方向相反。

第12×8：

1~4拍：上体前屈90°，左腿后举至水平，成俯平横姿势，手臂不动。5~6拍：保持平衡不动。7~8拍：手腿收回成预备姿势，同时右转90°（面向五点）。

第13×8：

1~4拍：双臂侧举，左脚前迈做一次并步跳。5~6拍：右腿前摆做交换腿跳一次，结束成并腿，双臂侧平举。7~8拍：双臂下举，成预备姿势。

第14×8：

1拍：左腿前踢90°，双臂前摆至前平举，并掌，掌心向下。2拍：手、腿收回成预备姿势。3拍：左腿侧踢90°，双臂侧摆至侧平举，并掌，掌心向下。4拍：手、腿收回成预备姿势。5拍：左腿后踢90°，双臂前摆至上举，并掌，掌心向前。6拍：手、腿收回成预备姿势。7~8拍：保持预备姿势。

第15×8：

向后转180°，动作同第13×8，先出右腿。

第16×8：

同第14×8，动作相同，方向相反。

第17×8：

1~4拍：并脚立踵转体180。成小"八"字站，双臂下举。

第 18×8：

1～4拍：一位手。5～8拍：二位手。

第 19×8：

1～4拍：三位手。5～8拍：四位手。

第 20×8：

1～4拍：五位手。5～8拍：六位手。

第 21×8：

1～4拍：七位手。5～6拍：一位手。7～8拍：左脚擦地推出成二位脚。

第 22×8：

1～4拍：下蹲至大腿与地面平行，芭蕾手型，摆至二位手。5～6拍：控制不动。7～8拍：伸腿，直立，手臂收回一位。

第 23×8：

1～4拍：下蹲至大腿与地面平行，芭蕾手型，摆至七位手。5～6拍：控制不动。7～8拍：伸腿，直立，手臂收回一位。

第 24×8：

1～4拍：下蹲至大腿与地面平行，同时立踵，芭蕾手型，摆至二位手。5～6拍：控制不动。7～8拍：落踵，伸腿直立，手臂收回一位。

第 25×8：

1～4拍：下蹲至大腿与地面平行，同时立踵，芭蕾手型，摆至七位手。5～6拍：控制不动。7～8拍：落踵，伸腿直立，手臂收回一位。

第 26×8：

1～2拍：左脚上步，右脚并。3～4拍：挺身跳，双臂侧上举。5～6拍：并脚落地，屈膝缓冲，双手扶膝盖。7～8拍：直立，成预备姿势。

第 27×8：

1～2拍：左脚后退，右腿并。3～4拍：挺身跳，双臂侧上举。5～6拍：并脚落地，屈膝缓冲，双手扶膝盖。7～8拍：直立，成预备姿势。

第 28×8：

1～2拍：右脚上步，左腿并，双膝稍曲。3～4拍：挺身跳，双臂侧上举。5～6拍：并脚落地，屈膝缓冲，双手扶膝盖。7～8拍：直立，成预备姿势。

第 29×8：

1～2拍：右脚后退，左腿并。3～4拍：挺身跳，双臂侧上举。5～6拍：并脚落地，屈膝缓冲，双手扶膝盖。7～8拍：直立，成预备姿势。9～10拍：

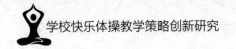

双手叉腰。

第 30×8：

1～4 拍：双手叉腰，左脚开始向前四次跑跳步。5～8 拍：左转。

第 31×8：

同第 30×8。

第 32×8：

1～4 拍：左转 90°，左右依次顶髋 4 次，手掌右左依次拍髋。5～6 拍：左脚左迈顶髋，上体左转 90°，手臂经体侧伸至侧平举。7～8 拍：右脚并，成预备姿势。

第 33×8：

同第 32×8，方向相反。

二、踢踏操教学

第 1×8：

1 拍：左脚支撑右脚前迈一步，脚掌内扣踏地一次，双手背于身后。2 拍：重心前移于右脚，脚掌外旋踏地一次，左脚不动前脚掌支撑，双手背于身后。3～8 拍：保持结束动作。

第 2×8：

1 拍：右脚支撑左脚前迈一步，脚掌内扣踏地一次，双手背于身后 2 拍：重心前移于左脚，脚掌外旋踏地一次，右脚不动前脚掌支撑，双手背于身后 3～8 拍：保持结束动作。

第 3×8：

同第 1×8 动作。

第 4×8：

同第 2×8 动作。

第 5×8：

1 拍：右脚右侧小迈步脚跟踏地一次，双手背于身后。2 拍：左脚右并步脚跟踏地一次，手位不变。3 拍：左脚左侧小迈步脚跟踏地一次，双手背于身后。4 拍：右脚左并步脚跟踏地一次，手位不变。5 拍：同 1 拍动作。6 拍：同 2 拍动作。7 拍：同 3 拍动作。8 拍：同 4 拍动作。

第 6×8：

同第 1×8 动作。

第 7×8：

同第 1×8 动作。

第 8×8：

同第 1×8 动作。

第 9×8：

1 拍：左脚支撑右脚前迈一步，脚掌内扣踏地一次，双手背于身后。2 拍：重心前移于右脚，脚掌外旋踏地一次，左脚不动前脚掌支撑，双手背于身后。3 ~ 4 拍：保持结束动作。5 拍：右脚支撑左脚前迈一步，脚掌内扣踏地一次，双手背于身后。6 拍：重心前移于左脚，脚掌外旋踏地一次，右脚不动前脚掌支撑，双手背于身后。7 ~ 8 拍：保持结束动作。

第 10×8：

同第 1×8 拍动作。

第 11×8：

同第 1×8 拍动作。

第 12×8：

同第 1×8 拍前 7 拍动作。8 拍：左脚后踩地的同时右脚前踢腿斜下 30°，手位不变。

第 13×8：

1 拍：右脚向下踩的同时左脚后吸腿，双手背于身后。2 拍：左脚后踩地的同时右脚前踢腿斜下 30°，手位不变。3 拍：同 1 拍动作。4 拍：右脚支撑小跳一次同时左脚前踢腿斜下 30°。5 拍：同 1 拍动作相同方向相反。6 拍：同 2 拍动作相同方向相反。7 拍：同 3 拍动作相同方向相反。8 拍：同 4 拍动作相同方向相反在踢右腿的同时向左转 90°。

第 14×8：

1 拍：右脚向下踩的同时左脚后吸腿，双手背于身后。2 拍：左脚后踩地的同时右脚前踢腿斜下 30°，手位不变。3 拍：同 1 拍动作。4 拍：左转 90° 右脚支撑小跳一次同时左脚前踢腿斜下 30°。5 拍：同 1 拍动作相同方向相反。6 拍：同 2 拍动作相同方向相反。7 拍：同 3 拍动作相同方向相反。8 拍：同 4 拍动作相同方向相反。

第 15×8：

1 拍：右脚向下踩的同时左脚后吸腿，双手背于身后。2 拍：左脚后踩地的同时右脚前踢腿斜下 30°，手位不变。3 拍：同 1 拍动作。4 拍：左转 90° 右脚

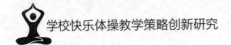

支撑小跳一次同时左脚前踢腿斜下30°。5拍：同1拍动作相同方向相反。6拍：同2拍动作相同方向相反。7拍：同3拍动作相同方向相反。8拍：同4拍动作相同方向相反但是不再左转。

第16×8：

1拍：右脚向下踩的同时左脚后吸腿，双手背于身后。2拍：左脚后踩地的同时右脚前踢腿斜下30°，手位不变。3拍：同1拍动作。4拍：右脚支撑小跳一次同时左脚前踢腿斜下30°。5拍：同1拍动作相同方向相反。6拍：同2拍动作相同方向相反。7拍：同3拍动作相同方向相反。8拍：同4拍动作相同方向相反。

第17×8：

1拍：左脚小跳一次同时右脚脚尖外旋脚后跟右斜前方踏地一次，双手背于身后。2拍：左脚小跳一次同时右脚脚尖右斜后方踏地一次，手位不变。3拍：同1拍动作。4拍：收右腿并腿跳一次。5拍：同1拍动作相同方向相反。6拍：同2拍动作相同方向相反。7拍：同3拍动作相同方向相反。8拍：同4拍动作相同收腿相反。

第18×8：

同第1×8拍动作。

第19×8：

同第1×8拍前7拍动作。8拍：左脚后踩地的同时右脚前踢腿斜下30°，手位不变。

第20×8：

1拍：右脚向下踩的同时左脚后吸腿，双手背于身后。2拍：左脚后踩地的同时右脚前踢腿斜下30°，手位不变。3拍：同1拍动作。4拍：右脚支撑小跳一次同时左脚前踢腿斜下30°。5拍：踏左脚，手位不变。6拍：踏右脚，手位不变。7拍：踏左脚，手位不变。8拍：右脚前踢腿斜下30°，双手叉腰。

第21×8：

1拍：右脚向下踩的同时左脚后吸腿，双手叉腰。2拍：左脚后踩地的同时右脚前踢腿斜下30°，手位不变。3拍：同1拍动作。4拍：右脚支撑小跳一次同时左脚前踢腿斜下30°。5拍：同1拍动作相同方向相反。6拍：同2拍动作相同方向相反。7拍：同3拍动作相同方向相反。8拍：同4拍动作相同方向相反。

第22×8：

同第1×8拍动作。

第 23×8：

同第 1×8 拍动作。

第 24×8：

同第 1×8 拍动作。

第 25×8：

1 拍：右脚前踩地同时左脚后小拔 C 一次，双手叉腰。2 拍：左脚后踩地同时右脚前小拔 C 一次，手位不变。3 拍：同 1 拍动作。4 拍：同 2 拍动作。5 拍：同 1 拍动作。6 拍：左脚后踩同时右脚前踢腿斜下 30°。7 拍：左脚前踢腿斜下 45°。8 拍：同右脚前踢腿斜下 45°。

第 26×8：

同第 1×8 拍动作。

第 27×8：

1 拍：右脚向右在空中画个半弧落在右侧同时左脚左斜下踢 30°，双手叉腰。2 拍：左脚从左斜上 30° 经前方向右斜前在空中画个半。

弧落在右脚右侧前的同时右脚后小拔 C 一次，手位不变。3 拍：右脚向下踩同时左脚右斜下踢 30°。4 拍：左脚从右斜上 30° 经前方向左斜前在空中画半弧落在左脚左侧前同时右脚右斜下踢 30°，手位不变。5 拍：右脚从右斜上 30° 经前方向左斜前在空中画个半弧落在左脚左侧前的同时左脚后小拔 C 一次，手位不变。6 拍：左脚向下踩同时右脚向右斜前摆腿，手位不变。7 拍：右腿吸腿跳一次，手位不变。8 拍：并腿跳一次，手位不变。

第 28×8：

同第 3×8 拍动作相同方向相反。

第 29×8：

1 拍：右转 90° 同时头向左转看 1 点同时右脚前踩地同时左脚后小拔 C 一次，双手放于大腿两侧。2 拍：左脚后踩地同时右脚前小拔 C 一次，手位不变。3 拍：同 1 拍动作。4 拍：同 2 拍动作。5 拍：同 1 拍动作。6 拍：同 2 拍动作。7 拍：同 1 拍动作。8 拍：同 2 拍动作。

第 30×8：

1 拍：右脚前踩地同时左脚后小拔 C 一次，双手放于大腿两侧。2 拍：左脚后踩地同时右脚前小拔 C 一次，手位不变。3 拍：同 1 拍动作。4 拍：同 2 拍动作。5 拍：同 1 拍动作。6 拍：同 2 拍动作。7 拍：踏右脚向左转 90°，手位不变。8 拍：踏左脚，双手背于身后。

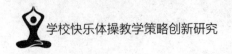

第 31×8：

1 拍：右脚向右在空中划个半弧，落在右侧，同时左脚左斜下踢 30°，双手背于身后。2 拍：左脚从左斜上 30° 经前方向右斜前在空中划个半弧落在右脚右侧前的同时，右脚后小拔 C 一次，手位不变。3 拍：右脚向下踩同时左脚右斜下踢 30°。4 拍：左脚从右斜上 30° 经前方向左斜前在空中划半弧落在左脚左侧前，同时右脚右斜下踢 30°，手位不变。5 拍：右脚从右斜上 30° 经前方向左斜前在空中画个半弧落在左脚左侧前的同时，左脚后小拔 C 一次，手位不变。6 拍：左脚向下踩同时右脚向右斜前摆腿，手位不变。7 拍：右腿吸腿跳一次，手位不变。8 拍：并腿跳一次，手位不变。

第 32×8：

同第 3×8 拍动作相同方向相反。

第 33×8：

1 拍：左脚向下踏同时右脚右侧下踢腿 30°，双手背于身后。2 拍：左脚支撑小跳一次同时右脚收回后小拔 C 一次，手位不变。3 拍：同 1 拍动作相同方向相反。4 拍：同 2 拍动作相同方向相反。5 拍：同 1 拍动作。6 拍：同 2 拍动作。7 拍：同 3 拍动作。8 拍：同 4 拍动作。

第 34×8：

1 拍：右脚支撑小跳一次同时左脚向右斜下踢 30°，双手背于身后。2 拍：左脚向右斜下踩同时右脚后小拔 C 一次，手位不变。3 拍：右脚向下踩同时左脚向右斜下踢 30°，手位不变。4 拍：左脚踏步一次成并步站，手位不变。5 拍：双脚起跳，手位不变。6 ~ 7 拍：空中。8 拍：双脚落地，

第 35×8：

同第 1×8 拍动作相同方向相反。

第 36×8：

同第 2×8 拍动作相同方向相反。

第 37×8：

1 拍：右脚前踩同时左脚后小拔 C，双手背于身后。2 拍：左脚后踩同时右脚前小拔 C，手位不变。3 拍：右脚后踩同时左脚前小拔 C，手位不变。4 拍：左脚前踩同时右脚后拔 C，手位不变。5、7 拍：同 1、3 拍动作。6、8 拍：同 2、4 拍动作。

三、街舞操

第 1×8：

1 拍：右脚向右侧点地，双手握拳双臂向后摆动。2 拍：收回并拢，双手胸前击掌。3 拍：左脚踏步一次，右手在前摆臂。4 拍：右脚踏步一次，左手前摆臂。5 拍：同 1 拍动作相同方向相反。6 拍：同 2 拍动作相同方向相反。7 拍：同 3 拍动作相同方向相反。8 拍：同 4 拍动作相同方向相反。

第 2×8：

同第 1×8 拍。

第 3×8：

1、3、5、7 拍：双腿弹动，双手拍大腿两侧身体右侧倾斜。2、4、6、8 拍：双腿弹动，胸前击掌身体左侧倾斜。

第 4×8：

1 拍：吸左腿，同时右手胸前平屈左手自然下垂于体侧。2 拍：吸右腿，同时左手胸前平屈右手自然下垂于体侧。3 拍：吸左腿，同时同 1 拍动作。4 拍：再吸左腿，同时同 1 拍动作。5 拍：同 1 拍动作相同方向相反。6 拍：同 2 拍动作相同方向相反。7 拍：同 3 拍动作相同方向相反。8 拍：同 4 拍动作相同方向相反。

第 5×8：

1 拍：右脚向右侧迈出成马步（身体一直保持右侧倾斜）同时做双腿弹动，双臂侧平举。2 拍：右脚向右侧迈出成马步（身体一直保持右侧倾斜）同时做双腿弹动，双手胸前交叉。3 ~ 4 拍：右脚向右侧迈出成马步（身体一直保持右侧倾斜）同时做双腿弹动，双臂侧平举上下震臂两次。5 拍：右脚向右侧迈出成马步（身体一直保持右侧倾斜）同时做双腿弹动，同 2 拍动作。6 拍：右脚向右侧迈出成马步（身体一直保持右侧倾斜）同时做双腿弹动，同 1 拍动作。7 ~ 8 拍：右脚向右侧迈出成马步（身体一直保持右侧倾斜）同时做双腿弹动，胸前交叉震臂两次。

第 6×8：

1 ~ 8 拍保持马步（身体向左保持左侧倾斜），1 ~ 8 拍同上。

第 7×8：

出左脚踏步走，双臂自然摆动。

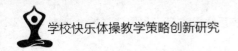

第8×8：

双腿弹动，双臂自然下垂，身体左右摆动。

第9×8：

1～2拍：左脚向左侧迈出同时弹动，同时双臂侧平举上下震臂两次。3～4拍：收回双脚并拢，同时双臂胸前平屈震胸两次。5～6拍：同1～2拍动作相同方向相反。7～8拍：同3～4拍动作相同方向相反。

第10×8：

同上动作。

第11×8：

1拍：左脚向左后侧迈步面向7点，同时双臂侧平举。2拍：转回1点并步下蹲，同时双臂胸前平屈。3拍：同1拍动作相同方向相反。4拍：同2拍动作。5拍：左脚向左侧迈步，同时左臂肩侧屈。6拍：右脚向右侧迈步，同时右臂肩侧屈。7拍：原地不动，同时双手顺身体两次下穿。8拍：小跳收回成立正位，同时还原成立正位。

第12×8：

1拍：左脚向前侧步成马步，身体面向2点，同时双手扶右膝盖震胸一次。2拍：保持不动，同时同1拍动作。3拍：右脚小跳同时左脚向前踹腿，同时双手直臂前交叉。4拍：并步跳，同时双手自然下垂。5拍：同1拍动作相同方向相反。6拍：同2拍动作相同方向相反。7拍：同3拍动作相同方向相反。8拍：同4拍动作。

第13×8：

1～4拍：右脚向右侧迈步成马步同时弹动4次，1～2拍双臂侧屈向右前震胸两次，3～4拍动作相同方向相反。5～8拍：马步保持不动，5～6拍胸部向前右后依次绕环，7拍由双臂侧屈向下砸，8拍保持结束动作。

第14×8：

1～2拍：做两次左侧并步，同时左手叉腰右手臂体前绕环两周。3～4拍：并腿半蹲，同时双臂胸前平屈。5拍：右脚向右侧迈步，同时双手从体侧推出成侧平举。6拍：左脚插有右脚后，同时左手在体前右手在体侧。7拍：同5拍动作相同方向相反。8拍：同6拍动作相同方向相反。

第15×8：

1拍：右脚向右侧迈步双腿分立，双臂肩侧举。2拍：右脚向右侧迈步双腿分立，手位不变身体转至右斜前方。3～4拍：右脚向右侧迈步双腿分立，双臂经身体两侧由下向上成胸前平屈。5拍：右脚向右侧迈步双腿分立，5拍手位同1拍动作。

6拍：右脚向右侧迈步双腿分立，6拍手位同2拍动作相同方向相反。7～8拍：右脚向右侧迈步双腿分立，7～8拍手位同3～4拍动作。

第16×8：

1拍：左脚左侧点地成右弓步，同时右手臂屈于耳侧左手臂左斜下举。2拍：同1拍动作相同方向相反，同时双臂腹前交叉。3～4拍：右脚起依次踏步并弹动两次，3拍双臂屈至耳侧，4拍体后击掌。5～8拍：同1～4拍动作。

第17×8：

1～2拍：左脚起依次踏步走，双臂自然下垂。3～4拍：左脚起依次踏步走，击掌三次。5～8拍：左脚起依次踏步走，手位同1～4拍动作。

第18×8：

1拍：右脚向前弹踢，哒拍右脚向前迈步，同时双手向前推成前平举。2拍：左脚左侧点地，同时双臂向侧推成侧平举。3哒4拍：同1哒2拍动作相同方向相反，手位同1～2拍动作。5～8拍：同1～4拍动作，手位同1～2拍动作。

第19×8：

1拍：右脚向右后踏步同时左脚抬起，双臂侧下举经前向后摆动。哒拍：左脚前踏地同时右脚抬起。2拍：同1拍动作，双臂侧下举经前向后摆动。3哒4拍：同1哒2拍动作相同方向相反，双臂侧下举经前向后摆动。5～8拍：同1～4拍动作，双臂侧下举经前向后摆动。

第20×8：

1拍：右脚向右侧踹腿，同时左手胸前屈右手向右出拳。2拍：后回并腿，同时收回于体侧。3拍：左脚向前弹踢，双手放于体侧。哒拍：左脚踏步同时右脚抬起，双手放于体侧。4拍：收回立正，双手放于体侧。5～8拍：同1～4拍动作相同方向相反，手位5～8拍同1～4拍动作相同方向相反。

第21×8：

1～2拍：右脚向右迈步成马步同时双腿弹动，同时双臂经体前向后绕环。3～4拍：分腿站立，3拍向右侧顶肩，4拍向左侧顶肩。5拍：左脚跳至右脚后侧，同时双臂肩侧屈。6拍：保持不动，同时双臂经体侧下穿。7拍：向左侧转体90°，同时保持结束动作。8拍：双腿半蹲，同时右臂自然放于右腿上左臂自然下垂。

第22×8：

1～2拍：吸左腿向右转体360°，同时双臂紧贴身体两侧。3拍：左脚落地，同时左臂上举。4拍：右脚吸腿，同时屈左臂。5拍：右脚向右侧迈步成右弓步，同时右臂屈肘向右后打响指一次左臂自然下垂。6拍：左脚不动右膝盖内扣一次，同时随腿向内打响指一次。7拍：还原，7拍同5拍动作。哒拍：同6拍动作。8拍：同7拍动作。

第23×8：

1~2拍：左脚踏步一次，同时左臂肩侧屈翻掌向外。3~4拍：右脚踏步一次成马步，同时右臂肩侧屈翻掌向外。5~6拍：双脚分立，同时直臂头上击掌。7~8拍：屈膝成马步，同时双手下拉成胸前合掌。

第24×8：

1~4拍：双腿成马步脚掌向外向内依次向右移动，双手胸前合掌。5~8拍：同1~4拍动作相同方向相反，双手胸前合掌。

第25×8：

1拍：右脚向左前迈步，同时双臂由胸前向侧下推。2拍：左脚并拢，同时胸前击掌。3拍：左脚向右前迈步，双臂由胸前向侧下推。4拍：右脚并拢，胸前击掌。5~8拍：同1~4拍动作。

第26×8：

1拍：右脚向右侧迈步同时向右顶髋，左手胸前平屈右手自然下垂。1拍：保持双腿分立向左顶髋一次，左手胸前平屈右手自然下垂。2拍：保持双腿分立再向右顶髋一次，左手胸前平屈右手自然下垂。3~4拍：同1~2拍动作相同方向相反，同时手位动作相同方向相反。5~8拍：同1~4拍动作。

第27×8：

1拍：左脚向前弹踢腿，双臂自然下垂。2拍：左脚吸腿同时右脚支撑小跳一次，双臂自然下垂。3拍：分腿跳一次，双臂自然下垂。4拍：并腿跳，双臂自然下垂。5~6拍：同1~2拍作相同方向相反，双臂自然下垂。7~8拍：同3~4拍动作，双臂自然下垂。

第28×8：

1~4拍：出左脚依次踏步，1~4双臂自然摆动。5~6拍：吸右腿向左转360°，同时双臂紧贴身体两侧。7~8拍：造型。

四、爵士操

第1×8：

1~4拍：右脚起做并步，同时左手叉腰右手肩侧屈食指下点一拍一动。5拍：吸右脚左脚起踵同时身体向左45°转体，同时双手做枪的动作右手前左手后。6

拍：并脚站立，同时击掌两次。7拍：同5拍动作，同时手位同5拍动作。8拍：同6拍动作，同时双臂自然下垂。

第2×8：

同第1×8拍动作相同方向相反。

第3×8：

1～4拍：双脚并拢双膝微屈左右摆髋，双手从大腿两侧经身体两侧向上穿至耳侧。5拍：双脚并拢双膝微屈左右摆髋，双臂打开成斜上举。6～8拍：双脚并拢双膝微屈左右摆髋，双臂由斜上举向下至体侧。

第4×8：

1～2拍：双脚并拢双膝微屈向左侧顶髋两次，1～2拍双手自然放于体侧顶右肩两次。3～4拍：双脚并拢双膝微屈向右侧顶髋两次，3～4拍双手自然放于体侧顶左肩两次。5～8拍：双脚并拢双膝微屈左右摆髋，5～8拍双臂放置身体两侧手掌外翻随髋左右摆动。

第5×8：

1～2拍：左脚膝盖前顶右脚支撑，同时左手侧平举右手胸前平屈。3～4拍：右脚膝盖前顶左脚支撑，同时右手侧平举左手胸前平屈。5拍：右脚向前迈步，双臂前平举。6拍：左脚左侧点地，双臂前平举。7拍：左脚向前迈步，双臂侧平举。8拍：右脚右侧点地，双臂侧平举。

第6×8：

1～2拍：右脚向右侧迈一步，同时向右顶髋重心推至右脚，双脚微屈，左脚膝盖向外前脚掌点地；右手上举掌心向外，经胸前曲臂至斜下，掌心向内。3～4拍：动作相同，左手完成相同动作。5～7拍：右脚开始向后退四步，双手由下至侧上举掌心向内。8拍：重心放至左脚，右脚侧点地，右手前下，左手斜后下，掌心向外。

第7×8：

1拍：重心两腿之间，屈膝半蹲；右手前下，左手斜后下，掌心向外。2拍：右腿单腿支撑向上跳起，左脚侧摆；双臂摆至侧上举掌心向外。3拍：落地重心回到两腿之间，双腿微屈；右手前下，左手斜后下，掌心向外。4拍：左脚支撑右脚向前斜下45°踢起，双臂摆至侧上举掌心向外。5拍：右脚向前迈步，双臂自然下垂。6拍：左脚向前迈步，双臂自然下垂。7～8拍：右脚向右侧迈步同时左脚点地保持不变，左手屈肘扶膝，右手斜下45°开掌。

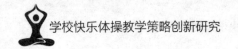

第 8×8：

1～2 拍：左脚支撑右脚左斜前点地，同时保持左臂上举右臂侧平举。3～4 拍：左脚支撑右脚侧点地，同时保持右臂放置体前左臂放置身体左后侧。5～6 拍：出右脚向右后依次迈步转体 360°，同时双臂自然下垂。7～8 拍：吸右腿起跳一次，同时双臂侧平举。

第 9×8：

1～2 拍：屈膝左脚前迈步，同时左手叉腰右手向内摆臂。3～4 拍：屈膝右脚前迈步，同时左手叉腰右手向外摆臂。5～8 拍：左脚向左侧迈步右脚侧点地，同时左手曲臂手掌成鸭嘴形从右至左拉动右臂自然下垂。

第 10×8：

同第 1×8 拍动作相同方向相反。

第 11×8：

1 拍：并左脚右脚支撑左脚前脚掌点地一次，右臂屈肘右手握拳贴于腹前同时左手握拳背于身后同时头转向 6 点。2 拍：右脚支撑左脚向后退一步，右臂屈肘右手握拳贴于腹前同时左手握拳背于身后同时头转向 6 点。3 拍：并右脚左脚支撑右脚前脚掌点地一次，双臂展开于身体两侧呈斜下举两手掌向前呈并掌同时头转向 1 点。4 拍：左脚支撑右脚向后退一步，双臂展开于身体两侧呈斜下举两手掌向前呈并掌同时头转向 1 点。5～7 拍：同 1～3 拍动作。8 拍：左脚支撑右脚并步成立正站，双臂自然下垂。

第 12×8：

1 拍：双脚跳开与肩同宽，1 拍双臂体前交叉。2 拍：双脚同时起跳右脚在前左脚在后成交叉步，同时双臂打开于体侧成侧斜下举。3～4 拍：左转 360° 身体随脚掌转动而转动，同时双臂自然垂于体侧。5～8 拍：双腿屈膝左脚前点地右脚支撑，同时双臂头前平屈两手掌成开掌遮住眼睛慢慢向两侧拉开露出眼睛。

第 13×8：

同第 1×8。

第 14×8：

同第 2×8。

第 15×8：

同第 3×8。

第 16×8：

同第 4×8。

第 17×8：

同第 1×8。

第 18×8：

同第 2×8。

第 19×8：

1 拍：左脚向前迈步，同时双臂左斜下举。2 拍：左脚支撑右脚吸腿，同时双臂经左侧摆至上举。3 拍：右脚落腿向前迈步，同时双臂下压左臂与体前右臂右斜下举同时低头。4 拍：右脚支撑左脚侧点地，同时手位不变抬头看 1 点。5 拍：保持双腿分立重心移至两腿之间同时双脚起踵，同时双臂推开成侧平举。6 拍：重心左移双腿微屈左脚支撑右脚点地，同时左手叉腰右手扶头同时左侧屈头。7 拍：同 5 拍动作，7 拍手位同 5 拍动作。8 拍：同 6 拍动作相同方向相反，8 拍手位同 6 拍动作相同方向相反。

第 20×8：

1 ~ 2 拍：双腿分立重心移至两腿之间同时双脚起踵，同时双臂推开成侧平举。3 ~ 4 拍：重心左移双腿微屈左脚支撑右脚点地，同时右臂屈肘右手握拳贴于腹前同时左手握拳背于身后同时头转向 6 点。哒拍：向右顶髋同时双腿伸直。5 拍：重心左移双腿微屈左脚支撑右脚点地，同时左手叉腰右手左斜前举同时右手握拳食指伸直。哒 6、哒 7、哒 8 拍：同哒 5 拍动作。6 ~ 8 拍：右手经前慢慢摆至右斜前。

第 21×8：

同第 5×8。

第 22×8：

同第 6×8。

第 23×8：

同第 7×8。

第 24×8：

同第 8×8。

第 25×8：

1 ~ 2 拍：屈膝左脚前迈步，同时左手叉腰右手向内摆臂。3 ~ 4 拍：屈膝右脚前迈步，同时左手叉腰右手向外摆臂。5 拍：左脚向左侧迈步同时向左顶髋，双臂肩侧屈同时成开掌。6 拍：脚位不变向右顶髋，双臂肩侧屈同时成开掌。7 拍：同 6 拍动作相同方向相反，双臂肩侧屈同时成开掌。8 拍：同 6 拍动作；双臂肩

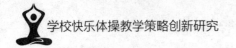

侧屈同时成开掌。

第26×8：

同第1×8拍动作相同方向相反（8拍右脚并腿成立正位）。

第27×8：

1拍：右吸腿跳，双手背于身后。2拍：并腿跳，双手背于身后。3拍：右踢腿，双手背于身后。4拍：并腿跳，双手背于身后。5～6拍：右外摆腿，双手背于身后。7拍：并腿跳同时向左厥屁股，同时双手握住向右斜前推。8拍：跳成立正位，同时双手背于身后。

第28×8：

同第3×8拍动作相同方向相反。

第29×8：

同17×8。

第30×8：

同18×8。

第31×8：

同19×8。

第32×8：

同20×8。

第33×8：

1拍：右脚向右侧踏步，双臂自然下垂。2拍：左脚向左侧踏步，双臂自然下垂。3～6拍：保持双腿开立，3拍向右顶肩，4拍向左顶肩，5拍右臂肩侧屈右掌向外翻掌，6拍同5拍动作相同方向相反。7拍：跳成右脚在前的交叉步，7拍双臂体前交叉。8拍：跳成双腿开立，同时双臂打开放于体侧。

第34×8：

1拍：双腿屈膝右腿内扣前脚掌支撑蹬地，同时身体稍向前倾，左臂做肩侧屈右臂做向下的肩侧屈。2拍：同1拍动作相同方向相反，同时手位同1拍动作相同方向相反。3拍：左腿向右腿后侧退步同时右腿抬起。4拍：右腿放下，3～4拍身体侧向45°双手经胸前向前掏出。5～6拍：双腿屈膝右腿支撑左脚向左侧点地，同时左手向左侧指出成侧平举位同时右臂自然下垂。哒拍：脚位不变向左顶髋。7拍：脚位不变向右顶髋。哒8拍：同哒7拍动作。7～8拍：左手叉腰右手放于右髋处同时右手掌随髋摆动。

第 35×8：

1～2 拍：左脚向前迈步，右脚并步，同时身体向右转 90° 头向 1 点，同时双臂从身体右侧起向左侧抡臂一周。3～4 拍：右脚向左后侧插步转体 270° 立正位，同时双臂自然下垂。5～8 拍：从右腿起依次前顶膝一拍一动，同时双臂从斜上 45° 向下划动手掌成开掌。

第 36×8：

自编结束造型。

五、跑跳操

预备姿势：直立，双脚并，双臂放于体侧。

第 1×8：

直立不动保持预备姿势。

第 2×8：

1～2 拍：屈膝弹动一次，头向左侧屈。3～4 拍：屈膝弹动一次，头向右侧屈。5～6 拍：屈膝弹动一次，头向左侧屈。7～8 拍：屈膝弹动一次，头向右侧屈。

第 3×8：

1～4 拍：左脚起跑跳步，双臂屈肘前后摆动。5～6 拍：成立正位，左脚支撑右脚屈膝脚尖点地；双臂头上交叉开掌。7～8 拍：成立正位，右脚支撑左脚屈膝脚尖点地；双臂下划成侧平举开掌。

第 4×8：

同第 3×8。

第 5×8：

1～2 拍：左腿屈膝支撑右腿右侧脚跟侧点地，双手叉腰。3～4 拍：同 1～2 拍动作相同方向相反。5～8 拍：双腿分立左右摆髋，双臂肩侧屈开掌随髋左右摆动（一拍一动）。

第 6×8：

同第 5×8。

第 7×8：

1～2 拍：左脚支撑右脚点地重心左移，双臂斜下 45° 举。3～4 拍：重心从左脚移向右脚右脚支撑左脚点地，双臂斜下 45° 举。5～8 拍：后踢腿跑向左后旋转 360°，双臂屈肘前后摆动。

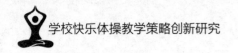

第8×8：

同第7×8拍动作相同方向相反。

第9×8：

1拍：左脚支撑小跳同时右脚尖前点地，双手叉腰。2拍：左脚支撑小跳同时右脚尖左前侧屈膝点地，双手叉腰。3～4拍：右脚在前前并步，双手叉腰。5拍：同1拍动作相同方向相反。6拍：同2拍动作相同方向相反。7～8拍：同3～4拍动作相同方向相反。

第10×8：

1～2拍：双脚成立正位，左手自然下垂右手敬礼。3～4拍：双脚成立正位身体稍向前倾，左手自然下垂右手成与人握手的姿势。5拍：双脚成立正位，双手胸前击掌。6拍：双脚成立正位，左手于胸前不变右手与人击掌。7拍：同5拍。8拍：同6拍动作相同方向相反。

第11×8：

同第9×8。

第12×8：

1～2拍：双脚成立正位头左右各侧屈一次，双手用手指脸蛋。3～4拍：双脚成立正位点头两次，双臂胸前抄手。5拍：双脚成立正位，双手胸前击掌。6拍：双脚成立正位，左手于胸前不变右手与人击掌。7拍：同5拍。8拍：同6拍动作相同方向相反。

第13×8：

1～4拍：跑跳步到对方侧面，双臂屈肘摆臂，4拍两人挽手。5～8拍：跑跳步旋转180°两人交换位置，双手叉腰。

第14×8：

1～4拍：右脚起小马跳，双臂体侧微微屈肘小绕环。5～6拍：双腿成立正位屁股向右后撅同时双手向前推。7～8拍：同5～6拍动作相同方向相反。

第15×8：

同第13×8。

第16×8：

同第14×8动作相同方向相反。

第17×8：

同第9×8。

第 18×8：

同第 10×8。

第 19×8：

同第 11×8。

第 20×8：

同第 12×8。

第 21×8：

同第 7×8。

第 22×8：

同第 8×8。

第 23×8：

1 拍：左脚屈膝支撑右脚跟侧点地，双手叉腰。2 拍：跳成右脚屈膝支撑左脚收起，双手叉腰。3 拍：右脚屈膝支撑左脚跟侧点地，双手叉腰。4 拍：跳成左脚屈膝支撑右脚收起，双手叉腰。5 拍：左脚屈膝支撑右脚跟侧点地，双手叉腰。6～7 拍：左脚屈膝支撑右脚跟侧点地，双手胸前击掌两次。8 拍：跳成右脚屈膝支撑左脚收起，双手叉腰。

第 24×8：

1 拍：右脚屈膝支撑左脚跟侧点地，双手叉腰。2 拍：跳成左脚屈膝支撑右脚收起，双手叉腰。3 拍：左脚屈膝支撑右脚跟侧点地，双手叉腰。4 拍：跳成右脚屈膝支撑左脚收起，双手叉腰。5 拍：右脚屈膝支撑左脚跟侧点地，双手叉腰。6～7 拍：右脚屈膝支撑左脚跟侧点地，双手胸前击掌两次。8 拍：跳成立正位，双手叉腰。

第 25×8：

1～4 拍：双脚成立正位，左手自然下垂右手敬礼。5～8 拍：双脚成立正位身体稍向前倾，左手自然下垂右手成与人握手的姿势。

第 26×8：

1～2 拍：双脚成立正位，左手自然下垂右手指向对方。3～4 拍：双脚成立正位，双手手掌指向胸前。5～6 拍：左脚支撑右脚点地重心左移，双臂胸前抄手。7～8 拍：重心从左脚移向右脚右脚支撑左脚点地，双臂胸前抄手。

第 27×8：

同第 13×8。

第 28×8：

同第 10×8。

第 29×8：

同第 13×8。

第 30×8：

同第 12×8。

第 31×8：

同第 5×8。

第 32×8：

同第 7×8 第 8 拍立正。

第六章　学校快乐体操的创新策略与竞赛组织

我国提出体育强国战略，更加强调竞技体育和群众体育协调发展，要求广大群众积极参与体育锻炼。体操作为体育中的一个重要项目，面临群众基础薄弱、后备人才不足、选材困难等问题。少儿体操是体操的基础，快乐体操的出现对体操的健康发展具有积极的作用。本章围绕学校快乐体操的模块课堂教学策略、学校快乐体操的运动处方教学法运用、学校快乐体操竞赛的模式分析、学校快乐体操竞赛组织工作展开研究。

第一节　学校快乐体操的模块课堂教学策略

快乐体操课堂教学中可采用多种形式组织教学，采用启发式教育，运用生动的语言讲解。针对学生身体素质以及其他身体差异采用针对性教学手段。课堂中结合学生的特点提问，让他们思考回答，活跃气氛，提高学习兴趣，从而引导探究性学习。

一、借助多种途径提高体操课学习效果

第一，根据女生生理特征，把音乐、舞蹈、健美操引入课堂。女生们喜爱音乐舞蹈，以及健美操。所以，教师在准备活动时可以让学生练习健美操，在放松部分可以让学生随着音乐跳舞，既可以陶冶学生的情操，还可以提高学生欣赏美和创造美的能力。

第二，合理运用奖励机制，提高学习效果。在课堂中运用竞争特点，引入竞争练习。如学习双杠，运用奖励机制，有一种竞争心理，比一比谁学做技术动作

规范，并予以口头夸奖。那么可以在练习中比较自然地促进学生练习动作标准化。这样既可以提高学生的兴趣，还可以培养他们勇敢、果断的优良品质。

第三，加强课外辅导。学生在学习体操的内容过程中，如光靠体育课堂练习，要使每一个学生都基本掌握是比较困难的。青少年可塑性很强。教师在课后多与一些练习掌握动作技术较差的同学接触，并在课外活动时为他们辅导。如：在双杠"支撑后摆动转体180度成分腿坐"动作中，仔细分析摆动转体时，分腿失败的原因，让他们领会此动作练习的关键。这样就将课内不易掌握的部分在学校开展的课外活动中练习，练好后课中再提高动作质量。

二、构建和谐的师生关系

教师在体育课中不能呆板地说教，而是应主动与学生建立和谐的师生关系。对相对优秀的学生鼓励他们练习动作努力达到优美，同时可以激励他们出来为同学们做典范。可以由这类优生出来带领部分后进同学练习，使他们感觉到教师信任他们能掌握正确动作。绝不歧视后进生，更不娇惯优生，使他们感到教师与他们在课上是一个温暖的集体。相信后进生也能在学生中树立良好形象，更好地带动学生的学习积极性，提高体操课的教学质量。

三、及时做出评价与总结

农村中、小学里，体操教学设施简陋，无法满足教学和课外锻炼的需要；受中考项目的影响，导致不少农村初中的体育课（尤其是毕业班）仅仅局限于跑、跳、游泳等体育中考素质项目为主，大幅度削减体操、球类项目，使得体操课没有打下应有的基础；再加上农村学生，受家庭及社会环境的影响，胆子相对较小，自信心薄弱。为了改善这种局面，使体操课较好的开展，可以尝试提高体操课教学效果的方法。

四、消除学生上课的恐惧心理

体操练习，对力量、协调能力要求比较高，学生受到运动能力、心理素质的影响，易产生恐惧心理。例如，有学生看见单双杠就觉得紧张害怕；有的初次练习不成功或别人练习出现困难，就更加望而却步。通常可以运用下列方法以消除学生的恐惧心理，如：在双杠新动作练习时，对学生进行大胆、细心、泼辣、勇猛顽强的意志品质教育。有目的地选择鼓动性强的语言，鼓励他们振作精神，跃跃欲试，加强练习。

第一，改变练习条件。优美的练习环境，良好的器械设备，可以防止产生保护性抑制。教学多采用改变条件，加设辅助器材方法，降低难度，做"诱导性练习"，再逐步过渡到教材动作。比如，在双杠的左、右侧铺好厚的泡沫垫子；或者加强保护帮助的力度。

第二，灵活运用保护与帮助。练习中，为避免学生在第一次练习时失败，产生恐惧，逃避练习，可以先降低动作难度，由浅入深，循序渐进。出现错误动作时，教师就要及时分析"失误"产生的原因，找出对策。教师和学生要熟练运用保护帮助方法，并以热情负责的态度鼓励、指导学生，使学生产生一种安全感。同时也要教会学生互相保护及自我保护。并组织体育骨干进行保护，使学生放心练习。

五、强化基本功训练，提高身体素质

体操学习对力量、灵敏性、柔韧性、协调性等素质相对要求较高。教学中，常发现学生对体操动作的理解与接受能力差异较大，这与学生的身体素质有着密切关系，良好的身体素质是建立正确技术和技能的基础。因此，要特别重视学生身体素质和基本功的训练。如在准备活动中可以安排前、后、侧压腿，交换单腿跳等，加强柔韧及腿部力量；放松活动前可以安排俯卧撑、支撑等加强手臂力量的练习[1]。

六、全方面调动学生的学习积极性

教师在教学中，要使学生明确学习目的。根据体操项目的特性，在练习过程中，可以逐步形成健美的体型，为健康的身体打下坚实的基础。而学生的主要任务就是努力学好文化科学知识，并且有健康的体魄，才能实现自己的人生价值。而健康的体魄也是学习文化科学知识的基础。只有保证自己具有健康的身体，才能更好地深造学习，用知识武装自己，实现自身的价值。

总之，在快乐体操模块化教学中要始终提倡与实施快乐的教学与学习，在课堂上注意课堂氛围的把握，多鼓励学生，发现学生的进步。这样很有利于形成活泼、和谐的教学氛围，更有利于实现教学目标。

---

[1]　英士博（上海）体育管理有限公司.快乐体操教学指导手册（辅导员、初级教练员）[M].北京：人民体育出版社，2017.

第二节　学校快乐体操的运动处方教学法运用

在我国社会不断进步的同时，无论是我国高校的文化课教学还是体育教学都有着越来越大的意义。通过提升对于体操教学的重视，可以帮助我国学生身心健康发展，塑造更好的体态，同时提升学生的品味审美等一系列素质。但是目前学生自身的素质参差不齐，传统的体操教学方式存在一些弊端，使得体操教学质量一直处于有待提升的阶段，如何更好地提升体操教学的质量，成为我国体操教师共同思考的一项问题。

一、运动处方教学法及其优势

（一）运动处方教学法界定

运动处方最早是由美国生理学家提出的，其本质是一种通过体育来达到健身目的的方法。最初阶段，运动处方通常是由医院的康复医师等职业综合病人的身体情况以及检查结果，来科学的对其运动的种类以及强度进行规划，为病人提供时间、频率具有科学性的锻炼计划，同时向病人表明锻炼过程中的注意事项，以此来更好地提升病人的身体素质，帮助病人康复[1]。

伴随运动处方的不断完善，其被应用的范围也越来越广，在体操教学的过程中，运动处方教学法主要是指通过对每个学生身体素质进行了解和分析，从而分别对学生进行不同形式的教学，以此来更有针对性地对学生开展体操教学，有效地对学生的综合能力和身体素质进行提升，并且培养学生的自主学习能力和帮助学生养成锻炼身体的习惯，进而帮助学生更加健康、全面地发展。

（二）运动处方教学法的优势分析

优势一：有效地激发学生的学习兴趣。在学习任何知识的过程中，兴趣都是学生保持学习行为的重要原因之一。因此，通过提升学生学习的兴趣可以更好地帮助学生树立良好的学习动机。在进行快乐体操教学的过程中，为了更好地让学生对体操动作以及体操技能进行熟练的掌握，通常是需要学生进行多次反复练习

---

① 杨伟，陈思娜. 运动处方教学法在高校体操教学中的应用分析 [J]. 当代体育科技，2019，9（13）：85-86.

的，因此学生经常会感觉到进行练习非常枯燥，严重的时候甚至会产生对于体操学习的厌恶感。在这样的情况下，通过采用运动处方教学法，可以更好地帮助学生制定具有个性化的练习方案和学习方案，从而更好地激发学生对于体操学习的兴趣，这对于培养学生具有良好的学习动机是非常重要的。

优势二：有利于对学生潜力的挖掘。运动处方教学法与传统教学方法最大的差距在于运动处方教学法具有非常强的指定行和差异性。在应用运动处方教学法的过程中，教师会根据每个学生不同的身心特点以及实际的需求来更具有针对性地制定相应的教学方法。通过这样的教学方式，教师可以更有针对性地对不同的学生采用不同的教学手段，制定不同的任务要求，从而使学生在进行体操学习的过程中，可以获得最大程度上的效果。此外，处方教学法还可以对一些基础素质较差的学生进行良好的培养和锻炼，从而帮助学生更有效地发挥自身的优势，改善不足，从而最大限度地发掘学生自身的潜力。

优势三：构建良好的教学环境。在我国传统教学模式下，体操教学通常是采用大班授课的方式来进行的，在这样的过程中，学生之间的差异性并没有得到充分的发掘，使得一部分学生与教师的教学计划和教学目标存在的差异逐渐变大，最终导致学生自身对于学习存在厌烦、恐惧甚至抵触的心理，对于提升学生的综合能力和实现体操教学的目标是非常不利的。在这样的情况下，教师可以通过运动处方教学法让每个学生的能力和潜力都得到最大限度的发挥，更好地激发起学生学习和练习体操过程中的自信和满足感。与此同时，学生也可以充分感受到教师的关怀和尊重，因此对于培养学生的品行以及素质都有着非常大的帮助。通过应用运动处方教学法，教师变成了学生身边的引导者和提出建议的朋友，对于构建良好的教学环境是非常有利的。

优势四：促进教学效果的全面提高。在传统的体操教学过程中，教师在教学方法的选择上存在非常大的局限性以及狭隘性。这使得学生在学习的过程中经常会感觉到自身处于弱势的地位，让体操教学蒙上了强迫学生学习的阴影。在这样的情况下，我国体操教学的教学质量是非常难以提高的。但是通过应用运动处方教学法，教师可以快速地与学生拉近距离，通过给予学生更多的尊重以及针对性的教学规划，可以让学生更好地体会到教师的用心良苦和学习体操的乐趣，以此来更好地提升学生的自主学习能力和欲望。除此之外，通过运动处方教学法，教师还可以更好地满足学生的学习需求，提升学生对于教师教授内容的接受度，以此来更好地保证体育教学的质量。

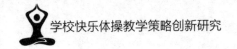

二、快乐体操教学中运动处方教学法的应用途径

途径一：转变教学观念。在应用运动处方教学法的过程中，教师的首要任务就是对于每个学生的基础素质和能力进行深入了解和有效的区分。由于目前我国学生的身体素质能力各不相同，对于体操的基础也存在很大的差距。在这样的情况，实行运动处方教学法是非常好的选择。快乐体操教师在进行教学的过程中，要及时转变传统教学思维的束缚，从而更好地针对不同的学生制定出不同的运动处方，以此来更好地提升教学效果，并为接下来的教学开展提供坚实的基础。

途径二：制定适应的教学策略。学生在体操方面的基础不同主要体现在身体条件、理解能力以及承受能力等方面，因此教师在应用运动处方教学法的过程中，必须要对学生进行全面深入的分析，这样才可以为学生提供更加适应学生需求的处方。教师在进行教学的过程中，要针对不同层次的学生有的放矢地开展教学。通过这样的方式，可以有效避免传统教学过程中的枯燥性和给学生较大的压力，从而更好地培养学生对于体操学习的兴趣，最终达到提升教学效果的目标。

途径三：制定适应的教学评价体系。在应用运动处方教学法的过程中，教师应该根据学生实际需求来针对性地制定教学方案，同时也应该针对性地进行教学评价体系的构建，通过这样的方式来让学生了解到体操学习不是负担而是一种培养，通过这样的方式来更好地提升学生对于体操学习的热情，以此来提升体操教学的质量。

第三节　学校快乐体操竞赛的模式分析

一、学校快乐体操竞赛及其类型

体操竞赛是体操教学与训练工作的组成部分，是检查教学和训练工作成效的重要手段，也是普及群众性体操运动和促进体操技术水平不断提高的有效途径。通过竞赛，可以宣传体操，鼓励少年儿童和各级学校积极参加体操训练，推动体操的普及和发展，可以培养和锻炼运动员的心理能力与坚强的自信心，可以培养和提高裁判员的水平。有计划的经常性的更为广泛的少年体操竞赛或体操节的普及，则是对国家体操后备力量的大检阅，对普及与提高我国体操运动技术水平具

有更深远的意义 ①。

体操竞赛的种类很多，根据它的主要目的、任务，可分为夺标竞赛与教学训练竞赛两大类。夺标竞赛以全面提高运动技术水平、夺取冠军为主要目的，竞赛均采用国际体操评分规则所规定的资格赛、团体决赛、全能决赛和单项决赛四种方式，依照国际体联体操技术委员会的动作规定，编排符合国际规则所要求的自选动作进行比赛。这类比赛主要有奥运会体操比赛、世界杯体操比赛、世界体操锦标赛、全运会体操比赛、全国体操锦标赛以及各类单项体操比赛等。教学训练比赛以检查教学训练效果，提高教学训练水平，锻炼、培养青少年体操队伍，选拔人才、发展苗子为主要目的。这类比赛均以国家体育总局审定的体操等级大纲、少年等级大纲或体操教学训练大纲为主要内容。这类比赛主要有全国体育院校体操比赛、全国业余少年体操比赛、各类教学邀请赛等。

二、学校快乐体操竞赛的项目与内容

男子体操竞赛项目包括自由体操、鞍马、吊环、纵跳马、双杠和单杠六项；女子竞赛项目包括横跳马、高低杠、平衡木和自由体操四项。在 1997 年规则修订以前的比赛中，竞赛内容通常有规定动作和自选动作两种。现在的重大体操比赛都只进行自选动作比赛，一些教学比赛则按照等级运动员体操大纲进行。

三、学校快乐体操竞赛的方式与计分

近年来国际、国内的大型体操比赛都是按照四种比赛的方式进行。第一种比赛是资格赛，男子要进行六项、女子要进行四项自选动作的比赛，每个队报 5 名运动员参加资格赛，其中 3 人上场，主要是决定参加团体决赛、全能决赛和单项决赛的运动员人选，取每项得分最高的前 3 名运动员的成绩，各单项的得分总和即为资格赛总分。第二种比赛是团体决赛，在资格赛中男、女各队总分前 5 名的队伍参加团体决赛，每队在各个项目上允许有 3 名运动员参赛，取本队最好的 3 个成绩计算成绩。第三种比赛是全能决赛，资格赛各项得分总和前 36 名的队员参加个人全能决赛，但是每个国家和地区最多只能有 3 名运动员参加全能决赛。第四种比赛是个人单项决赛，在资格赛中各单项成绩最好的 8 名运动员参加单项决赛，但是每个国家和地区最多只能有 2 名运动员参加某一单项决赛。

---

① 张婷.快乐体操竞赛模式的研究 [J].安徽体育科技，2016，37（02）：37-39.

第四节　学校快乐体操竞赛组织工作

一、制定竞赛规程

竞赛规程是举行比赛的指导性文件，是举办竞赛工作的依据，也是所有参赛单位和个人必须遵守的章程。规程应根据比赛的目的、任务和具体条件制定，一般由主办单位指定专人起草，送主管部门的领导审批。规程条文要明确、具体，文字简明准确，根据比赛的规模，规程应提前三个月或半年以至一年下达。

竞赛规程的内容应包括：

（1）比赛的目的和任务。例如：为开展或推广某项体操活动，交流经验和增进友谊而进行的友谊赛；提高教学训练水平与交流经验为目的教学比赛等。

（2）比赛日期和地点。应考虑到国际、国内、竞赛日程、场地、器械、交通、气候等条件，对比赛日期和地点的安排要尽可能符合本项比赛的要求。

（3）参赛单位。根据比赛的任务、规模和经费来确定参赛单位。

（4）比赛内容。比赛内容由主管部门根据比赛的目的来确定。

（5）参赛办法。①参加人数：明确各单位参赛运动员、教练员、领队、医生等名额。②参赛条件：明确男、女是否分场比赛，如果是同场比赛，则说明男、女人数的比例等。③缺赛人数的扣分规定：对于规定必须出满勤的比赛，对无故不参加比赛的人员要有明确的扣分规定。

（6）比赛办法。即对采用何种比赛方式，如何计分，成绩相等如何排列名次及比赛的顺序，本次比赛所用的评分规则等都要有清晰的说明。

（7）录取名次与奖励。根据参赛队的数量及主办单位的奖励条件，按一定的比例设立团体、个人和其他单项奖励名额。

（8）报名与报到。将报名单一式两份于赛前3个月分别寄到主办单位和承办单位，并要明确逾期报名扣团体或个人多少分。报到应有具体的日期、具体地点，应注明当时、当地的气温及裁判着装要求。

（9）其他。即有关裁判员的选派办法，仲裁委员会的人员组成和职责范围，以及比赛人员旅费开支，食、住标准等，未尽事宜由承办单位另行通知。

二、建立竞赛机构与部门

为了保证比赛的顺利进行,要根据比赛规模的大小建立相应的比赛组织机构。大型比赛应成立大会组织委员会;中小型比赛可由主办单位、承办单位、各参赛单位的领队及总裁判长组成竞赛委员会,并由竞赛委员会负责人召开领队等有关方面的联席会议。其主要内容有:比赛的场地及有关筹备工作情况的说明,竞赛规程和评分规则等方面的有关问题;比赛的顺序和试用场地的安排;有关比赛的问题的决定。

三、编印秩序册

在确定比赛顺序和比赛场次后,总记录组就要尽快编印秩序册,其主要内容包括竞赛规程、组委会或竞赛委员会、大会办事机构、仲裁委员会、裁判员名单、参赛单位、大会活动日常安排、竞赛日程或比赛顺序、比赛场地示意图等。

四、做好评分用具、比赛场地和器械等准备工作

赛前应设计和复印必要的裁判员评分表、比赛成绩记录表等竞赛应用表格;做好划场地、钉标记、安装音响设备等后勤工作;同时准备好必要的裁判评分用具。

五、组织裁判学习

赛前首先由总裁判长对裁判员进行裁判分工,然后,用 1 ~ 3 天的时间学习竞赛规程和评分规则,统一评分标准,到现场观看每个代表队练习并进行试评。

六、比赛与颁奖

为保证比赛顺利进行,大会与裁判组工作要协调配合,统一指挥,使比赛各队的进场和退场快而不乱,讲究艺术。为了确保记分准确无误和比赛紧凑进行,采用迟一宣布成绩的方法,即第二个队做操完毕退场时宣布第一个队的成绩,以下依此类推。比赛结束应及时当众颁奖,这不仅表现承办者的组织能力,也反映裁判工作公正准确。颁奖仪式应简短而热烈,以达到良好的宣传效果。

第七章 新时期我国快乐体操推广与创新

近年来，"快乐体操"作为一种全新的运动理念，得到了迅速发展。它将体操基础动作、音乐、游戏三者有机融合，提倡一种积极向上、愉快的、健康的锻炼方式。因此，对"快乐体操"的推广，既是对现有体操运动发展的进一步深化，也是我国大众健身、竞技体操发展的客观需要。本章内容包括新时期我国快乐体操的推广模式、快乐体操与幼儿小学教育的融合、快乐体操与相关产业的融合发展研究、体育强国背景下我国快乐体操的创新发展。

第一节 快乐体操的发展现状

竞技体育优先发展过程中出现了运动项目普及程度不高、后备人才规模萎缩等问题，这些问题在体操运动项目的发展过程中也在逐步突显，2008 年北京奥运会后，中国体操队总教练黄玉斌在多种场合下提出了改变中国体操的发展模式，积极倡导"快乐体操"的发展方式，中国体操队领队叶振南也表示体操进入校园才能解决目前体操后备人才匮乏的情况。2011 年，国家体操运动管理中心领导参加了英士博（Inspire Sports）俱乐部的启动仪式，英士博俱乐部快乐体操与英语口语结合的教学模式得到了国家体育总局及体操运动管理中心领导的重视。2014 年，国家体操运动管理中心制定了《全国快乐体操等级锻炼标准》，开始在全国推广快乐体操运动，并在北京国防大学八一科研所举行了全国首届快乐体操教练员、裁判员学习班，来自全国高校、中小学、幼儿园、社会培训机构的教师或教练员参加了培训，快乐体操推广及赛事活动正式拉开了序幕。

一、快乐体操的推广活动

（一）快乐体操的推出背景

　　快乐体操是在社会、国家对于体育新需求的时代背景下新推出的运动项目。学生体质健康水平持续下降引起了各方面对于校园体育的高度重视，2006年开展了"阳光体育运动"，在保证体育课堂教学的前提下，进一步丰富学生的校园体育生活，切实提高学生的体质健康状况。2009年，国家体育总局启动了校园足球运动，校园足球运动的开展既是"阳光体育运动"的内容，也是出于加强足球运动后备人才的培养，改变我国足球运动水平不高，更是出于解决足球运动与体育大国和奥运强国的国际体育地位不匹配的问题。"阳光体育运动"和"校园足球"的开展为解决学生体质健康的持续下滑起到了一定的作用，校园体育活动状况得到了改善，尤其是体育运动竞赛将学校体育与竞技体育进行了很好的衔接，对于缓解竞技体育与学校体育的长期分离状况起到了一定的缓冲作用，也引起了更多专家学者对于校园体育和竞技体育理论方面的探讨，反思了多年来竞技体育在完成"奥运争光战略"，为国家赢得国际地位的同时，暴露出来的运动员后备人才培养不足、运动员文化教育缺失、学校体育与竞技体育严重偏离等诸多问题，问题的反思促进了校园体育的进一步开展，提出了"体教结合"向"体教融合"等众多解决问题的思路、理念、观念等思想价值观的改变，让社会、学校、家庭重新认识了竞技运动与学校体育的不可分离性，竞技运动在校园内的开展，不仅能够完成学校体育的任务，增强学生的体质健康，还能丰富校园体育生活，为学生的全面发展奠定良好的基础，为国家培养优秀的竞技体育人才，引领全面健身的广泛开展，体育运动项目发展水平还成为影响体育产业发展的核心。

　　2014年习近平总书记在对中国足球的改革与发展的批示中提出了"改革创新、从娃娃抓起、从基层抓起、抓细抓实"，并提出"将足球改革同中央改革办一起研究"，这是国家领导人对于体育改革的"顶层设计"。2015年《中国足球改革发展总体方案》从"俱乐部建设与运营、竞赛体系和联赛体制、校园推广、社会普及、场地建设、人才培养、资金保障、组织领导"等方面提出了具体改革的目标，从中可以认识到体育运动项目的发展不是一个部门或者是几个部门能够解决的问题，足球的改革与发展是如此，其他运动项目改革与发展的过程中要学习中国足球改革与发展的经验，足球改革可以说是中国体育改革的试金石。篮球、网球相继与教育部门签署了协议，积极进行校园推广运动，体操也被教育部列入了校园开展的基础运动项目，体育部门应积极加强与教育部门的协作，制定体操校园推广的长效机制，为省市进行校园快乐体操的推广提供政策上的支持。

在体育强国建设、全民健身上升为国家战略、运动项目协会实体化以及体育产业化发展的社会大背景下，运动项目"软式化""教材化"促进了校园体育运动的开展，"娱乐化""亲民化"扩大了社会群体参与人口的规模，"产业化""市场化"为运动项目吸引了社会资本进入体育行业，这些改革的举措增加了运动项目可持续发展的能力。2015 年两会期间教育部将体操列为校园体育的七大重点项目；2016 年《关于强化学校体育促进学生身心健康全面发展的意见》出台，旨在切实解决学生的体质健康状况，强化学校体育工作，发挥学校体育在教育中的重要地位，并对体育课和课外锻炼、训练和竞赛体系、学校体育保障等方面提出了具体的要求。学校是运动项目后备人才建设的源泉，以中国足球为引领的校园体育普及活动，促进了众多运动项目积极进行校园普及，运动项目协会与教育部学生体育协会积极合作进行校园推广。

（二）快乐体操走进校园活动

快乐体操运动推出以后，依托快乐体操赛事、校园体育展示等活动，借助高校、社会团体、体育企业公司等力量，在幼儿园、小学校园、社会培训机构等得到了很好的发展。2014 年北京市启动了高校等参与小学体育美育发展工作（简称为"高参小"），众多高校参与了"高参小"活动，为小学体育教育提供了很好的教学资源，北京体育大学、北京联合大学等学校为签约小学送去了"快乐体操"等体育资源，高校为签约小学制定了快乐体操的教学计划及实施方案，帮助小学开展丰富多彩的快乐体操社团活动，进行师资队伍的培养，为快乐体操的持续发展提供人力资源方面的保障。2015 年，国家体育总局体操运动管理中心与中国妇女活动中心达成战略合作协议，进行快乐体操运动的推广活动。2016 年，山东省组织的首届快乐体操比赛中，山东省关心下一代工作委员会参与了活动的开展。2017 年，中国妇女活动中心在广西等省市进行了快乐体操的推广，授予广西妇女儿童活动中心"健康动起来"快乐体操体验中心称号。2017 年的快乐体操举行了 7 站分站赛，中国体操协会在全国分站比赛的举办地均举行了小学校园、幼儿园的推广活动，全国赛事的举办吸引了更多的小学、幼儿园参与快乐体操运动。中国体操协会在全国各地积极进行快乐体操的推广活动，省市体育局也积极筹办快乐体操赛事，推广快乐体操运动。2017 年，在北京市海淀区体育馆举办了北京市中小学生健美操、啦啦操、快乐体操比赛，参赛的小学中有很多都是"高参小"活动的受益单位。众多的高校体操专业教师加入了快乐体操的推广活动来，如北京体育大学、武汉体育学院、北京联合大学、上海大学等，在推广快乐体操运动中起到了重要作用，但是如何进一步发挥高校在快乐体操推广中的作用，更应该充分发挥体育学院教学、训练、科研"三位一体"的育人模式和资源优势，健全高校参与快乐体操推广的运行机制，保障参与快乐体操推广教师的利益，使更多的体操方面的专家、教授参与。儿童健康一直受到众多社会团体的关注，快乐体操对于儿童健身价值得到了众多社会团体的认可，众多社会团体积极参与到快乐体操的推广中。

社会体育培训机构在快乐体操的推广中发挥了重要作用，北京智禾诚青少年体育发展中心与国家体育总局体操运动管理中心、中国体操协会签署了协议，负责运行全国快乐体操比赛，积极宣传快乐体操，招募合作伙伴与承办赛事。快乐体操赛事的承办吸纳了众多的体育培训机构，参与赛事的培训机构主要是少儿体适能、文化教育、体育培训、儿童体育乐园等，参与快乐体操赛事能够提高社会知名度，吸引更多的少儿参与体育运动，同时也丰富了培训机构的内容，有利于培训机构塑造自己的品牌。

体育总局体操运动管理中心在 2016 年对快乐体操俱乐部进行了统计，共接到 25 家俱乐部的采集信息，体育总局体操运动管理中心给予了参与注册的快乐体操俱乐部购买器械一定折扣的优惠政策。从公布的注册统计信息来看，快乐体操俱乐部主要来自北京、上海、福建等 15 个省市自治区，遍布全国各地的快乐体操俱乐部必将引领本地区的快乐体操运动的普及，带动全国各地快乐体操俱乐部的蓬勃发展。2017 年国家体育总局体操运动管理中心公布了第一批快乐体操试点幼儿园和小学名单，北京、上海等省市的 73 所小学、幼儿园获得了试点单位的荣誉称号。

快乐体操的推广是依托全社会力量来进行的，社会机构和市场机构积极参与了快乐体操的推广与市场开发，国家体育总局体操运动管理中心和中国体操协会积极鼓励和引导了社会民办体育培训机构、少儿体育培训机构参与了快乐体操的培训业务，也在积极引导、帮助已经开展快乐体操运动的市场化的机构更专业、更规范，围绕快乐体操的市场开发打造民间的、市场化的快乐体操品牌培训机构。英士博体育是进入我国少儿培训市场的首家快乐体操培训机构，在快乐体操的推广过程中发挥了很好的示范作用，将全新的快乐体操培训理念带入了中国，2014年、2015 年连续举办了快乐体操教练员培训班，其他少儿体育培训机构也纷纷加入了快乐体操的培训中，更多的少儿教育培训机构也在尝试将快乐体操的元素融入教学中，诸如感统训练培训、小小运动馆、少儿体适能培训等。儿童培训市场的巨大潜力吸引了更多的资本进入，快乐体操在推出之前就具有浓厚的商业色彩，使我们认识到体操运动不仅仅能在奥运赛场上争金夺银、展现运动员的能力，也具有很大的市场潜力，是能够在社会上普及的。快乐体操运动推出后，一些俱乐部、运动馆等参与到快乐体操运动的推广中，通过宣传快乐体操运动的健身价值，吸引了更多的儿童参与，从而提升运动馆、俱乐部的社会影响力，一些比较成熟的培训机构也结合自己的课程开设了快乐体操课程或综合性课程，对于快乐体操的健康发展提供了更好的理念。

（三）快乐体操的赛事活动开发

快乐体操赛事的规模在不断扩大，参与的儿童和家长数量越来越多。2014年、2015年在广州市花都区体育馆，国家体育总局体操运动管理中心和中国体操协会连续主办了两届全国快乐体操比赛。2014年，来在山东、湖北、广西等12个省市自治区以及香港特别行政区的40支代表队的363名运动员参加了比赛。2015年，来自全国11个省市及香港特别行政区的27个代表队参加了。2014年、2015年快乐体操比赛的举行，可以说国家体育总局体操运动管理中、中国体操协会在推广快乐体操的过程中，积极探索快乐体操比赛的模式，通过比赛来扩大快乐体操的社会影响力。2014年、2015年快乐体操承办单位从政府承办向社会承办转变，将赛事委托社会赛事公司举办，充分发挥市场在赛事开发中的优势，挖掘快乐体操比赛的市场潜力，打造快乐体操赛事的赛事品牌。科学的运行机制的建立能够很好地保证快乐体操赛事的正常运转，通过舆论宣传扩大社会影响力，吸引更多的少年儿童参与比赛，提供良好的制度保障，从而产生快乐体操赛事发展的动力，保证赛事能够健康的、良好的、持续的运行下去。2016年、2017年快乐体操比赛主办单位没有变化，赛事由北京智禾诚青少年体育发展中心推广运营，2017年共举办了7站分站赛和全国总决赛，共有来自147个参赛单位的1800名儿童参加了比赛，其中参赛幼儿园72家，757人；参赛小学28所，学生382人；社会团体45个，参赛771人。目前的参赛主体还是幼儿园儿童为主，报名参赛的幼儿园达到了72家，这还不包括社会团体或培训机构组织的参赛队伍，社会团体的参赛队伍中学前儿童所占比例较大，参赛的社会团体主要以教育培训机构和体育培训机构为主。

快乐体操的赛事开发能够很好地推动快乐体操在幼儿园、小学的推广，目前的赛事内容开发不够，赛事的运营没有达到运动项目推广预期的效果，赛事的规模、赛事的赞助、赛事的市场开发、赛事的媒体关注度等都需要进一步提升。规模赛事的主要赞助企业是快乐体操器械生产厂家，2017年赛事的赞助企业为西安快乐优能体育文化传播有限责任公司、2018年赛事的赞助企业为山东康纳斯体育器材有限公司，主要提供全国快乐体操分站赛和总决赛所需的全部器械，并承诺赛后将器械以较低的折扣销售给参赛单位。2018 年全国快乐体操分站赛将在 9 个省举办 10 站，比 2017 年增加了 3 站，其中广东省举办两站比赛。

（四）快乐体操的师资队伍培养

快乐体操运动推广以来，中国体操协会组织专家编写、出版了《〈全国快乐体操等级锻炼标准〉教法指导》，详细介绍了快乐体操每个动作如何进行学习，并录制了《全国快乐体操等级规定动作演示视频》等音像资料在网站上进行了发布，便于从事快乐体操教学的指导和学习。中国体操协会还组织了多批快乐体操教练员、辅导员的培训，在社会上引起很大的反响，为快乐体操的推广培养了大批师资力量。快乐体操教练员、辅导员培训班从 2014 年、2015 年国家体操运动管理中心、中国体操协会主办逐步扩大到省市体操运动管理中心或体操协会进行主办，全国、省市以及地区举办的快乐体操培训班，培养了大批的快乐体操师资力量，从参与培训的人员构成来看，主要来自幼儿园、小学以及健身俱乐部的教师或者教练员，培训合格后颁发了统一的全国快乐体操教练员或辅导员证书。教育部门作为学校、幼儿园的管理部门，在体育运动项目的推广中起到了重要的作用，获得教育部门的支持到幼儿园、学校中推广快乐体操运动，将会更好地促进运动项目的发展。快乐体操师资培训班主办单位从体育系统向体育系统与教育系统联合主办过渡，2017 年陕西省体育局、陕西省教育厅联合举办了快乐体操师资培训班，禅城区教育局委托佛山市体操协会举办快乐体操师资培训班，说明国家体育总局体操运动管理中心推出了快乐体操运动项目的价值逐步得到了教育系统领导或者教师的认可，运动项目在教育系统内得到了认可将为运动项目的推广提供强大的推动力，毕竟幼儿园、小学的主管单位是教育部门，在教育部门内推广运动项目必须要得到教育部门的重视，中国足球的校园推广就是在国家体育总局推出、培育后得到了政府及教育部门的重视，教育部体卫艺司在全国范围了广泛推广校园足球，校园足球已经成为中小学校园体育的重要内容，针对 3 ~ 12 岁儿童推出了快乐体操运动价值得到社会、政府、教育部门的认可后，必将会迎来大的发展。

快乐体操教练员辅导员的等级如下：快乐体操高级教练员——快乐体操中级教练员——快乐体操初级教练员——快乐体操辅导员，辅导的内容主要以快乐体操的教学设计和动作实践为主，2015 年组织的培训中，还加入了基本动作模式、生物力学、安全保护等内容。从动作发展的角度来进行快乐体操的教学符合儿童健康成长的需要，能够增强幼儿园教师的教学能力，将快乐体操的动作构成设计成形式多样的运动游戏能够很好地丰富幼儿园教学的内容体系。国家体育总局体操运动管理中心公布了第一批快乐体操试点学校、幼儿园，组织试点学校、幼儿园教师进行免费的教学培训活动，提升教师的快乐体操教学水平，成立了快乐体操推广小组到各省市进行快乐体操的推广，对于运动项目的发展起到了很好的促进作用。省市体育局体操运动管理中心也积极配合、进行快乐体操运动的幼儿园、校园的推广活动，部分地区、省市开展了体育与教育部门联合推广运动的形式，获得了很好的效果，获得教育部门的支持，对于快乐体操运动的校园推广至关重要。

二、快乐体操的发展环境分析

快乐体操是基于我国社会发展的大背景下推出的针对 3 ~ 12 岁儿童的运动项目，影响运动项目发展的因素来源于社会的各个方面，既有社会、国家层面的，也有学校、幼儿园层面的，增强身体健康、促进全面发展使得更多儿童参与快乐体操运动，良好的社会环境对于快乐体操的发展提供了良好的政治、经济、文化、科技等方面的外部因素，幼儿园、学校、家庭、培训机构等基于不同的利益需求，也在积极参与到快乐体操的发展中来，从不同的层面来推动项目的发展。通过快乐体操所处的政治经济、社会文化、科学技术等诸多因素的探讨，能够很好地分析快乐体操运动的发展中的优势与障碍，从而提出发展的新的思路。

（一）政治法律

党的十八大以来，新一届中央领导集体做出了全面深化改革的重要部署。党的十八届三中、四中全会掀起的社会深化改革之风激荡起了体育领域改革发展的大潮，竞技体育取得了里约奥运会金牌榜第三的骄人成绩，全民健身项目也成为天津全运会的竞赛内容，全民健身与竞技体育并行发展的局面初步形成，《"健康中国 2030"规划纲要》的颁布实施为全面健身的广泛开展注入了活力，形成了全民健身的大好局面，商业性群众性体育竞赛审批权的取消，进一步丰富了全面健身的活动内容，"马拉松"等群体性活动在全国各地如火如荼地开展。为了更好地促进体育产业的快速发展，相继出台了《关于加快发展体育产业促进体育消费的若干意见》等一系列文件。"体育＋大数据""体育＋智慧互联""体育＋绿色发展""体育＋大健康"成为体育产业发展的新增长点，积极培育体育品牌，打造体育精品，市场成为调节体育发展的主旋律。

适应国际国内新形势，体育系统也在积极进行内部治理，不断提高治理的现代化法制化程度，满足社会对于体育治理的期待与需求。群众体育发展滞后、竞技体育集体项目与基础项目竞技水平待提高、体育产业发展刚起步等问题函需在社会治理中需求解决，运动项目协会实体化成为体育治理的"试金石"，国家相继出台了若干改革意见和方案，顶层设计加快了体育内部治理的速度，中国足球协会成为第一个与国家体育总局运动项目管理中心脱钩的试点协会，运动项目协会的实体化将积极探索运动项目发展的新模式。在国家治理现代化、法制化的进程中，体育系统的治理水平将会迎来新的发展，我国体育必将实现"政府管理向公共治理"的现代化迈进，以全民健身、竞技体育为核心的体育产业将在国家产业发展中占据更大的比重。

2018 年，《马拉松运动产业发展规划》《自行车运动产业发展规划》《击剑运动产业发展规划》等文件相继出台，都是国家体育总局牵头，和其他部委多门联合下发的文件，为马拉松、自行车、击剑等运动项目产业化发展提出了具体的发展方向和保障措施，将有力促进运动项目的发展。快乐体操运动推出 4 年来，作为中国体操协会的体操运动产业化发展的试金石，抓住了具有 2 亿儿童的"童发市场"，市场的潜力巨大，应该及时的出台具有引领性的文件，为快乐体操的发展提供政策保障。

国家体育总局早在 21 世纪初就提出了从"同构"到"脱钩"的全国体育社会组织的改革目标，探索体育组织的去行政化改革。党的十八大提出了构建"政社分开、权责明确、依法自治"社会组织体系，国家体育总局在市场化、普及性、群众性基础好的项目上率先进行了改革，如 2016 年中国足球协会与足球运动管理中心率先脱钩网，2017 年足球运动管理中心正式注销。国家体育总局在进行改革时实行了"自收自支""差额拨款""全额拨款"的分类管理的方式，体操被认为是市场化运作条件的运动项目，体育总局体操运动管理中心也制定了"五位一体"的"大体操"战略，积极推广艺术体操、健美操、啦啦操、排舞等运动项目，快乐体操也是"五位一体"战略的重要组成部分，全国性体育社团的治理已经起步，改革势在必行，如何抓住历史的发展机遇，积极进行改革的探索与尝试，积累改革的经验，加快改革的步伐。党的十八以来体育总局积极探索体育行政管理体制改革，经过多年的改革形成了目前的社团型、项目事业型、项群事业型等三种类型的体育协会，体操运动管理中心也是首批成立的运动项目管理中心，应该划分为项目事业型，体操运动管理中心、中国体操协会也在积极推动，也在为体操运动的发展集聚社会和市场资源，夯实体操项目的社会和市场基础，快乐体操就是在此背景下，依托社会和市场创新发展的尝试，积极进行体操项目的普及与推广，进行体操项目产业的培育与发展，积极引进社会资源和市场资源，将体操与群众体育尤其是少儿体育融合，改变体操运动与群众体育脱离发展，体操产业发展滞后的问题。

（二）社会文化

社会文化对于体育产业或者运动项目发展的影响是复杂的，在特定社会文化背景下人们形成的价值观念、行为习惯等都会影响消费观念、消费需求、购买行为、购买欲望等，社会文化对于体育产业发展的无形的影响是巨大的。目前学前教育阶段、小学阶段学生的家长大都是"80后"的年轻一代，都接受过良好的教育，文化程度相比以前更好，对于体育的认识以及对于儿童的培养问题上，更多地关注"全面成才""全面教育""全面发展"，对于儿童健康成长的重视程度较之以前有很大的改观，培养孩子的体育兴趣、为孩子购买体育服务的欲望更加强烈，在自己对于健身体验与运动参与的影响下，也会积极培养孩子们的运动参与兴趣，受到文化背景及知识储备的影响，对于运动项目的选择也更加理性和科学，这对于快乐体操的发展来说影响是巨大的，快乐体操在发展的过程中应积极传播健身、教育、娱乐等价值，让社会及学生家长认识到快乐体操运动本身的价值，从而吸引更多的儿童参与到体操运动中。

国家体育总局发布的《2014年全民健身活动状况调查报告》显示，在20岁及以上人群中，人均消费为926元，与2013年我国居民人均体育消费为645元相比，提高了43.57%，充分说明居民健身的需求越来越大，对于健身的认识在不断提高，20岁以上居民的体育消费水平提高、消费认识的转变将会对儿童产生巨大的影响，1985年实行计划生育的一代人现在已经或正在成为家庭的主要成员，这一代人的是体育消费的主力军，加上2015年放开二胎政策，我国人口的出生率将会增加，儿童的健身市场将会是一个巨大的缺口。快乐体操在如此背景之下开展，针对的人群正是3～12岁的人群，这些儿童的家长基本上都是80后的一代，父母对于身体健康的追求高于以前，家长也积极参与社区或者健身俱乐部锻炼，社区的全民健身路径的器械与快乐体操的器械的相关性很高，健身路径器械的影响也让家长认识到体操运动对于健身的积极作用，更加上越来越接受和认识到体质对于孩子以后发展的重要性，更加重视运动促进健康的重要性，因此说儿童的健身需求将成为推动快乐体操产业发展的内在驱动力。

（三）科学技术

研究与试验发展（R&D）经费投入水平是衡量一个国家科技投入水平的重要指标，也反映了一个国家的科技实力和核心竞争力。据国家统计局等发布的《2013年全国科技经费投入公报》，2000年，我国国内R&。总支出为896亿元，占当年 GDP 的 1.0%，2012 年我国 R&D 经费总量突破万亿大关，2013 年 R&D 投入强度首次突破2%，"十三五"规划（2016—2020 年）中计划 R&D 投入强度到2020 年提高至 2.5%。我国 R&D 经费虽有所增长，表明我国科技实力不断增强，与美日等发达国家的差距进一步缩小。国家科技投入方面的增加，带来了体育、教育等方面的飞速发展，现代科学技术渗透到体育、教育的各个方面，科学技术的进步也带了体育器械、教学仪器的飞速发展。

科学技术及先进器械的出现，体操动作技术的难度不断提高，体操动作的创新与发展一直在超越人体的极限，50 年代左右及其以前新出现被国际体操联合会认可的动作是 42 个，60 年代为 96 个，70 年代为 402 个，80 年代为 711 个，90 年代为 804 个，从统计数据可以看出，被国际体操联合会认定的新动作在 20 世纪 70、80 年代达到高峰，就单个动作来说，20 世纪 50 年代水平腾跃是跳马的潮流动作，60 年就出现了前手翻、前手翻接前空翻，到了 80 年代就是跳起转体前手翻转体动作，自由体操项目在 50 年代以前是团身前空翻一周，很快直体后空翻转体、直体后空翻转体720、团身后空翻2周等成为体操竞赛中的潮流动作，体操动作难度的发展与体操器械的技术进步有不可分割的关系，但对于人体极限的挖掘已经超出了社会大众的想象力。动作技术的发展离不开先进器械制造水平的提高，新型材料的使用对于体操的发展起到了历史性的改变，海绵取代了沙坑和木屑，使运动员在练习过程中身体与其他器械或者地面的接触不再发生危险，新型材料的体操垫的弹性、韧性更加适合运动员的练习，为运动员展现高超的技艺、优美的动作提供了更好的条件。自由体操弹簧场地的使用，增加了运动员完成动作的可能性，使运动员完成同样的动作变得更加简单。

技术的发展也带动了对于幼儿健康发展的研究，脑科学、神经科学的先进为研究儿童的动作发展带来了新的方法与手段，儿童动作发展的研究成果显示3 ~ 6岁儿童时期的动作学习非常关键，掌握动作技能的数量和质量将会影响后期发育的体育运动技能的掌握，研究成果为儿童动作教学，完成动作发展的目标提供了坚实的理论依据，动作发展、动作学习、动作控制成为动作科学的三个研究领域，主要研究儿童动作产生、完成的影响因素以及因素之间的关系。

三、快乐体操发展存在的问题

国家体育总局体操运动管理中心、中国体操协会在体操运动的发展方面做了大量的工作，特别是在体育强国、健康中国建设的背景下推出了快乐体操运动，制定了快乐体操等级锻炼标准，普及体操运动，在快乐体操运动的发展过程中，我们也应该做好顶层设计，为快乐体操的发展积极争取更好的环境，争取其他部门、社会团体等的大力支持，快乐体操进入校园、进入幼儿园推广与普及需要获得教育部门的支持，幼儿园活动中开展快乐体操运动还要征得家长的支持，快乐体操的发展同样离不开文化、工商、税务等部门的协调配合，体育制造装备业在快乐体操器械的研发与制造方面，国家能够给予什么样的财税支持也很重要，同样体育产业公司在快乐体操市场开发、赛事产业运作方面也需要获得文化等部门的支持，国家体育总局体操运动管理中心、中国体操协会在快乐体操的推广与普及方面取得了一定的成绩，积累了一定的经验，但也暴露出了后继乏力的问题，因此仅仅依靠单一方面来推广快乐体操将会产生动力不足的问题，应该积极协调教育部门、文化部门等部门，形成部门联动机制，共同推动快乐体操的发展。

（一）快乐体操顶层设计有待加强

《全国快乐体操等级锻炼标准》是快乐体操运动的基础蓝本，动作内容、等级标准是否科学合理和被家长认可影响了运动的开展情况，《全国快乐体操等级锻炼标准》2016 年版本是由国家体育总局体操运动管理中心、中国体操协会组织竞技体操训练方面的专家和北京体育大学体操教研室的教师组成的团队进行设计，从中小学、幼儿园、俱乐部的调研来看，普遍反映"动作的选择设计不算合理，为了与竞技体操区别而选择了最简单的动作"。《全国快乐体操等级锻炼标准》作为运动发展的指导纲要，针对 3 ~ 12 岁儿童进行推广与普及，涉及幼儿园、小学两个层面的教学与训练，应该集聚全国体操、幼儿教育、小学教育、动作发展、儿童健康等多个专业方面的专家学者进行设计，而不是简单地将竞技体操的动作简单化或者体操动作的简单堆砌。快乐体操俱乐部等商业机构根据市场的需求，聘用科研院所、高等院校甚至境外专家进行快乐体操课程的开发。

国家体育总局体操运动管理中心、中国体操协会作为快乐体操运动推广的主要单位，在运动项目推广中存在着设计不足的问题，"顶层设计"的不足如下：《全国快乐体操等级锻炼标准》的制定和颁布缺少参与运动者如何颁发相应的运动等级证书，运动等级证书颁发的详细规定没有同时出台，快乐体操教练员、辅导员培训工作开展很好，但对于教练员、辅导员证书的含金量设想不够，没有纳入社会体育指导员等级证书体系中，教育部将体操作为校园体育的七大项目之一，国家体育总局 2018 年体育后备人才建设中却将体操排除在外，体操作为基础运动项目，跨界跨项为跳水等运动项目输送人才，存在着体育系统对于体操基础项目的价值认知程度以及体操内部自身改革的力度不够的问题；快乐体操的推广没有获得教育部门的充分认可，与教育部管理学前教育、小学体育等部门的沟通与协调不够，没有获得教育部门很好的支持，更没有与幼儿园、小学教师的"国培计划"衔接，在一定程度上限制了校园推广活动。

（二）快乐体操发展的动力不足

快乐体操发展动力的来源可以分为原动力、驱动力，动力是推动快乐体操发展的最根本的动力，体育总局体操运动管理中心、中国体操协会推动快乐体操发展是为了解决体操参与人口的基数的问题，而社会学校家庭等参与快乐体操运动关注的是儿童的健康成长，那么从根源来说儿童的健康全面发展的需求是快乐体操发展的原动力。儿童由于年龄偏小等自身的客观限制，外界的因素影响将会为了实现各自的目标制定相关规划或采用一些激励手段，发挥能动性、主动性来实现。原动力是快乐体操发展的根本动力、内在动力，驱动力是外部动力。根据动力主体，快乐体操发展的动力还可以分为个体、群体、组织动力；根据推动快乐体操发展的动力构成内容，可以分为物质、精神、制度动力；在推动快乐体操发展的过程中，必然也会遇到阻力，根据动力的性质分正、负动力。根据快乐体操发展动力的不同作用方式可分为直接、间接动力。快乐体操发展的动力系统中，儿童、父母、教师所产生的动力可以理解为直接动力，对于推动快乐体操的发展起到了关键作用。所谓快乐体操发展的间接动力对于快乐体操的发展意义也非常重要，比如快乐体操所处的政治、经济、文化、科技等宏观环境，幼儿园、学校、培训机构等中观环境以及家庭等微观环境对于快乐体操发展的影响就是间接动力，推动快乐体操发展的直接动力和间接动力可以相互转化、共同作用、相互影响，共同推动快乐体操的发展。

基于发展动力的分析可以看出，国家层面对于健康的重视、家庭对于儿童健康的重视必将推动健康产业的发展，快乐体操练习对儿童健康的促进作用，会逐步得到国家和家庭的重视，关键是如何给予科学理论的支撑和验证，让社会、家庭认识快乐体操的价值；国家体育总局体操运动管理中心、中国体操协会在积极推动快乐体操项目的发展，但在凝聚社会各方力量方面不够，体育器械生产厂家目前是运动项目推广最大的推广资本力量，社会资本的投入不足也限制了运动项目的发展。

（三）快乐体操赛事内容相对单一

体育赛事是一个新兴的行业，是体育运动发展到一定阶段后，充分发挥运动项目的商业功能，利用运动项目的商业价值进行了商业化、市场化的运作方式，在推动运动项目开发过程中使投资者获得一定回报的过程，成为体育产业的组成部分。快乐体操出现之初便充分考虑了项目开发的市场潜力，抓住了市场的需要，快乐体操赛事是由中国体操协会依托商业团体组织比赛，满足社会对于健身、休闲、娱乐的需求，以及由比赛衍生的附属产品组成的赛事行业，其核心是快乐体操的比赛，经费来源是赛事参与者的消费活动。快乐体操赛事的运行机制一方面要遵循体育赛事运行机制的共有特性，即内部各要素要受制于社会环境中的国家制度、体育体制，另一方面又有其相对特殊或独立性，有其独特的模式，并可细分为小的运行系统。解析快乐体操赛事的运行机制构成的因素，分析各构成要素的功能，才能很好地了解结构与功能之间的联系，发现赛事运行过程中的优势与不足，为进一步进行市场开发提供科学合理的建议。快乐体操赛事的举办塑造了快乐体操的品牌形象，改变了过去以竞技为主的比赛形式，参赛人群也发生了更大的变化，不再是以体校运动员为主，而是以幼儿园小朋友、小学在校学生、家长为主要参赛对象，尽可能使更多的人群参与比赛。快乐体操全国比赛采用了依托运营公司操作，采用分站赛和年度总决赛的比赛承办招募的形式，社会团体等积极参与到赛事的承办中，丰富了比赛的形式，比赛目的地也在悄然发生着变化，从专业的比赛场馆进入了购物中心、广场，随着参与人群的进一步扩大，赛事目的地将在风景区、体育特色小镇等举办。

快乐体操赛事自举办以来，全国分站赛的竞赛形式初具规模，省市级竞赛也在逐步开展，但是也存在：竞赛内容较为单一，赛程安排还有提升的空间，需要针对幼儿、小学生设计不同形式的竞赛内容，幼儿竞赛以参与性和娱乐性为主、小学竞赛以娱乐性和竞技性为主的竞赛性质不明确，幼儿园、小学竞赛衔接不顺畅，小学竞赛没有纳入学校体育竞赛体系中，仅有全国分站赛的一种形式；2018年全国体操冠军赛参赛单位已增加了"俱乐部、学校"，但学校体育竞赛与群众体育竞赛、学生体育竞赛与专业体育竞赛的需要进行有效的联通；赛事商业化运作处于起步阶段，没有进行有效的赛事开发，赛事价值没有得到充分的体现，赛事运营的管理层次比较低，赛事目的地的选择也有需要改进的空间。

（四）快乐体操宣传力度有待加强

媒体的宣传报道，使体操处于尴尬的境地，尤其在新媒体时代，体操的负面宣传影响更加深入。1998年在美国举行的友好运动会上我国著名运动员桑兰的受伤事件以及后期的对于赔偿的跟踪报道，应该是新闻媒体对于体操运动有影响力的负面宣传的开始，也在一定程度上影响了体操参与人口，使具有划时代影响的李宁等的体操正面宣传形象一落千丈，使社会、家长形成了体操是危险的运动项目的认知。体操运动员张尚武卖艺乞讨的追踪报道，使社会大众对于体操运动员退役后的社会适应能力产生了疑问，认为体操运动员选材年龄早，文化教育薄弱，使运动员退役后无法融入社会生活。

　　"体操是危险的运动项目""体操运动员没有文化""体操运动员退役后无法生活"等的影响力是巨大的，新闻报道一是混淆了体操与竞技体操的区别，二是将个别现象作为普适规律来报道，类似的新闻报道对于体操项目发展的影响是巨大的，直接影响就是学校体育中的体操教学内容，因为"不安全"的因素，让学校领导、体育教师在教学内容的选择上不断缩减，甚至出现了学校中单杠、双杠等体操器械的消失，而平衡木、跳马等器械存在仓库而不使用。负面报道对于家庭的影响力更是深远，再加上我国实行计划生育政策，家长认为参与体操运动影响孩子的学习和将来的发展，而不再允许孩子参与体操运动。学校、家庭、社会对于体操的错误认知，直接导致了体操参与人口数量的滑坡，体育运动项目的多元化选择对体操运动普及的冲击。《全民健身计划纲要》的颁布实施掀起了全民健身的高潮，一些新兴的运动项目开始进入社会大众的视野，成为健身运动的手段，对于学校体育的改革也产生了深远的影响。

　　快乐体操的文化要素主要是体操健身和教育价值的体现，充分展现体操在我国儿童体质健康下滑，各种城市病、网络病困扰下，通过参与体操运动激发儿童从事运动的兴趣，通过运动参与达成增强体质、培养体育爱好的目的。快乐体操品牌的塑造过程不是一朝一夕的事情，改变多年来我国体操以竞技为核心、以金牌为导向、高难动作创新为生命在社会大众中形成的惯性认识不是一件简单的事情。快乐体操推出后积极进行品牌塑造和校园、社会推广，体操界的冠军也参与到快乐体操的推广中，全国政协代表邹凯也在两会中积极宣传快乐体操，但是作为一项新兴的运动项目，借助于社会化、市场化手段宣传方面还有一些欠缺：品牌的营销和优化力度不够，新闻媒体在宣传快乐体操方面的力度较小，快乐体操运动的宣传与器械生产厂家的宣传没有很好地融合在一起，赛事宣传报道力度不大，没有邀请或者引起更多新闻媒体的报道；校园推广活动中，没有形成特色，体操明星的效应没有得到很好的体现，教育部将体操作为学校体育的重要内容，校园推广中如何获得学校领导、教师的认可，将快乐体操设备纳入小学必备采购目录中，改善学校、幼儿园的场地设施，将会更好地促进校园推广。

四、快乐体操的未来发展思路

　　梳理快乐体操发展的历程可以看出，快乐体操作为体操运动的发展过程中出现的为适应社会发展而出现的一项新运动，在发展的过程中不断拓展发展的边界，以快乐体操运动项目为基础，针对 3 ~ 12 岁的群体不断扩展运动项目参与人群的边界，将儿童整个家庭纳入运动项目的发展中，拓展了运动项目的参与人群的数量与规模，快乐体操运动的开展范围不仅局限在特定的训练比赛场地，在幼儿园、小学校园、体育俱乐部等也得到了很好的开展，快乐体操运动的推动不再仅仅依靠体育部门的力量，教育部门、社会团体、企业公司等也成为推动快乐体操发展的主要力量，快乐体操的体育属性也得到了扩展，更成为教育的重要手段，我国体育产业的起步较晚，但是在发展过程中与相关产业的融合态势速度较快，形成了体育旅游、体育传媒、体育养老等新业态，快乐体操运动的推广与社会资本的运作密切联系，成为产业发展的内容，打破了制造产业、文化产业、休闲娱乐业的界限，与这些产业共同发展。

（一）快乐体操的跨界融合理念

国家体育总局体操运动管理中心、中国体操协会要积极向"服务型"政府转变，为快乐体操运动项目提供优良的发展环境：一是要抓资源配置和氛围营造，提供科学合理的快乐体操锻炼内容和竞赛内容，积极发挥市场的调节性作用，培育参与快乐体操运动的消费主体；二是要为快乐体操产业的市场主体服务，培育与吸纳大批快乐体操器械制造、赛事服务与营销、健身与培训等企业或产业公司，实施"快乐体操+"行动计划，主动把运动项目融合到其他产业中，加强旅游胜地、特色小镇、文化产业园区、运动项目基地等平台建设；三是要加强快乐体操人才培训与培养，发展与快乐体操运动项目相关的娱乐业、会展业、文化业等衍生服务业等方面人才的储备与培训，积极培养快乐体操发展所需要的复合型人才；四是要抓好快乐体操发展的监督管理工作，在"放"的基础上，用改革的思路、服务的理念、互联网的手段加强快乐体操运动项目发展的监管，制定严格的快乐体操产业和衍生行业标准，引导快乐体操产业健康发展。

快乐体操运动的推出就是为了适应运动项目的产业化发展，快乐体操具有一定的市场发展潜力，进行产业化发展需要做好：打造快乐体操赛事品牌，进行赛事内容的创意性设计，积极进行品牌赛事的策划和营销，吸纳专业的人才进行市场开发，吸引更多的儿童和家长参与赛事活动，充分调研市场，立足市场需求，积极引导市场发展，制定长期发展规划，争取获得政府相关部门支持，为更多企业参与快乐体操产业发展提供扶助政策，完善市场管理与监督，制定相关行业国家标准，提供配套发展资金，积极进行产业开发研究，加快快乐体操市场的开发力度，提高快乐体操相关产业的技术水平和科技含量。

（二）快乐体操的跨界融合形式

20世纪70年代信息技术革新带动了传媒行业间的融合，在互联网＋时代行业间的壁垒进一步打破、行业的界限更加模糊，跨界与融合成为产业发展的常态。世界经济的全球化发展、技术创新与革新促使企业不断提高生产效率和竞争力，产业融合发展成为一种新的发展模式和组织形式。《国务院关于加快发展体育产业促进体育消费的若干意见》中提出了"促进体育产业与其他产业相互融合"的原则，以及促进体育与健康、医疗、教育、旅游等融合发展的要求。根据跨界融合思维的相关研究成果，认为快乐体操的跨界是指通过跨越地域、组织、行业、学科等来获取促进运动项目发展的外部资源，与自身内部所具有的优势资源进行交叉、融合，形成符合社会发展、适应市场发展的运动项目。

校园课外体育训练的开展能够在普及运动项目的基础上进一步提高运动技术水平，校园体育竞赛的开展能够丰富学生的体育文化生活，校园体育训练与竞赛不仅与学校体育课堂教学不冲突、不矛盾，而且是体育课堂教学的有益补充和促进，快乐体操在校园的开展能够促进学生的身心健康。基于兴趣培养和运动技能的掌握能够发现优秀的具有运动天赋的儿童，参与快乐体操的数量越多能进一步扩大运动项目的人口基数。具有运动天赋的儿童坚持长期系统训练将会为国家培养优秀的体育后备人才，从而走上职业化发展的道路，我国正处于竞技体育发展的改革期，竞技体育发展模式正在向"体教融合""体教结合"转化，竞技体育发展过程中运动员文化学习薄弱等问题将逐步解决，社会对于体育人才的需求也将会促使更多的体育专业人才的出现，职业体育专业人才将成为儿童发展的一个重要选择。

校园快乐体操和职业体操要做到深度融合，需要做好三方面的工作。一是制度上的融合。要健全各项规章制度，打破学校教育和竞技体育之间的壁垒，竞技体育的运行机制体制要与学校教育高度融合，独立于学校之外的竞技体育人才的培养终将陷于人才枯竭的尴尬境地。二是组织上的融合。教育部门、体育部门等要加强沟通，体育部门的资源优势要向学校倾斜，为学校体育的开展提供资金、人员等方面的帮助。三是人才培养的融合。体育回归学校教育，让学校成为培养优秀的竞技体操或者职业体操的后备人才库，为竞技体操或者职业体操提供优秀的人才，为参加世界竞技比赛争金夺银，为国家争得荣誉。

竞技体育、体育产业、全民健身成为体育强国建设的重要内容，体育产业的发展离不开全民健身运动的开展和竞技体育的引领作用，体育运动项目是体育产业发展的动力，我国竞技体育优势运动项目也积极寻求产业化的发展。体育产业在第三产业中的比重逐步提高，国家为体育产业的发展提供了相对宽松的环境，国际贸易也使更多的体育服务、体育用品进入了我国市场，在一定程度上也促进我国体育产业的发展并提供了可借鉴的经验。在我国体育产业发展的过程中，体育健身休闲和体育竞赛表演业成为支柱产业，运动项目成为竞赛表演和健身休闲的本源性要素。国内外经济组织、金融机构等对于体育产业进行投资，竞赛表演业和健身休闲业将会得到快速发展，体育资源优化配置、宽松的投资环境，也为体育产业的快速发展带来了机遇。经济的快速发展带来居民消费水平的提高，以及可支配能力的增强，居民的消费结构也发生了巨大的变化，从自己体验运动到关注儿童的健身消费，从通过媒介观看运动竞赛到亲临运动场体验紧张、刺激的比赛，消费水平以及可支配能力的提高，也催生了体育装备、体育制造业的发展，居民消费结构的变化为快乐体操的发展带来了契机。

第二节　新时期我国快乐体操的推广模式

首先，既然是要研究我国快乐体操的推广模式，我们就必须要了解什么是"推广模式"，它包括哪些内容，从哪些方面去探讨与研究；然后，结合实际，再根据快乐体操的项目特征找到能够适用于该运动项目的推广模式。鉴于此，推广模式的构建应该包括以下方面：①推广目标——推广的规格、层次、类型；②推广的主体与内容——业务方向、服务领域、优势与特色的确定；③方式与策略——推广途径、内容、课程设置、教学方法与教学手段、保障方法与反馈评价[①]。

目前，我国对快乐体操推广的研究还处于初级阶段，对推广模式的研究相对较浅，可以借鉴其他项目的成功推广模式。

一、快乐体操推广模式的类型

我国体操中心对快乐体操项目的推广非常重视，提供了基本的行政支持和保障，同时也鼓励利用市场营销手段在推广过程中充分利用各种社会资源。合理利用赛事推广公司和俱乐部的参与以及有关厂家、商家的实物和资金赞助等多方面的有利条件全面助推快乐体操进幼儿园、小学、中学、社区和商场等。快乐体操

---

① 吕恒.中国快乐体操推广问题探析 [J].体育科技文献通报，2020，28（08）：110-111.

的目的是扩大体操锻炼人群数量，为成立体操俱乐部做准备，最终目标是让未来遍布全国的体操俱乐部成为体操运动后备人才基地。通过专家的访谈以及实地走访调查，根据目前快乐体操推广的运行状况，可将我国快乐体操推广的基本模式分为以下三种：

（一）体教结合

体教结合，即体育相关部门、体育俱乐部和学校合作，体育相关部门和教育相关部门合作共同培养孩子、发展运动、发现人才，已经在击剑、足球、篮球等运动中得到了广泛实施。"体教结合"主要是偏重体育教育，是体育运动学校（院校）和职业俱乐部的教育工作组成部分，以及文化教育和普通中小学校和高校的教育工作组成部分。如今，快乐体操在中小学推广普及中成效日益显著，体教结合模式的开展对推广快乐体操起到了良好的作用。

我国竞技体操后备人才的缺失、国民对竞技体操的传统观念及负面影响以及我国体操后备人才培养的体制性问题是快乐体操推广模式的主要成因。目前我国快乐体操的推广还在探索的道路上，属于初级阶段，推广"快乐体操"基本上还是在体育系统内推广，包括一些社会上的俱乐部，一些社会资本慢慢在进来，但是速度还是比较慢，最有效的手段应该是通过教委，通过学校，通过幼儿园，因为只有进到学校幼儿园才能够让他们直接体会到这个项目的好处，有一些成效。

早在 2014 年，首都的部分高校就积极发挥作用，投入小学体育发展中来。在高校等参与小学体育美育发展工作（简称为"高参小"）实施以来，北京体育大学、北京联合大学等国内外著名的高等学府，借助自身的师资力量帮助小学提升教师业务技能，带领小学教师投入"快乐体操"等项目的推广普及中。针对小学体育教育的特点，协助制定符合实际的快乐体操的教学计划及实施方案，针对快乐体操发展现状，帮助设计出种类多样、贴近青少年儿童发展发育特点的各类活动，加大对从事该行业教师的业务技能培训，为助推快乐体操可持续发展注入了新的活力。

通过调研发现，学校自身对快乐体操学习、培训、教学的"一条龙"，是学校开展快乐体操推广的主要模式。后面将会以广州市花都区为例进行分析。

（二）俱乐部推广

体育总局体操运动管理中心在 2016 年对快乐体操俱乐部进行了统计，共采集到 25 家俱乐部的信息，并对参与注册的快乐体操俱乐部给予购买器械打一定折扣的优惠政策。从公布的现有注册统计信息来看，注册地区主要在北京、上海、福建等多个省市自治区，据此不难推断，遍布全国各地的快乐体操俱乐部必将引领和加速推动本地区的快乐体操运动的普及推广，并进一步带动全国各地快乐体操俱乐部的蓬勃发展①。

2014年快乐体操理念提出后，截止到2018年快乐体操俱乐部就达到了上百所，分布在全国各个省份，可见快乐体操的市场发展情况非常可观。虽然现阶段，我国的健身俱乐部产业还处于初级发展阶段，属于新兴产业，但是由于其市场发展潜力巨大，相信在不久的将来，在民间资本不断涌入之下将形成一定的规模，必将有效地推动我国体育事业的发展。

部分具有代表性的快乐体操俱乐部如下：

（1）英士博体操俱乐部（Inspire Sports）。来自加拿大的中国首家"英士博"体操俱乐部于2011年落户常州，通过和加拿大体操团队的合作，结合中国体操在竞技体操上的优势和加拿大在娱乐体操发展上的经验，为中国引入"娱乐体育"的新理念，推动适合全民健身的体操项目，让人们远离体操运动就只是竞技运动的认识误区，培养体操的基础人口，发展快乐体操。中国体操网《快乐体操在中国：从加拿大英士博俱乐部开始》对"英士博"进行了深度报道：自从加拿大"英士博"体操俱乐部在中国常州创办了中国首家非竞技全民体操俱乐部以来，它所创造的"快乐体操"新理念、新方式、新思路和新模式，已经在中国体操界的影响越来越大。同时，基于其成熟的教学体系及其师资实力，为推动我国快乐体操的发展，体操中心、中国体操协会给常州"英士博"提供支持与合作，并于2014年12月授予"快乐体操项目培训合作伙伴""首家快乐体操俱乐部教学示范点"称号，并作为目前国家快乐体操教练员培训的唯一承办单位，成功举办了两期全国快乐体操初级教练员培训班。

（2）广州花都奥体青少年体育俱乐部。从2004年开始普及快乐体操项目以来，广泛传播和推广快乐体操理念，推动了全国快乐体操项目的发展，成为国内首个创办快乐体操俱乐部的先驱之一。承办了2014、2015年全国快乐体操比赛。

（3）艾迪克（A.T.C）运动馆。成立于2014年，引进美国先进教育理念，以"快乐童心、健康成长"为教学宗旨。通过系统地学习不同的运动项目，帮助3～13岁儿童在不同的成长阶段收获所需要的身体素质、运动技能、自我保护能力及社交能力，享受非凡的快乐与自信。艾迪克运动馆获是湖北省第一家快乐体操俱乐部，获得国家体育总局体操管理中心的认可，被授予"快乐体操俱乐部教学示范基地"。

---

① 邱研.快乐体操俱乐部发展态势分析[J].智库时代，2018（35）：167+169.

（4）武汉体院程菲快乐体操俱乐部。武汉体育学院国际体操学院全力推广快乐体操，由奥运冠军程菲领衔的快乐体操于 2015 年 3 月—7 月成功举行了五期开放日推广活动，共吸引了近 200 名儿童参加体验，并于 2015 年 9 月正式对外招生开课。同时，俱乐部与"英士博"体操俱乐部合作于 2015 年 11 月 5 日—12 日在武汉体育学院承办了 2015 年度第三、第四期全国快乐体操初级教练员培训班。经过几年的发展，该俱乐部通过自主研发课程内容体系，并通过免费开放日的形式开启了快乐体操教育发展之路。

目前，国家体育总局体操运动管理中心主导下的快乐体操推广模式是俱乐部模式为主体。英士博快乐体操俱乐部是目前市场上发展相对成功的俱乐部之一，因此后面将会以英士博体操俱乐部推广为实例进行分析。

（三）企业推广

快乐体操的赛事开发能够有力地推动快乐体操在幼儿园、小学的进一步推广。由于目前国内的赛事开发不够充分，没有达到运动项目推广预期的赛事运营效果，在赛事的规模、赞助、市场开发、媒体关注度等诸多方面都急需进一步提升和加强。规模赛事的主要赞助商基本上是快乐体操器械生产厂家，主要公司有：山东康纳斯体育器材有限公司、高飞体操器材、泰安市泰山景区快乐体操体育文化传媒有限公司。例如：2017 年赛事的赞助企业是西安快乐优能体育文化传播有限责任公司、2018 年是山东康纳斯体育器材有限公司，主要提供赛事所需的全部器械，同时承诺在赛事结束后将器械以非常优惠的折扣销售给参赛单位。依托专业体育类企业，能够发挥它们在快乐体操推广中的技术和资金优势，助力赛事举办。

2016 年 11 月，北京智禾诚青少年体育发展中心承办 2016 年快乐体操比赛（北京站）和 2016 年快乐体操比赛（深圳站）；2017 年北京智禾诚青少年体育发展中心作为全国快乐体操比赛的运营单位，举办了 2017 年全国快乐体操比赛（云南站、大连站、街州站、怀化站、仙桃站、广州站、上海站）及总决赛。赛事均取得了圆满的成功。

我国快乐体操比赛从 2014 年至今一直在不断改进，全国快乐体操的参赛范围持续扩大，涉及面越来越广。从首届全国快乐体操赛在广州花都体育馆隆重举行后，各个省市相继开展全国快乐体操相关赛事，分站赛分布全国各地，提高了社会对快乐体操的认知度和乐趣，进一步促进了快乐体操的推广普及和开展。

我国体操中心是奥运项目中心，所以他们希望通过快乐体操的推广能够发现更多好的体操苗子，能够为竞技体操的后备队伍挖掘更多的人才。快乐体操并不能作为体操中心的全部工作，只能做一个宣传和引导工作。作为事业单位，政府部门，职责是向大家推广和宣传这个项目，更多地对快乐体操的推广还是要靠市场化的运作，靠市场的力量，我国体操中心目前做了一些最基础性的工作，投入了资金并制定和完善了标准。"快乐体操" 1 ~ 10 级的动作标准，通过拍摄视频，撰写教材、制定教练管理办法、器材标准以及俱乐部标准等一系列的基础性文件，这些文件免费提供给所有愿意来参与这个项目的人。宣传和基础工作展开后是为了形成一个培育良好的市场氛围，包括跟很多厂家、机构的签约，包括和公司的签约都是体操中心一直将进行的推广内容，而更多具体的推广工作落实是交给这些公司、机构、市场去做。

二、我国快乐体操推广模式的结构及其要素

（一）我国快乐体操推广模式的结构

快乐体操的推广是为了不断拓展体操普及的实施范围，充分发挥体操在完善群众体育工作公共服务体系的独特作用，发挥体操在建设中国特色体育强国和增强国家文化软实力等方面的作用，通过分步骤、分阶段推广快乐体操，提高我国快乐体操的社会知晓率与参与率。并从快乐体操的推广目标、推广保障、推广主体、推广内容、推广路径、推广对象、推广反馈以及推广效果评价等 8 个不同环节对推广模式进行构建。

由于不同地区之间存在较大的差异性，因此我国快乐体操推广模式应具备以下四个特点：

一是可操作性。推广模式的构建是为了便于人们理解与整体把握推广工作，为缺乏推广经验的推广主体提供可供参考的实践范式。因此推广模式应包含完整的操作流程与基本程序，使得各地区可以按照具体的实施流程开展推广活动，以达到预期的推广目标。

二是简洁性。推广模式应将推广活动的主要元素提取出来，用明晰的流程图进行表示并加以文字说明，将复杂的推广工作简洁化。

三是灵活性。在保证推广目标能够顺利达成的前提下，不同的推广环节应提供一定的发挥空间与组合方式，方便各地区在开展工作时可以因地适宜、发挥优势，形成独有的推广特色。

四是可持续性。推广模式具有相对稳定的结构，但并不是一成不变。随着推广工作的不断深入，实践经验的逐步积累，模式也需不断创新与日臻完善，以保持可持续发展的生命力。

（二）我国快乐体操推广模式的要素分析

1. 快乐体操的推广主体

推广主体即快乐体操推广的传播者，他们在整个快乐体操的推广过程中担负着教学、培训、宣传、监督、评价和反馈等任务。既包含政府有关组织机构与各级校园、俱乐部、企业，又包含不同推广领域的实施主体，它们是快乐体操和体操爱好者之间传播的纽带与桥梁。快乐体操推广作为一个系统工程，需要发挥政府的主导作用，整合快乐体操推广资源，对我国快乐体操推广工作进行统一的部署。因此，推广主体的构成应以政府组织机构为主导，发挥各级体操协会、快乐体操进校园以及快乐体操俱乐部的资源优势，结合相关领域快乐体操推广实施主体，有组织、有计划开展推广工作。

2. 快乐体操的推广内容

目前快乐体操的项目主要包括蹦床、自由体操、跳跃、单杠、平衡木、双杠，比赛项目主要有接力通关赛、器械比赛、集体自由操赛三大项，快乐体操在校园的开展可多元化，有场地设施条件的学校，可以直接在学校开设快乐体操课程，专门教授孩子们快乐体操的技术和相关知识；如若场地设施等条件不允许的话，也在体育课上融入快乐体操，充分利用各学校现有的体育器材和设施，增加些快乐体操等级锻炼标准中的简单内容，快乐体操等级锻炼标准分为不同的难度等级，3～6岁是一至四级为幼儿组、7～12岁是五至十级为小学组动作，对于有着体育运动基础的幼教和中小学教师们，难度不大，简单易学，但是中小学体育与健康课程要求各水平阶段的学生们必修的体育项目众多，将快乐体操融入体育课中，体育课上学生们学到的快乐体操内容有限，不能满足青少年儿童对快乐体操锻炼的需求。另外，也可以大课间以集体自由操的方式融入快乐体操，运用轻松欢快的音乐，结合快乐体操的简单动作，加以合理有趣的编排，能充分让孩子们在学习快乐体操的同时又感受到它的乐趣。

从快乐体操项目启动之日起，中国体操协会就筹备出台指导文献和影音资料，专门组织专业人士先后公开出版、发布了《〈全国快乐体操等级锻炼标准〉教法指导》和《全国快乐体操等级规定动作演示视频》等音像资料，对体操动作的幅度、标准和学习细节进行了具体的讲解，对具体的教学、指导提供了可操作性的详细介绍，起到了很好的推动作用。中国体操协会还加大了对从事该行业的师资力量的培训工作，举办了多期针对教练员和辅导员的技能培训班，受到了社会各界的一致好评，为快乐体操的全面普及工作奠定了技术和人才基础。培训工作从2014年起，连续两年由国家体操运动管理中心和中国体操协会发起，规格高力度大。随着普及工作的深入，主办单位逐步扩大，涵盖了省市体操运动管理中心或各类体操协会，受益人群包含幼儿园、小学以及健身俱乐部的教师或者教练员、辅导员，新增了大量的教育人员，同时注重对专业化的认定工作，参与培训的人员，经过考核合格后，可以被授予国家认证的全国快乐体操教练员或辅导员证书。

此外，充分发挥教育部门的管理作用，出台文件和措施，加大对下辖部门，如学校、幼儿园等单位的扶持力度，更好地促进体操项目在下辖单位的普及推广。进一步将培训提升教练员、辅导员的业务技能工作做大做强，将主办单位不局限于体育运动一个系统，逐步扩展到与教育等其他系统共同举办，目前，该项工作已实现新突破。

3. 快乐体操的推广途径

我国体操中心确定了快乐体操的推广模式主要有以下三种：体教结合推广模式、俱乐部推广模式、企业推广模式上述"三种模式"。

4. 快乐体操的推广对象

快乐体操是针对 3～12 岁青少年儿童学习玩耍的运动项目。国家体育教育部在 2015 年 3 月正式提出将 7 大学校体育项目落实校园，体操项目就是其中之一，这为快乐体操项目走进校园提供了良好的契机。

5. 快乐体操的推广目标

根据历史经验，随着竞技体育的深入发展，技术难度不断增强，这在一定程度上造成从事该行业的人员减少、社会化参与程度不高等情况。作为竞技体育类别内的体操行业，也不免产生上述不利因素。北京奥运会后，这些问题逐渐暴露，成为阻碍我国体操事业持续发展的拦路虎。

国家体操运动管理中心参考国外经验，并结合我国实际后制定出台了《全国快乐体操等级锻炼标准》，同时加大对师资力量的培训力度，开始在全国推广快乐体操运动，并在首站培训定在了北京国防大学八一科研所，活动几乎覆盖了全国高校、中小学、幼儿园及社会培训机构的教师或教练员们。截至目前，经过不懈努力，快乐体操的推广已经卓有成效，现今我国体操中心在针对快乐体操项目跟三个器材厂家、有关机构，还有一些公司签约。

6. 快乐体操的推广保障

政策制度的保障关系到快乐体操的推广能否顺利进行。实践证明，良好的政策保障、合理的财政支持、宣传平台的建设，是促进快乐体操事业顺利发展的重要保障。从宏观层面看，推广活动离不开政策的支持。快乐体操的发展虽然得到了国家体育强国、全民健身等国家战略的支持，以及体育产业、学校体育等相关政策的支持，但与快乐体操直接相关的政策却较少。

制度是快乐体操发展的首要保证和重要保障，可以为快乐体操的发展提供政策性支持和法律保护，而政府对其重视程度的重要体现就是相关政策法规的数量。快乐体操相关制度的建设，可以保障快乐体操项目的推广和发展，确保每个孩子们有参与这项运动的机会，以期从幼儿园、小学、初高中等各阶段增加体操后备人才。

除了制度的保障，资金方面也需要得到保障，体育管理部门应设立快乐体操推广专项经费，各级体操协会还可自筹推广经费。组织机构的建设运行关系到快乐体操推广网络的构建。宣传活动是传播新知识、新技术的有效载体，快乐体操推广同样离不开宣传活动的助力，要应用多种媒介平台在国内宣传快乐体操。快乐体操宣传平台是快乐体操推广信息汇集与成果展示的媒介平台，可借助纸质与网络两种传播媒介进行构建。充分发挥传统纸质媒体的权威性与可靠性，借助报纸、杂志、段位制教材及宣传页对段位技术、推广政策进行有效宣传。

与此同时，随着中国新媒体用户的不断增长与社会信息网络化的愈加成熟，新媒体已成为段位宣传一股不可忽视的推广力量。应广泛运用互联网、QQ，微信、微博等现代信息平台，向体操爱好者以及社会各界宣传快乐体操。

三、我国快乐体操推广模式的及案例分析

（一）以广州市花都区为例

从实践角度出发，关于我国快乐体操项目在推广模式的应用，主要集中在俱乐部模式、企业推广模式以及体教结合模式。在这些模式中体教结合模式为最佳推广模式，但实际实行的地区相对较少。原因在于教育局和体育局同时下发有关快乐体操进校园的文件相对不易。体育是教育，在儿童成长阶段，它应该是首先被关注的部分，幼儿园、小学、中学、大学是青少年（幼儿）集中的地方，快乐体操进入校园，能够最大限度地体现体教结合的社会效果，唤起国家和民众对体育教育和体操运动的热情。广州市花都区就是以双重政府部门同时下发快乐体操进校园相关文件，使快乐体操得到了非常成功的推广。后面将介绍体教结合推广模式及案例分析——以广州市花都区为例。

研究发现，我国体育后备人才的相关研究较多最终体现在"体教结合"；"体教结合"是体育人才训练与文化学习的相结合，共同培养全面高素质人才的过程，是学校主要教育工作的组成部分，是新的历史条件下为国家培养和造就高素质劳动者和优秀体育后备人才的一项重要举措。但是受一些客观因素影响，在推广和

具体实施的过程中也要充分考虑到地理位置、传统特色、当地经济等客观因素，做到因地制宜，切忌生搬硬套。在体育训练与文化学习过程中需要体育部门和教育部门全力合作、共同培养。"体教结合"是根据社会需要结合有效资源最大效率为国家培养体育人才。

针对我国快乐体操发展现状，体操专家刘仕贤教师认为体教结合模式是最适合目前国情和民情模式。体教结合能够最大程度地利用社会的民间资金和人才资源，充分利用幼儿园和学校的场地（包括现成的体育场馆），允许民间资金提供运动的器材和社会体育人才进入，既减少了政府经费投入，又调动了社会的积极性，让体育人才回归体育，改变我国学校体育教育过于单调的局面，把个体的、民营的和政府支持（行为）结合起来，实现效益的最大化。我国快乐体操推广中以体教结合为代表的是，广州市花都区，下面将进行分析。

1. 广州市花都区快乐体操体教结合模式的推广现状分析

从 2004 年开始普及快乐体操项目以来，广州市花都区俱乐部广泛传播和推广快乐体操理念，推动了全国快乐体操项目的发展，成为国内首个创办快乐体操俱乐部的先驱之一。承办了 2014、2015 年全国快乐体操比赛。在快乐体操的推广模式中广州市花都区采取广州市花都区文化广电新闻出版局（体育局）和广州市花都区教育局共同联合发放红头文件的政策来进行推广。体育局和教育局联合出台文件使快乐体操进校园具有依据，为申办快乐体操资质资格的幼儿园、中小学提供专项资金拨款，并负责为比赛中获得成绩的幼儿园及教师给予证书奖状。广州市花都区在政府的支持下成立了快乐体操扶持推广单位，快乐体操扶持推广单位主要负责评审和审查申报幼儿园的资质及监管政府拨款资金的实际投入使用落实情况。

2. 广州市花都区快乐体操体教结合模式的推广体系

花都区快乐体操的具体推广由广州市花都区奥体青少年体育俱乐部实际执行。俱乐部在每年都会举行一到两次的快乐体操教师培训，幼儿园按照相关文件规定要求采取免费报名参与的形式开展培训活动。参与培训的学员将会在培训中学习到包括快乐体操的课程内容、比赛要求、推广模式等内容传授给参与培训的教师。培训结束后展开组织快乐体操系列比赛。俱乐部在推广快乐体操项目的同时也负责构建人才体系，与小学、中学签订人才体系合约，将优秀的学习快乐体操的儿童从幼儿园升学时推荐进入优秀的小学，小学推荐到初中以此类推。俱乐部在构建人才体系不仅与学校合作，同时也和体操专业队进行合作。每年将比赛的选手进行一次为期三天的集训，专业队教练将进行选拔体操后备人才，在孩子、家长与专业队达成一致后，选手可参加专业队的培训，为我国竞技体操扩大群众基础，提供选材。花都奥体体育俱乐部在具体实施推广快乐体操项目中全程免费培训及无收益接受赛事承办。俱乐部组织比赛的资金由赞助商全额赞助。

3. 广州市花都区快乐体操体教结合模式的推广效果

花都奥体青少年体育俱乐部在 2017 年被国家体育总局评为 2013—2016 年全国群众体育先进单位，奥体体育已经成为我国体操知名品牌俱乐部，是以青少年体育培训体系、人才输送体系、体育经纪、体育赛事策划、社会体育指导员、社区体育、俱乐部加盟和运营为主的独立运营体育俱乐部，目前开设有体操、艺术体操、蹦床、足球、篮球等奥运项目和幼儿基本体操、快乐体操、健美操、啦啦操、武术套路、武术散打、地掷球等非奥运项目。奥体俱乐部具有"身心健康第一、快乐锻炼"的理念、十分注重阳光体育活动。一直以来积极推动本地区体育事业的发展，特别是在青少年人才培养方面取得巨大的成功，先后培养出刘婷婷、陈一乐、黄艳菲等世界冠军、全国冠军，在 2017 年中华人民共和国第十三届全国运动会上奥体俱乐部培养输送运动员刘婷婷、陈一乐、黄艳菲获得体操、蹦床项目的团体冠军、全能冠军等 4 枚金牌 3 枚银牌，在 2017 年至 2018 年刘婷婷和陈一乐参加 FIG 世界体操比赛、亚洲体操锦标赛在墨尔本、多哈、泰国、日本等国际大赛共获得世界杯赛事 5 枚金牌、亚洲锦标赛 6 枚金牌和国际邀请赛 1 枚金牌。2017 年 9 月奥体俱乐部培养输送运动员被广东省省委省政府通报表扬，陈乐个人记大功、广东省三八红旗手（标兵）运动员称号、广东省五一劳动奖章、广东青年五四奖章，刘婷婷个人记功，黄艳菲个人记功。奥体体育在 2014 年、2015 年、2017 年三年成功举办了三场大型赛事，包括首届和第二届全国快乐体操赛、"2017年全国幼儿基本体操表演大会"，并在全区 40 多家幼儿园、小学成立快乐体操培训基地。2014 年 6 月奥体被广州市体育局、广州市教育局授予"市级青少年体育俱乐部"，2015 年 5 月奥体被广东省体育局授予"省级青少年体育俱乐部"，2017 年被国家体育总局授予《2013—2016 年度群众体育先进单位》。奥体青少年体育俱乐部在快乐体操推广中的成功，在于近十年的积累中对承办赛事的形式和质量都有着完整的体系，在赛事承办中不仅自身成熟完整，对赞助商的价值体现也做到了面面俱到。

广州市花都区所有幼儿园及部分中小学作为快乐体操推广的参与者，在教育局和体育局的文件下执行校园内开展快乐体操，幼儿园进行自我开展快乐体操教学活动及比赛。免费参与每年区里的快乐体操教师培训，培训结束后将在自己所在的幼儿园继续进行快乐体操的推广，并选拔出参加比赛的孩子。参与比赛的过程，从报名到参赛全程免费。广州市花都区的快乐体操比赛为了鼓励所有学校积极参赛，不仅对其免费培训参赛，所有参与的儿童和负责教师将会得到奖品奖状证书等奖励，证书均有教育局和体育局联合盖章，含金量很高。比赛结束后，幼儿园可针对自身快乐体操推广情况向快乐体操扶持推广单位申报项目资金，根据自身校园的开展以及参与比赛的情况可获得 5000 ~ 30000 元的资助金，可用于开展来年快乐体操活动的费用、器材添加的费用、参赛服装的费用等等。快乐体操扶持推广单位在上半年进行条件审核，下半年持续监察评审，第二年对其进行资金发放。据统计，广州市花都区快乐体操扶持推广单位从 2016 年—2018 年共投入资金 150 万元。广州市花都区从政府部门、俱乐部、幼儿园到普及对象，环环相扣，形成良性循环，花都区的快乐体操开展得越来越好，规模越来越大，每一个环节都不可忽视，对其他地区的快乐体操推广具有借鉴意义。

（二）以英士博俱乐部为例

国家体育总局从 2004 年开始，就已在我国部分省、市、区开展试点建设体育健身俱乐部项目，如今该试点工作的推广以及运行模式已经日趋成熟，吸引了越来越多的人自愿加入各类的俱乐部来开展健身活动，通过加入俱乐部来进行健身已经成为一种时尚，并必将成为一种趋势。不过现阶段，我国的健身俱乐部产业还处于初级发展阶段，属于新兴产业，但是由于其市场发展潜力巨大，相信在不久的将来，在民间资本不断涌入之下将形成一定的规模，必将有效地推动我国体育事业的发展。

中国首家"英士博"体操俱乐部于 2011 年落户常州，通过和加拿大体操团队的合作，结合中国体操在竞技体操上的优势和加拿大在娱乐体操发展上的经验，为中国引入"娱乐体育"的新理念，推动适合全民健身的体操项目，让人们远离体操运动就只是竞技运动的认识误区，培养体操的基础入口，发展快乐体操。中国体操网《快乐体操在中国：从加拿大英士博俱乐部开始》对"英士博"进行了深度报道：自从加拿大"英士博"体操俱乐部在中国常州创办了中国首家非竞技全民体操俱乐部以来，它所创造的"快乐体操"新理念、新方式、新思路和新模式，已经在中国体操界的影响越来越大。同时，基于其成熟的教学体系及其师资实力，为推动我国快乐体操的发展，体操中心、中国体操协会给常州"英士博"提供支持与合作，并于 2014 年 12 月授予"快乐体操项目培训合作伙伴""首家快乐体操俱乐部教学示范点"称号，并作为目前国家快乐体操教练员培训的唯一承办单位，成功举办了两期全国快乐体操初级教练员培训班。

英士博是我国快乐体操俱乐部中比较有权威代表性的一家，英士博（inspire

Sports）是一家中加合作的体育运动俱乐部，是国际领先通过快乐体操运动带动英语口语学习的品牌，旨在为中国引入"快乐体操"的全新教育理念，用运动激励孩子的语言学习，激发他们展现出最大的潜在能力。同时，它也是中国首家投入千万级别的快乐体操英语学习俱乐部。2018年英士博入驻了加拿大维多利亚市，另外英士博每年都会举办中加文化交流会，促进中外体育文化交流。通过调查英士博体育俱乐部的推广模式可得知其推广特点。

英士博的成功在于俱乐部不仅从政策扶持、专业师资、课程建设、推广模式都有着自己完整的体系并在不断地优化完善。英士博俱乐部推广模式的成功经验来看，通过对它们推广模式现状的分析，为我国其他地区的快乐体操俱乐部推广提供了可借鉴的成功经验。

第三节　快乐体操与幼儿、小学教育的融合

一、快乐体操与幼儿教育的融合

快乐体操的内容是幼儿园教育的重要组成部分，能够很好地促进儿童动作发展、健康成长。工业化大生产促进了社会分工，社会分工程度的加深促进了学前教育的发展。我国学前教育、幼儿教育起步较晚，与世界工业起步较早的国家相比有一定的差距，我们应积极学习国外先进教育经验，幼儿园教育中对于儿童动作发展的重视程度在不断提升,这与国家颁布出台《3～6岁儿童学习与发展指南》有很大关系。国外对于儿童动作发展的重视程度以及儿童教育的先进理念影响了我国儿童教育，体操动作的多样性成为促进儿童动作发展的一个最佳选择，基于儿童动作发展的快乐体操的设计，将成为幼儿教学的重要内容。社会商业性培训机构、运动馆、俱乐部等也在积极将快乐体操推广到幼儿园，由于幼儿教育公办、民办等混合性质，商业化的推广活动得到了幼儿园的支持，也丰富了幼儿园教学内容，让更多的儿童、教师、家长接触到了快乐体操，成为快乐体操推广的一个重要途径。体操训练馆在美国校园中到处可见，体操是美国儿童的一项基础运动项目，儿童参与体操作为提高身体素质，为其他运动项目打基础的运动。

（一）我国幼儿教育的现状分析

幼儿教育能为人生的发展和终生幸福奠基，为保证幼儿的身心健康成长，我国政府给予了高度的重视。我国目前将学龄前儿童的教育分为托儿阶段（0～3

周岁）和幼儿阶段（3～6周岁），《关于托儿所幼儿园几个问题的联合通知》是我国最早关于幼儿教育的文件，其中明确规定实行托儿所、幼儿园分别管理，教育部门管理幼儿园、卫生部门监管托儿所，幼儿园成为进行3～6周岁儿童教育的主要场所。现阶段幼儿学前教育不属于义务教育范畴，幼儿园的经费来源多样化，社会力量办园数量占的比重比较大，因此幼儿教育的经费投入、教学管理、发教学评价等都存在不平衡或者管理不到位的问题。改革开放以来，随着社会政治经济的发展，学前教育发展迅速，党的十七大和十七届三中全会首次提出了要"重视学前教育"，2010年先后颁布了《国家中长期教育改革和发展规划纲要》《国务院关于当前发展学前教育的若干意见》等文件，对于"学前教育"问题进行了要求，说明党和国家政府对于学前教育给予了高度重视，学前教育必将迎来新的历史发展机遇。

1. 幼儿园办园规模现状

改革开放以来我国的幼儿教育获得了长足发展，国家不断加大幼儿教育经费投入，幼儿教育机构的办园规模在不断扩大，基本上解决了适龄幼儿的入园问题，幼儿教育的质量也在逐步提高，幼儿园规章制度不断完善，加强了对幼儿教育的管理，社会资本也进入了幼儿教育领域，弥补了经费不足的状况。

此外，幼儿园在园人数的增加也导致了一定的问题，造成了班级规模不断扩大，教学设施、教学条件不能完全满足教学的需要，在一定程度上影响了学前教育的质量。

2. 幼儿园师资力量现状

我国幼儿园师资力量存在一定的缺口，师资力量整体水平有待于提高，加上国家二胎政策的实施，将会造成国家大量缺乏幼儿教育师资力量。在国家学前教育经费投入增加，幼儿园的场所、规模等硬件条件的改善的同时，幼儿师资短缺问题逐渐凸显，幼儿师资的短缺问题制约了幼儿教育质量的提升。提高幼儿教师教学水平、学前教育质量成为全社会关注的热点话题，再加上幼儿教育过程中出现了"打骂""体罚""凌辱"等的新闻报道，对于幼儿教师教学活动设计不当的新闻也层出不穷，比如用海绵垫压学生身上，教师坐在海绵垫上提高儿童的抗压能力的设计，这都暴露出幼儿师资质量有待提高的问题，不仅是数量的短缺，更是幼儿教师素质、能力函需提高。目前我国开设学前教育专业进行幼儿师资培养体系，主要包括研究生阶段、本科阶段、专科阶段，幼儿师范教育在培养幼儿师资方面也发挥了重要作用。

我国幼儿师资力量主要来源于学前教育专业的人才培养，高等师范院校的音乐教育、美术教育、体育教育等其他专业的背景所占比例较小，随着教师资格证考试政策的变化，汉语言文化、工业设计等专业毕业生也获得了幼儿教师的资格，但是学前教育专业背景的教师在所调研幼儿园中所占比例较高，这与目前我国幼儿园多元化办园主体有很大关系，社会力量办园所占的比例较高有一定关系。

3. 幼儿园课程内容现状

2001 年，教育部颁布的《幼儿园教育指导纲要（试行》明确提出了"幼儿园深入实施素质教育"，以及基础教育进行的课程改革"以学生为本"都影响了学前教育的课程建设与开发。幼儿教师在进行课程建设中，主要是根据儿童身心发展、幼儿园场地设施、家长需求三个方面进行。教材是实施课程的标准化工具，是知识与信息传递的载体，"游戏"教材是幼儿活动的主要教材，是教师实施幼儿活动的依据和素材，游戏起源说是体育形成的论断之一，体育的活动内容仅仅是游戏的一部分，除了体育的内容外还有生活的内容、智力活动的内容等，游戏教材中体育内容的设计的随意性、针对性都会影响幼儿教师组织体育活动的内容。

幼儿教师的自身的素养情况影响了教师的课程管理能力，幼儿教师自身素养的偏好或缺失，加上幼儿园对于课程的监管不到位，将会影响幼儿的教育质量，目前我国幼儿教师女性偏多，职前在校学习期间对于体育的学习或认知存在弱化，且美术、音乐等课程在职前学习中所占比例较大，造成幼儿园课程建设或开发中，体育活动所占比重较小，更是由于幼儿教师对于体育教育规律、运动技能形成规律等不够了解，在教学中操作不当存在的安全隐患，体育活动类教学出现了边缘化的现象。学前教育专业的招生规模在不断扩大来满足社会对于幼儿师资力量的需求，学前教育专业的办学规模和层次在不断提升，学前教学本科专业是幼儿师资力量培养的主力军，对于专科专业的人才培养有一定的师范作用。幼儿教师在学校学习期间的职前能力培养中的课程体系、教学方法、教学手段、教学技能掌握程度对于走上工作岗位有很大的影响。部分院校学前教育专业没有专门的幼儿体育教学的专业教师，运动技能掌握水平不高，对于人体运动的基本理论掌握的缺失，造成对快乐体操动作理解能力的偏差，对于快乐体操教学技巧的能力就更差。运动技能形成规律、生理机能发展规律、人体基本运动规律知识的欠缺，在运动过程中不能很好地进行运动防护造成运动损伤的几率大大提高，容易对孩子造成伤害。

（二）快乐体操与幼儿教育融合发展的可行性分析

1. 规章制度为快乐体操开展提供了政策保障

《幼儿园管理条例》（1989 年）、《幼儿园工作规程》（1996 年）是在我国教育事业快速发展的背景下颁布出台的，对于规范幼儿教育办学规范化起到了很大的促进作用。进入 21 世纪以后，颁布了一系列有关幼儿教育的相关文件，《关于基础教育改革与发展的决定》提出了重视和发展学前教育，这是基于我国幼儿教育的规模不断扩大，幼儿园数量增加与师资短缺之间的矛盾提出的。2010年先后出台了《国家中长期教育改革和发展规划纲要（2010-2020 年）》、《国务院关于当前发展学前教育的若干意见》、《3 ~ 6 岁儿童学习与发展指南》（以下简称《指南》），其中《指南》明确了 3 ~ 6 岁儿童学习的具体内容与发展的具体目标。2011 年颁布实施了《教师教育课程标准（试行）》，2012 年颁布实施了《幼儿园教师专业标准（试行）》，2015 年颁布了《幼儿园工作规程》，这些文件对于幼儿教育的培养提出了明确的要求，就是"体、智、德、美"的科学教育，促进幼儿身心健康和谐的发展，从中可以看出"体"在幼儿教育中处于第一位，充分说明幼儿教育中身体健康成长的重要性。这些规章制度要求幼儿园重视幼儿身体健康教育，保障幼儿身体健康发展，维护了幼儿体育权益，对幼儿园开展体育与游戏的时间、空间和经费等提供了制度上的保障，能够有效地促进幼儿园对于体育活动与运动游戏的重视，开足开够体育与运动游戏等课程，保证幼儿能够进行一定的体育活动。

《"健康中国 2030"规划纲要》，提出了"体医融合"，主要是建立和完善针对不同人群的运动处方库，发挥全民科学健身在健康促进中的积极作用，另外还提到"推动体育项目协会改革，创新健身休闲运动项目推广普及方式，鼓励发展多种形式的体育健身俱乐部"等，在促进重点人群体育活动中，提到了青少年群体的体质健康干预，实施青少年体育活动促进等。体育在健康促进方面的作用主要是通过运动项目的参与体现出来的，针对不同人群身心健康选择不同的运动项目健身方式尤为重要，对于 3 ~ 6 岁的学龄前儿童，选择合适的运动项目能够为培养兴趣，奠定终身参与体育运动的习惯打下良好的基础。

2. 有效提高幼儿体质健康状况得到社会的关注

人类的发展历程就是在不断的劳动与需求的往复循环过程，人类的需要也在不断发生变化，从基本的衣食住行到实现人生价值的需求是逐级实现的过程。马克思的生存需求、享受需求、发展需求的三层次论和马斯洛的生理需求、安全需求、情感归属需求、尊重需求、自我实现需求的五层次论是需求理论的典范之作，最初的生产劳动或经济发展都是为了满足最基本的需求，随着经济水平的发展，需求的层次也在不断提升，当社会发展到今天，家庭的可支配收入水平不断提高，承载家庭希望与未来的儿童成为家庭关注的焦点，父母在提高自己生活质量、追求健康生活方式的同时，也给予了儿童更多的关注，如何为儿童的全面发展打下坚实的基础、促进儿童的身心健康发展、儿童的全面发展问题成为家庭的一个重要问题，儿童肥胖、视力下降、体弱多病等问题是也是家庭面临的问题，幼儿园中的"眼镜儿童"在逐步增多，儿童的体质健康下滑的原因是多方面的，与社会政治、经济、文化以及家庭等都有很大关系。这些问题的解决的关键是儿童的身体健康，儿童的健康成长不仅得到了家长的重视，更得到了全社会的关注，社会培训机构也从中发现了商机。健身从最初的利用免费公共设施或简单的跑步等逐步转移到专业的机构、聘请专业的教练、利用专业的设施来进行享受健身服务、愉悦身心。

"三岁看大，七岁看老""少成若天性，习惯成自然"等俗语充分说明了人们对于幼儿阶段重要性的关注与看重，我国领导人也多次在不同的场合提出了"从娃娃抓起"的理念，国内外的教育学者也从不同的方面对于幼儿的健康成长进行了研究。幼儿阶段是的良好的行为习惯都将对健康成长和身心发育产生深远而重大的影响，幼儿教育阶段一定要抓好健康教育，更要注重儿童身心健康成长，为人生起步打下坚实的基础，强身健体的良好体育习惯养成要从幼儿抓起。身心健康是一个人最大的资本，在幼儿教育中通过体育活动来培养幼儿的运动兴趣，幼儿处于身体发育的基础阶段，身体机能还不成熟，但也是身体机能的快速发展时期和关键时期，接受能力、学习能力优势很大，能够为以后的快速发展奠基，这个时期体育活动能够有效开展将会很好地促进体质的增强，解决目前幼儿体质差的问题。幼儿阶段应加强基本动作的学习，快乐体操的动作正是切合儿童发展动作的最佳选择，研究显示 3～6 岁的儿童身体已经具备了学习基本动作的能力。

（三）快乐体操与幼儿教育融合的适切性分析

3～6 岁是儿童身心发展的关键期，国家对增强幼儿健康、促进身心全面和谐发展给予了高度关注，在制定的《指南》中，从健康、语言、社会、科学、艺术等五个领域对于 3～6 岁幼儿的学习与发展中的目标进行了说明，并提出了科学化的教育建议，对于幼儿的家庭、幼儿园的教育提供了科学的依据。其中在"健康""艺术"领域对于儿童通过身体活动达到一定的发展目标进行了论述。快乐体操到底能不能在幼儿园开展，快乐体操的动作内容到底适合还是不适合幼儿的练习，快乐体操能不能成为幼儿课程的选择内容等诸多问题，一直困扰着快乐体操在幼儿园的推广，众说纷纭的背后是理论的缺失，更重要的是缺少实证性的研究。通过对《全国快乐体操等级锻炼标准》（1-4 级）的动作与《3～6 岁儿童学习与发展指南》中动作发展的要求进行比对分析，可以发现快乐体操的等级锻炼标准中设计的动作符合 3～6 岁儿童动作发展的要求，是适合幼儿进行练习的动作，符合幼儿动作发展的规律。

1. 快乐体操动作类型多样性符合儿童动作发展的要求

3～6 岁儿童时期动作发展速度较快，多样化的动作练习对于以后运动技能的掌握有很大的帮助，对于身体协调性、灵敏性、柔韧性等也有很大的帮助，动作练习也有利于力量、速度、耐力等运动素质的增长。《3～6 岁儿童学习与发展指南》中明确提出了动作发展的具体要求，分为"平衡能力、动作协调、灵敏""力量和耐力"两个方面进行了说明，对于平衡能力、动作协调、灵敏的要求是：能够沿直线在一定宽度的低矮物体上行走（和平衡木的练习有相似之处），能够双脚跳跃或者跨跳，能够进行攀爬等。力量和耐力要求是：抓杠悬垂一定时间，单脚连续跳一定距离。在"艺术"领域的表现与创造目标中提出了"喜欢进行艺术活动并大胆表现"，具体要求是：3～4 岁能经常自哼自唱或模仿有趣的动作，4～5岁愿意参加律动、舞蹈等活动。"社会"领域中提到的人际交往、社会合作等目标的中提到了合作、认可等。从《指南》可以看出，3～6 岁儿童的学习目标中，身心健康成长是第一位的，体育活动或者运动是实现身心健康最重要的内容或手段，众多动作发展的要求和体操动作有很大的相近之处，快乐体操的练习能够促进儿童的动作发展。

体操在发展的历史长河中，开发了多种多样的动作，出现之初就是为了增强学生的健康状况，动作设计之初就充分考虑了人类的基本特点。农耕时代在丛林中生活，为了获得食物，需要具备很强的生存能力，走、跑、悬垂、攀爬、跳跃等都是人类的基本运动能力，针对人类的基本运动能力的提高，设计了各种单杠、双杠、肋木、平梯、跳马等器械来加强基本能力的锻炼，随着社会的发展，教育得到了重视，体操成为教育的重要组成部分。快乐体操动作的设计与《指南》的要求切合性很强，体操的单杠、吊环等对于悬垂能力的锻炼有很大的帮助，平衡木的练习能提高平衡能力，但是滚翻对于平衡能力的提高的帮助更大，蹦床运动对于空中的感知觉能力也有很大的帮助，垫子上的俯卧、仰卧支撑对于上肢力量能够很好的锻炼，这些动作都是体操的基本动作，这是基本动作组成了快乐体操的内容，这些内容是符合儿童动作发展的要求的。

2. 动作发展科学为快乐体操发展提供了理论支撑

国外专家对于动作发展的研究较早，18 世纪人们就已经注意到动作发展的问题，主要是运用个案研究婴儿动作发展，20 世纪 30 年代，动作发展成为热点研究的领域，动作发展综合运用心理学、医学的研究方法研究动作发展的心理特征、生理特征。

20 世纪 80 年代以前我国几乎没有动作发展方面专门的研究，体育练习内容的选择只是"遵循身心发展规律"。关于什么年龄应该选择什么样的内容进行教学，在我国教育的历史上曾有过记载，"六艺"教育中的射（箭）、御（驾驶战车）是学校教育中最早记载的体育活动的内容，也是中国古代历史上最早与体育教育有关的记载。鸦片战争拉开了中国近代社会变革和转型的序幕，学校教育也发生了巨大的变化，"体操"开始进入社会大众的视野，在体操课程的教学中，众多教育专家提出体操练习应遵循儿童身体发展规律的主张。1984 年，人民教育出版社出版了《学前儿童体育的理论和教学法》，系统论述了 3 ~ 6 岁儿童的动作发展过程；1986 年出版了《幼儿体育教学大纲（试行草案）》和《幼儿体育教学法》，大纲和教材都以实证的方式探讨了走、跑、跳跃、投掷、平衡、钻爬和攀登等幼儿基本动作发展，并详细介绍了幼儿的基本动作的发展以及如何根据幼儿动作发展来设计教材内容和进行体育教学。

目前，对于儿童动作的发展主要是根据完成动作的参与的肌肉群的多少、大小来区别，将动作分为粗大动作和精细动作，粗大动作主要是大肌肉或者是参与肌肉较多的肌肉群完成的动作，也就是人类常用的走、跑、跳、投等动作，精细动作主要是由小的肌肉或肌肉群完成的动作，比如握笔、拿筷子、弹奏乐器、绘画等，粗大动作和精细动作是目前儿童动作发展中常用的分类方法，实际上完成任何动作都是两者的结合，比如单杠的悬垂动作，其中既有手的抓握单杠动作，也有上肢的大肌肉共同参与，对于动作的发展来看，粗大动作的练习处于儿童发展的早期，随着粗大动作的练习，儿童的发育和生长，开始进行精细动作的练习。动作发展的研究又根据空间位置、操控工具两方面的因素将粗大动作分为移动性动作、非移动性动作、操作性动作三种类型。移动性动作主要是指产生了空间位置的变化，比如爬行、跑动、跳跃、悬垂等；非移动性动作指不产生空间位置变化，如转体、伸展等；操作性动作是指操作、控制物体或工具的动作，如投球、踢球等。对于这些基本动作的练习是掌握复杂动作的基础，也就是说儿童时期储存的基本动作的数量和质量会影响将来对于更多高难度动作的发展，3 ~ 8 岁期间被认为是形成基本动作的关键时期。

（四）快乐体操与幼儿教育的融合路径

幼儿时期的学习能为以后的学习奠定良好的基础，培养儿童强健的体魄是幼儿期学习的关键，动作的发展不仅是健康成长的需要，也有助于培养良好的行为习惯。《幼儿园教育指导纲要》中明确提出为幼儿的终身发展打下良好的基础，幼儿幼教的培养目标或者教育目标就是为儿童将来的发展打下良好的基础，全面发展、终身发展就是幼儿教育阶段完成的首要目标。《3～6岁儿童学习与发展指南》等文件应成为幼儿园教育、学前教育教育专业人才培养的指导性文件，幼儿园教育应根据来进行教学管理、教学评价，各项教学活动都要完成《指南》中的目标，学前教育专业的培养目标就是培养幼儿教师，那么学前教育也应该积极进行人才培养方案改革，使所培养出来的人才能够完成《指南》中所规定的幼儿学习与发展的要求。《快乐体操等级锻炼标准》中3～6岁儿童动作设计也应按照《指南》中规定的动作发展的要求来进行设计、开发，将体操类的动作的选择严格按照幼儿动作的发展来进行遴选，动作的难易程度要符合3～6岁儿童的发展规律，更主要的是要符合幼儿的身心发展规律，将快乐体操的动作等融入游戏等活动课程来促进幼儿的全面健康发展。

"体医融合"促进了健康行业的发展，体育运动在疾病防治、亚健康治疗方面得到了更多专家学者的重视，体育成为治疗"未病"的一种手段。体操在医疗、健身方面的作用毋庸置疑，医疗体操就是借助于体操的平衡、协调、拉伸等各种动作以及器械来纠正身体姿态、锻炼肌肉、康复机体等。快乐体操对于儿童健康成长的益处较多，不仅能养成良好的身体姿势，而且还能促进身体机能的提高，倒立、滚翻、爬行、悬垂、支撑等多种动作，能够提高儿童认知、动作、心理等水平。随着社会的发展，感统失调的儿童数量也在增加，通过快乐体操的练习，能够起到很好的康复作用。搭建体育、医学等的产学研平台，可以加强相关理论的交叉融合，加强快乐体操在健康促进方面的理论研究，能够设计、开发更加科学合理的动作，丰富体操医疗的内容体系。快乐体操与医学、健康、教育等产学研平台的建设，能够为快乐体操促进儿童健康、治疗与预防亚健康、治疗心理或者精神方面的疾病提供更为翔实的科学数据，设计针对儿童健康的运动处方，使快乐体操促进大脑发育等建立在科学的理论基础上，能够让更多的家长认识到快乐体操健康价值。

1. 建设跨专业、跨学科的幼儿师资队伍

《幼儿园教师专业标准（试行）》明确了幼儿园教师应具备的专业素质，对于培养幼儿教师的各层次的学前教育专业也提出了明确的要求，为提高我国幼儿园教师的整体素质迈出了关键性的一步。《幼儿园教师专业标准（试行）》要求幼儿教师的培训应该按照该标准来实施，切实提高教师的教学能力，确保幼儿教育的质量。学前教育教育专业是我国培养幼儿教师的主要渠道，中专（职高）、专科、本科、研究生多种层次的培养将在长时间内并存，不同层次的学前教育专业肩负了培养准幼儿教师的任务，但是由于学制不同，生源也有一定的差距，各层次的培养目标有所不同，但是在培养目标里都提出了培养"具备基础知识、基本理论、基本技能、专业技能以及教育教学、管理能力的幼儿教师"。本科、研究生的培养将会向幼儿教育研究方向转化，因此中等职业院校和专科院校将为社会培养适合社会需要的幼儿教师。教师资格的国考政策，也将会吸引更多的跨专业学生从事幼儿教育，幼儿教师的职后培训也就显得更加重要，如何更好地将职前培养和职后培训更好地衔接起来，做好幼儿教师的培养至关重要。

快乐体操师资的培训如何纳入幼儿教师的师资培养过程中，成为快乐体操能否在幼儿园更好地开展的关键因素，没有良好的师资队伍，快乐体操在幼儿园的良好发展就是一句空话，从幼儿教师的调研中也发现，教师进行课程设计除受到幼儿园规章制度和器械制约外，教师个人的知识背景对于课程设计所占的比重很大。中国体操协会快乐体操推广组组织的快乐体操培训以及省市体操运动管理中心组织的培训活动，都是依托俱乐部或者公司组织，在培训的过程中收取了一定数额的培训费，而且往返交通费也是参训者自己承担，目前我国幼儿园社会办园所占比列较大，由于经费的问题而参训的幼儿园教师的数量较少。部分省市体操运动管理中心采取了与教育部门联合的形式，开展了形式多样的快乐体操进幼儿园的活动取得了良好的效果，获得了社会、幼儿园、家长的称赞，那么如何将快乐体操的活动纳入幼儿教师职后培训中，教育部门在组织幼儿教师培训时邀请快乐体操的专家进行培训显得至关重要，快乐体操的教学内容能否成为幼儿教师资格证考试中面试的内容，这也成为快乐体操推广的一个壁垒，快乐体操的教学设计、教学内容纳入"国培计划"，将会使快乐体操在幼儿园的推广实现跨越式发展。根据《社会体育指导员技术等级制度》《社会体育指导员国家职业标准》的要求，将快乐体操辅导员、教练员纳入社会体育指导员资格管理体系中，经过快乐体操教练员培训能够获得相应级别的社会体育指导员职业资格证书，将会吸引更多的休闲、娱乐、健身等方面的教练员来参与培训。

社会力量也是快乐体操师资力量培养的一个重要力量，快乐体操俱乐部、运动馆也刚刚起步，俱乐部、运动馆在营销的过程中，也需要进行宣传、展示快乐体操的优势，也在积极推广快乐体操活动，在市场竞争中为了更好地生存，俱乐部、运动馆也在打造自己的师资队伍。快乐体操器械生产企业也在快乐体操的推广过程中发现了商机，为了销售自己的快乐体操设备，也希望更多的幼儿园、俱乐部、运动馆购买自己厂家的器械、设施，快乐体操推广的程度也就影响了器械、设施的销售，快乐体操器械生产企业因具备相对雄厚的资金实力，成为快乐体操推广中不可小觑的力量。国家体操运动管理中心、中国体操协会如何协调教育部门、团委、妇联等部门以及体育制造企业、俱乐部等培训机构，形成共同的合力来进行快乐体操师资力量的培训就显得尤为关键。我国体育社会组织目前处于发展阶段，存在着数量不足、结构待优化等一些问题，党的十八大明确提出了"创新社会治理体制"，应进一步加强治理。社会组织在体育的发展中的发挥了重要的作用，儿童体育更是各种社会组织关注的焦点，2017年，中国宋庆龄基金会、中华全国体育基金会共同主办的"全国幼儿体育指导教师培训班"，北京师范大学中国公益研究院、中国儿童少年基金会、国际公益学院、深圳市微马体育基金会联合发起的"下一代体育"公益项目启动等，社会组织参与体育主要还是关心儿童的健康成长，应积极宣传快乐体操能够促进儿童健康成长方面的价值，得到其他社会组织的认可，从而吸纳更多的社会组织来宣传、推广快乐体操运动。

2. 积极构建基于动作发展的《幼儿运动游戏》课程

中华人民共和国成立后共颁布了3个有关幼儿园课程的文件，《幼儿园暂行教学纲要》（1952）和《幼儿园教育纲要（试行草案）》（1981年）是按照学科来进行课程设计的，2001年颁布的《幼儿教育指导纲要（试行）》是按照领域来进行课程设计，课程设计实现了从学科到领域的变化。《幼儿教育指导纲要（试行）》是按照五个领域进行课程设计，但在该文件中还是明确提出了"开展户外游戏和体育，发展基本动作"，体育、语言、音乐、美术等还是进行幼儿教育的重要课程，但是在2010年之后的文件中更加重视幼儿游戏，将游戏作为幼儿开展活动的手段而不再提体育活动，基于以上变化认为游戏是实现幼儿动作发展的手段，提出建设《幼儿运动游戏》课程的设想。游戏是幼儿园进行动作教育的主要课程，进行动作教育只是显性功能，更重要的是对于幼儿园教师的调查也发现，体育运动技能的缺失很严重，这就在一定程度上为快乐体操在幼儿园的推广与普及预设了障碍。

幼儿园的课程类型很多，划分的标准也不尽相同，但归纳起来主要有：按组织形式分为分科课程、综合课程，按儿童学习方式分为学科课程、活动课程，按照课程功能分为显性课程和隐性课程。活动课程或者综合课程中，快乐体操应该以分化动作的形式成为游戏课程内容的一部分，在游戏课程的设计中充分利用各种各样的体操基本动作。快乐体操的基础动作可以分为徒手动作和器械动作。游戏课程可以将众多的单个动作进行组合，根据幼儿的特点进行趣味性、娱乐性的设计，韵律操、体育游戏、模仿操是幼儿选择的主要运动类教学内容，快乐体操的动作正是韵律操、体育游戏、模仿操构成的要素，加以合理的创编就能成为很好的教学内容。快乐体操基本动作的练习在促进幼儿动作发展的基础上，对于幼儿的身心健康也有很大的促进作用，快乐体操的基本动作的游戏的设计，对于增进幼儿情感、交往、适应能力也有很大的帮助。快乐体操的基本都是个人身体的展现，在展示个人的身体魅力的时候，能够获得充分的自信，增强自尊心，更能够使儿童很好地了解自己的身体能力，充分认识生命的意义。双人或多人合作动作或者在同伴的配合下完成动作，能够增进儿童之间的交流与沟通，很好地培养儿童的合作意识，双人合作的动作还能教育儿童之间的尊重、感恩。在选用快乐体操动作组成的游戏中，不仅要挖掘快乐体操动作的显性功能，更要充分挖掘快乐体操动作中的隐形功能，在发展幼儿动作的基础，充分发挥快乐体操育人的功能。

快乐体操动作与幼儿体质健康测试指标的相关性很强。《国民体质健康测试标准》的指标能够很好地反映幼儿的身体体质健康状况，可以说是能够很好地评价《3～6岁儿童学习与发展指南》中的动作发展的目标，快乐体操动作的练习能够促进幼儿力量、速度、柔韧、协调、灵敏等反应人体体质的素质等的提高，通过练习能够很好地提高幼儿的身体素质发展，从而能够更好地增强幼儿体质健康状况。快乐体操动作数量繁多，支撑或者半支撑、悬垂等动作能够很好地增强幼儿上肢的力量，从而解决幼儿目前上肢力量下降的问题。快乐体操动作之间的变化以及利用器械，可以增强身体对于动作变化的适应，增强手脚的协调配合，快乐体操动作主要是身体能力的展示，在练习的过程中采用的各种屈伸转体等动作，能够增加肌肉、韧带等的延展性和关节的灵活性。

对幼儿园教师的调研也发现，轻器械或组合器械是幼儿教师上课首选的教具内容，体操垫、平衡木选择也较多，幼儿教师反映想选择也没有体操垫等，这说明幼儿园器械存在不足。幼儿教师在活动类课程的设计中，器械或者教具也影响了教师对于教学内容的选择，在幼儿园能否购置快乐体操器械的问题上，发现幼儿园领导是持肯定态度的，快乐体操的器械完全根据儿童的特点进行设计，符合幼儿园的实用，也便于在幼儿园教室内放置，所占空间也比较小，能够便于拆卸和移动，幼儿教师可以充分利用多样性的器械进行课程内容的设计开发。快乐体操器械的颜色、形状等对于幼儿也有很强的吸引力，蹦床等小器械更是深受幼儿喜爱，符合幼儿的认知特点，垫子柔软富有弹性，也能设计多样的活动类游戏，能够创设多样性的游戏活动情景，便于幼儿进行运动体验，培养幼儿的运动兴趣。

动作发展作为幼儿学习与发展的一个重要目标得到了国内外幼儿教育的重视，幼儿参与运动能够促进幼儿的动作发展和体质健康，游戏作为幼儿教育的重要手段，那么构建适合幼儿动作发展的游戏课程就显得至关重要。幼儿体育是伴随着学前教育的发展而兴起的，19 世纪初期幼儿身体教育得到了重视，一些工业发展较早的国家先后颁布了关于幼儿教育的法令，明确规定了幼儿身体教育是幼儿教育的重要组成部分，英国最早的幼儿教育机构就开设了身体教育等课程，日本年公布的"学前教育法"，提出了"培养幼儿的健康……，求得各项机能的协调发展"，法国也认为身体发育是幼儿教育的重要基础，将体操作为幼儿学校的课程。2006 年成立的亚洲幼儿体育学会举办的第四届亚洲幼儿体育大会，探讨了"幼儿期至儿童期运动能力的发育""运动、营养及娱乐与儿童健康"等议题，《3 ~ 6 岁儿童学习与发展指南》中明确提出了幼儿动作发展的目标，我国幼儿动作方面的教育将会得到逐步重视。

基于幼儿动作发展的需要和幼儿参与运动的形式主要以游戏的方式进行，应积极构建适合学前教育专业人才培养的"幼儿运动游戏"课程，补足幼儿师资培养中学生对于幼儿动作发展的欠缺，提高对于幼儿动作发展理论与实践的学习，为走上工作岗位从事幼儿教育打下坚实的基础。学前教育专业"幼儿运动游戏"课程的建设，将会对幼儿园的课程建设起到规范、引领作用，为更多的幼儿教师在教学中开展运动游戏教学提供坚实的理论与实践的经验。

3. 切实完善学前教育专业的动作发展课程体系

快乐体操要融入幼儿园开设的课程中，也要融入学前教学专业课程设置中，只有如此才能将快乐体操更好地在幼儿园中推广开展。我国幼儿教育师资力量主要来自中职、高职、中师、高校学前教育专业的毕业学生，通过对学前教育专业的人才培养方案的调研发现，目前学前教育专业的课程设计一般划分为"公共基础、专业基础、专业技能、综合实践"等四个模块，基本上涵盖了开设的主要课程。学前教育专业课程设计中，在公用基础模块中开设了"体育"课程，在专业基础模块中开设了"幼儿游戏理论与指导"等课程，专业技能模块中主要以学前语言、学前数学、学前音乐、学前美术、学前科学等课程为主，综合实践模块主要是定岗实习等。通过查阅学前教育专业人才培养方案发现，除了国家要求学校必须为学生身心健康开设的"体育"课程外，学前教育专业学生的培养中与身体健康有关的体育或运动类课程较少，部分院校学前教育专业开设了"幼儿游戏理论与指导""幼儿体操与律动""学前儿童体育与健康""幼儿游戏理论""人体解剖生理学""儿童发展心理学""学前卫生学""学前健康教育"等课程。

对我国部分高校开设的学前教育专业人才培养方案分析发现：不同层次的人才培养方案在培养目标上有一定的差别，但是对于培养幼儿教师的要求基本上是相同的；在课程安排中，核心或者主干课程的要求也基本相同，完全能够符合学前教育专业的要求；音乐、美术等艺术课程在专业技能课程安排中所占比重较大，对于提高学生的艺术素养起到了很大的促进作用；身体运动或动作发展的课程是薄弱的环节，"人体解剖生理学"或者"人体解剖学"是作为专业基础课程开设的，该课程主要是讲授身体基本构造等，生理学主要讲授人体机能，为了解身体活动或运动提供了一定的理论帮助，"游戏"课程是直接与运动有关的课程。

学前教育专业的课程设计是根据培养目标选择的课程内容，通过对学前教育专业的课程设计的分析发现，与动作发展有关的课程较少，如何设置符合幼儿教育需要的《3～6岁儿童学习与发展指南》在健康部分，明确提出了动作发展的要求，《幼儿园教师专业标准（试行）》也明确要求掌握幼儿的身心发展特点了解幼儿发展水平、速度等，引导幼儿在游戏活动中获得身体等多方面的发展，但课程设置的缺失，将会影响人才培养的质量，对于将来走上幼儿教师的工作岗位产生消极的影响。

基于社会需求培养人才是高校教育教学改革的一个重要依据，《3～6岁儿童学习与发展指南》《幼儿园教师专业标准（试行）》等文件明确了幼儿学习与发展的目标和幼儿教师应具备的能力，学前教育专业应培养符合社会需要的幼儿师资，为学生将来走上工作岗位提供良好的教育背景。对学前教育专业的负责人、幼儿园负责人访谈过程中，也都认识到培养过程中运动技能或运动知识的欠缺对于从事幼儿工作的局限性，幼儿园能够开展和运动沾边的活动难度特别大，幼儿教师在学校期间就不喜欢参与体育运动，运动技能的掌握比较差，即使喜欢参与运动也是符合成人运动的项目，不适合在幼儿中开展，在组织游戏中也就局限在生活类、智力类等的游戏。学前教育专业的负责人认为：动作发展对于幼儿的健康成长的确重要，动作发展是作为儿童心理学的知识进行课程安排的，缺乏专业的动作发展和运动技能形成方面的教材和师资，也认识到运动对于幼儿发展的重要性，师资的缺乏造成了课程建设的落后。

二、快乐体操与小学教育的融合

体操一直是作为实现学校体育、身体教育目的的重要手段，100多年前著名的英国公学改革中，就将体操、击剑、马术、中长跑等引入校园，体操运动被认为对人的全面素质提升大有裨益。我国学校体操教学模式来源于日本，中华人民共和国成立后，学习了苏联的教学模式。改革开放后，随着体质测试标准的调整以及多样化体育运动项目进入学校，体操在学校体育教学中的地位有所减弱。学生体质健康状况的持续下降、学校体育教学改革、竞技体育后备人才培养模式的改变等体操的适应性变化，国家体育总局、体操运动管理中心适时推出了快乐体操，期望改变小学的体操教学的状况，吸引更多的儿童参与体操运动，扩大体操后备人才培养的规模。教育部也在积极推动学校体育教学的改革，重视学校竞赛运动的开展，"一校一品""一校多品"等丰富了校园体育活动，快乐体操在校园中的开展将迎来新的环境。

全民健身国家战略背景下，青少年体育的问题受到更多的重视，学校是青少年活动的主要场所，体育体制机制的改革将使校园体育在竞技体育人才培养方面发挥更加重要的作用，校园体育将会受到更多的重视。我国在特殊的历史背景下，举国体制为我国竞技体育的腾飞做出了卓越贡献，但"三级训练"网络的竞技体育训练体系的弊端亦日渐呈现，处于"三级训练"基础的市县级体校数量减少，参训运动员数量锐减，同时退役运动员的安置问题逐渐突出，从而暴露了三级训练体系在运动员文化教育方面的缺失。"体教结合"运动员培养模式的出发点是为了充分发挥体育系统、教育系统的优势，更好地培养高水平运动员，但在具体实践过程中也逐步暴露出问题，运动员的文化水平并没有得到实质性的提高，教育系统将有限的体育资源投入高水平运动队的建设，竞技体育的引领作用并没有很好地体现。提高学生体质健康水平成为教育系统首要面对的问题，"体教结合"实践过程中出现的问题也得到了众多专家学者的重视，他们从不同的视角分析"体教结合"过程中存在的问题，提出了竞技体育与学校体育由"体教结合"向"体教融合"发展的论断，认为体育应该回归校园。

我国学生体质健康连续多年呈现下降的趋势。体质健康测试作为检验学校体育工作水平的一项重要衡量指标，得到了教育部门领导、学校领导、体育教师的重视，反映学生力量状况的引体向上等测试成绩的下滑，使得学校重新考虑体操教学内容缩减以及学校体操器械缺乏的问题。学生体质健康状况的下滑和竞技体育后备人才规模的萎缩，也引起了教育部门和体育部门的高度重视，为此2009年成立全国青少年校园足球领导小组，以足球运动为切入点开展了校园足球运动，小学教育阶段的是儿童教育的关键阶段，从游戏教学向学科教学的过渡中，体育教育作为一项重要的内容对于儿童的发展也至关重要，这一时期儿童体育兴趣的培养、体育习惯的养成、体育文化的熏陶对于全面健康发展有很大的帮助，体操是小学体育的重要组成部分，在我国小学教育的发展也不断演化进步，快乐体操运动的提出符合新时期小学体育的教学理念与思想。

（一）我国小学教育发展现状

1. 小学规模数量现状

我国小学教育的基础比较薄弱，学校数量与规模一度远远不能满足学生的就学需求，1986年《中华人民共和国义务教育法》颁布实施，迎来了中小学建设的春天，全国各地新建翻建了大量中小学，中小学的数量增加迅速。20世纪90年代我国提出了实现"两基"的目标，并在2000年如期实现"两基"规划目标，2001年之后在"县为主体"的管理体制下，优化学校资源、调整办学布局成为发展的主旋律，在小学的数量减少的同时，学校的硬件得到了很好的改善。小学规模的稳定发展，为学校持续改善校园环境提供了很好的条件，校舍等得到改善的同时，学校将会投入更多的精力进行内涵式发展，提高学校的教学质量，学校体育也会在学校发展的大环境中的得到很好的发展。

2. 小学师资力量现状

教师是课程的具体实施者，教师素质的高低对于教学的质量有很大的影响，体育师资力量的缺乏是影响小学体育课程建设的重要因素，中华人民共和国成立后，对于学校体育工作尤为重视，通过体育来塑造身体强健的青少年，为解决体育师资的短缺问题，专门开设了体育师资培养的学校或系科，有效缓和了体育师资力量不足的状况。

随着体育教育专业的招生规模的持续增加，体育师资的培养应该能够满足学校体育教学的需求，但受到编制等诸多问题的影响，中小学体育师资缺乏的问题依然存在。2008年颁布的《国家学校体育卫生条件试行基本标准》要求按照师生比、专职与兼职小学体育教师比等要求，按照文件要求的标准进行核算，共需体育教师436067人才能满足小学体育教学的要求，2010年《中国教育统计年鉴》数据显示，全国现有小学体育教师231390人，可以看出目前小学体育教师的缺口很大。2013年后，我国小学教师的数量增加较多，增长速度较快，截止到2019年，小学教职工585.26万人，比上年增加12.01万人，增长2.10%；专任教师626.91万人，比上年增加17.72万人，增长2.91%。专任教师学历合格率99.97%，与上年持平。小学教师数量一直在增长，但体育教师等不足的情况仍然存在，体育师资的培养规模的扩大和小学体育师资缺乏似乎是很矛盾的问题，如何进一步增加中小学体育教学的数量仍旧是影响学校体育教学的核心问题。

3. 小学体育设施现状

我国各级政府不断加大对基础教育的投入，小学教学条件得到了很大的改善，运动场地等体育设施的数量和质量也在不断提高，2019年底，全国小学、中学体育运动场馆面积达标学校率分别为 90.22%、93.54%，体育器械达标率分别为95.38%、96.56%，较"十二五"期间大幅度提升。国家对于基础教育经费投入的逐步增大，学校体育运动场现已进行了大规模的塑胶化场地改造，体育器械的达标率也在逐步提高。

如今，大部分小学按照器材配备目录的要求购置了体操和与体操相关的健身器材，单杠、双杠、山羊、跳箱、助跳板、体操垫等配备达到了 100%，平衡木、蹦床弹网、橡胶跑道垫等配备情况不理想，仅有个别学校设置了室内体操场地，室内体操教学场地的建设将为快乐体操的开展提供了良好的场地条件，随着小学体育场地建设水平的提高，将会有更多的学校建设室内体育场地，为快乐体操的开展提供更好的硬件条件。

（二）体操教学在小学教育中的历史演进

1. 小学体育教学中体操内容的变化

我国小学体育课程的建设和发展与社会经济、文化、教育等方面的发展密不可分，1949—1992 年先后出台了一些有关小学体育教育的文件，规定了小学体育每周的上课时间，确定了"培养儿童健康和健美体格、培养运动兴趣与运动习惯"等教学目标，规定体操、技巧、田径、球类等 7 大类内容为小学体育的主要教学内容，2001 年出台了《全日制义务教育：体育（1 ~ 6 年级）课程标准》，新的课程标准的研制实行强调体育教学的目标，对于小学体育教学的内容也进行了规定，但是没有明确要求必须完成具体的运动项目的内容，体操教学内容受到器械场地、教师态度、学生选择等多方面的影响，在小学体育中开展出现了滑坡现象。

小学体育课程的改革与国家的政治、经济、文化、教育发展息息相关，"健康第一"是对学校体育的基本要求，也是学生全面发展的基础，学校体育教学内容的选择紧紧围绕着促进学生身心健康这一基本目标。在贯彻党的教育方针政策，落实"健康第一"教学思想下，体育领域相继出现了"终身体育""快乐体育""阳光体育"等思潮，在一定程度上影响了历次小学体育教学大纲、课程标准的修订，同时体操教学内容有所变化，但是体操在小学体育教学中仍占有一定的地位。体操历来是我国学校体育教学的重要内容之一，课时在整个中小学体育课总课时中所占比重较大，体操教学的内容涵盖了基本体操、垫上运动、支撑跳跃、器械练习等。对"健康第一"的错误理解产生了"降低难度要求""对竞技体育的排斥""安全极端论"等对于体操在小学体育教学中的影响是巨大的，小学体育中体操教学的地位开始受到影响。

2. 小学体操竞赛及训练的开展状况

1955 年颁布的《关于小学课外活动的规定》就将课外体育活动、训练与竞赛作为学校体育的重要组成部分。1959 年举行的全国少年体操比赛、1964 年举行的 21 城市少年体操锦标赛、1965 年举行的全国少年体操锦标赛的参赛运动员几乎全部来自中小学学校。随着社会的发展，体操在中小学中处于一种尴尬的境地，体操体校消失，教学内容缩减，甚至出现了体操内容可上可不上的现象。彭庆文等认为竞技性体操的高难发展，使人们对体操产生了误解，找不到适合学校体育发展的新体操理念，应遵循"市场"规律，对学校体操的地位和教学内容进行重新估量与选择。

体操动作的高难度发展影响了体操在小学校园内的开展，体操动作难度的发展带来一个不可回避的问题就是运动损伤事故，为了完成更高难度的动作，获得比赛的优异成绩，运动员、教练员在训练中不断进行动作创新，动作创新的过程中出现伤害事故的可能性增加，更是因为不断挑战人体的极限，动作难度在继续发展。世界体操比赛的难度动作已经不是普通人群所能完成，观赏比赛成为唯一的选择，而且达到了望而却步的程度，体操动作难度的不断增加，使体操比赛成为为数不多的运动员的专属，体操动作难度的增加和伴随动作创新与发展过程中出现的伤害事故严重制约了体操参与人口的数量。

3. 小学生体质健康测试内容的变化

新中国成立初期，由于经济落后、生活条件差等原因，我国青少年身体健康情况较差，改善青少年的身体健康状况成为重要的一项工作，党中央、国务院以及教育部、体育运动委员会等高度重视，党和国家的领导人毛泽东等同志在不同场合提到了青少年健康的重要性，如"健康第一，学习第二"就是明证，"健康第一"的思想成为中小学体育的指导思想，并在不同的历史时期逐步发展成熟。在"健康第一"的指导思想下，1952 年颁布的《准备劳动与卫国体育制度暂行条例》和 1964 年颁布的《青少年体育锻炼标准（草案）》，对于提高国民体质健康状况起到了很好的促进作用，广大青少年掀起了保家卫国、锻炼身体的热潮。由于技巧、单杠、双杠、跳马等体操内容在《劳卫制》以及锻炼标准中所占比重很大，体操在特殊的历史时期得到了快速的发展，通过体操锻炼身体的热情高涨。

1975 年颁布实施的《国家体育锻炼标准》中，测试内容中体操所占的比重很大，其中儿童组（10 ~ 12 岁）的测试内容技巧动作有"前滚翻两腿交叉转体 180 度—后滚翻（男）；前滚翻两腿交叉团体转体 180 度—单腿前滑成纵劈腿—后腿前摆成并腿坐—后滚翻（女）"。1982 年颁布实施的《国家体育锻炼标准》中，技巧、支撑跳跃、单杠、双杠等项目的测试内容已经被去掉，爬竿、引体向上（男）、1 分钟仰卧起坐等与体操还算有关系的身体素质的内容列入了第五类中。1990 年颁布实施的《国家体育锻炼标准》中，在第五类中与体操沾边的测试内容有 1 分钟仰卧起坐、20 秒立卧撑、斜身引体、引体向上、双杠臂屈伸以及屈臂悬垂等内容。

2002 年教育部、国家体育总局颁布了《学生体质健康标准》，根据小学生的生长发育规律，将测试内容做出了调整，小学一、二年级的体质测试仅为形态的身高、体重和反应柔韧性的坐位体前屈，小学三、四年级减少了坐位体前屈，增加了速度、爆发力的 50 米跑、立定跳远，到了五、六年级测试内容变化较大，增加了反映身体机能的肺活量，对于耐力项目也增加了台阶试验、50 米 ×8 往返跑（C2 选 1），对于力量、柔韧测试男生、女生有差别，总体上来看，指标的选择有一定的科学性和可操作性，但是学校规定《学生体质健康测试标准》是学校体育的一项重要工作，对于体育课教学和课外体育活动有很大的影响作用，特别是 2003 年国家教育部、体育总局开始组织抽测，学校面对着学生体质健康水平下降的问题，《学生体质健康测试标准》成为教学的风向标。《学生体质健康测试标准》指标的选取问题，很大程度上影响了体育课教学内容的选取，特别是单杠的悬垂、摆动动作的关系最近的引体向上的取消，使小学体操教学中的悬垂、摆动、支撑、跳跃、技巧等动作不再受到教师和学生的欢迎，小学体操教学的内容紧紧剩下了广播体操等韵律性的内容。

（三）快乐体操与小学教育融合的适切性

体操历来是我国学校体育教学的重要内容之一，课时在整个中小学体育课总课时中所占比重较大，体操教学的内容涵盖了基本体操、垫上运动、支撑跳跃、器械练习等。国家体育总局体操运动管理中心、中国体操协会推出的《快乐体操等级锻炼标准》符合我国中小学的《义务教育体育与健康课程标准（2011 年）》，能够很好地在小学校园内开展，有助于更好地完成小学的体操课堂教学、课外训练等。

1. 符合小学体育与健康的课程目标

小学体育与健康课程的目标是：通过身体练习，学习运动知识，掌握运动技能与方法，达到增进健康、培养终身体育意识和能力。快乐体操能够很好地进行身体练习，而且是其他运动项目不可能做到的，体操在发展的过程中发展了更多的适合锻炼的动作，设计了各种类型的器械，滚翻、倒立、支撑、平衡、柔韧等涵盖了人体运动素质的各个方面，能够很好地促进学生身体素质的发展通过运动素质的提高来改善人体的技能，体操练习过程中对于身体姿态的要求以及对于动作的规范性能够很好地纠正人体的不正确的身体姿势，对于改善小学生常出现的"驼背""走姿不正"等有很大的益处，能够帮助他们养成注意身体姿势的良好生活习惯；在体操练习的过程中还能促进同学之间的交流与沟通，保护与帮助是快乐体操练习过程中的最大特点，同学之间在动作练习过程中的相互帮助能够让学生更好地体验人与人之间的合作，快乐体操的一些动作还能够让学生很好地规避风险，比如跳跃落地时的"屈膝下蹲"的缓冲动作、滚翻动作能够使学生在摔倒落地时起到缓冲的作用等；快乐体操的练习还能帮助学生克服心理的恐惧，比如跳过小跳箱、平衡木上完成动作都还有紧张情绪的产生，多次体验动作将有助于心理健康。

快乐体操符合体育与健康课程的基础性、实践性、健身性、综合性的特征有助于学生养成锻炼身体的习惯，掌握悬垂、支撑、跳跃等锻炼身体的技能与方法，并能够改善学生的不良身体姿势，倒立、滚翻等动作能够改善身体机能，达到预防疾病的效果，通过动作练习形成的基本运动技能还能有助于规避生活中的一些风险。

2. 符合小学体育与健康的课程理念

小学体育与健康课程的指导思想是"健康第一"，在课程实施过程中，注重学生学习兴趣的激发，快乐体操最早提出就是为了改变体操运动发展过程中过分强调竞技能力的挖掘，训练以参加比赛获得金牌为唯一目标，为了追求金牌不惜损害运动员的身心健康，训练负荷过大违背了少年儿童的生长发育规律，过早的专项训练、高难度动作的练习造成大量的运动损伤，体育与教育的分离造成了运动员文化教育的缺失，竞技体操运动训练过程中的诸多问题皆因对于"金牌至上"的追求，快乐体操与竞技体操的本质区别在于：以参与儿童的健康成长放在第一位，选择具有健身性、趣味性的动作为主要内容，动作难度的选择与设计符合儿童身心健康的发展规律，所使用器械符合儿童生长规律并更加注重安全性、新颖性，快乐体操的这些特点完全与小学体育与健康课程的理念相符。快乐体操在校园中的开展还能丰富校园体育活动的内容，让学生有更多选择的余地，注重地区性差异和满足学生的个体性差异。

3. 符合小学体育与健康的课程内容

《体育与健康课程标准》详细说明了课程内容的学习目标、评价要点，并对于评价方法进行了举例。体育与健康课程标准的体操运动技能的学习内容与快乐体操的内容基本相同，说明快乐体操竞赛与训练在小学校园内开展符合要求，能够很好地对课堂教学起到补充和促进作用，竞赛与训练的开展还能够提高学生的技能水平，提高学生参与课堂教学的积极性。在身体健康领域还分别从提高学生塑造良好体形和身体姿态、全面发展体能与健身能力两个方面进行了说明，其中塑造练好体形、改善身体姿态里面的要求就是体操的基本动作练习，通过体操基本动作的练习，能够很好地纠正不良的身体姿态。发展体能里面列举的柔韧练习、力量练习的内容也是快乐体操练习的内容，比如：仰卧推起成桥、跪坐后躺下、双杠臂屈伸、单杠斜身引体等。

4. 能够丰富学校课余训练与竞赛

2005 年，教育部颁布了《教育部关于落实保证中小学生每天体育活动时间的意见》，并就每天体育活动的开展形式等进行了详细的说明。学校体育竞赛和训练受到"竞技体育超前发展"以及后来竞技体育"举国体制"的影响，学校体育课外训练和竞赛开展情况很不乐观，小学除了开展一年一度的田径运动会之外，课外训练基本难于开展。2006 年开展的"阳光体育运动"丰富了学生的校园体育生活，2009 年开展的校园足球运动进一步推动了校园体育运动的发展，以及近年来推进的"校校有特色，人人有特长"的"一校一品"工程在一定程度上助推了"阳光体育运动"的开展。"阳光体育运动"使更多的少年儿童走出教室，走向运动场，在保证课堂体育教学的同时，更加注重课外体育活动的开展，大课间、体育社团活动等在小学校园内红红火火，更多的运动项目走进了校园，培养了小学生的体育运动兴趣，养成了良好的运动习惯，掌握了一定的运动技能，快乐体操正是基于校园体育发展的大背景下推出的运动项目。

快乐体操赛事作为一项儿童的业余赛事或者群众赛事，在赛事活动安排时应积极构建体操专业赛事与快乐体操业余赛事的联通体系，打造原创快乐体操 IP 赛事。快乐体操运动普及时间较短，参与人群数量较少，比赛以娱乐性、趣味性比赛为主。

学校体育的开展更确切的是将体育纳入中考，参与一定级别的比赛并获得一定的比赛名次可以在中考中给予免测运动技能的规定，将会吸引更多的学生参与体育竞赛，从而带动小学阶段的体育赛事，快乐体操的赛事活动将迎来发展的新契机。商业性体操俱乐部应积极以快乐体操赛事为载体，努力开拓赛事通路，促进快乐体操赛事进校园，进社区，不仅让俱乐部收获良好的社会声誉，也吸引更多的学生参与快乐体操训练与竞赛。

5. 能够改善小学生体质健康状况

2014 年，教育部相继出台了《学生体质健康监测评价办法》《中小学校体育工作评估办法》《学校体育工作年度报告办法》等文件，将学生体质健康监测作为一项重要工作纳入了学校监测体系中，在教育工作评估和评优评先中对于学生体质健康下降实行"一票否决"，在政策层面保证了学生体质健康工作的顺利实施，学生体质健康监测、学校体育工作评估将成为学校的一项重要工作。改善学生体质健康状况已经成为政府、学校面临的重要难题，学校体育工作作为增强学生体质健康、强健学生体魄的重要手段，如何制定科学合理的提升学生体质健康的方案成为工作的重中之重，学校体育的教学改革、课程改革、考试制度改革等都将围绕着增强体质健康进行，势必带来对于学校体育教学理念、课程目标与内容的反思与重构。

体操的内容曾是体质测试的重要内容，《体质健康测试标准》的多次修订过程中，体操的内容逐步减少甚至消失，这在很大程度上影响了社会、学校、学生对于体操的误解甚至对于体操教学的否定，认为体操作为体育的教学内容是错误的，体操在小学体育教学中存在是因为我们的教材照搬"苏联模式"造成的，但是不可否认的是体操是体育教学的重要内容，能能够很好地促进学生多方面运动素质的增强，小学体育与健康课程标准在身体健康领域还分别从提高学生塑造良好体形和身体姿态、全面发展体能与健身能力两个方面进行了说明，体操的基本动作都是这两个方面水平发展的重要手段，说明我们的小学体育与健康课程的教学并没有否定体操的教学地位，体操运动能够改善学生的身体形态，增强学生的运动素质。

《学生体质健康监测评价办法》从身体形态、机能、素质等三个方面选取指标来评价学生的体质健康状况，但是在三个方面的指标选取方面是否科学、合理值得商榷。在反映身体素质的指标中有 50 米跑、坐位体前屈、1 分钟跳绳、1 分钟仰卧起坐（3 ~ 6 年级）、50 米 ×8 往返跑（5 ~ 6 年级）等内容，这些指标在选择过程中要考虑便于测试、地区差异、学生差异等的因素很多，但是这些指标与小学体育与健康课程的发展目标要求有一定的差距，在选择指标时参考课程的发展目标是否更能符合中小学的教学实际。学校在严格执行国家的学生体质健康测试要求，教师也在按照课程标准进行上课，应加大宣传改变观念，重新认识快乐体操在小学体育与健康课程中的地位，充分发挥快乐体操教学的理念、手段、方法、器械来丰富小学体育课堂教学，切实增强学生的体质健康水平。

（四）快乐体操与小学教育的融合途径

1. 快乐体操与小学体育教学的融合

国家颁布的《义务教育体育与健康课程标准》中体操内容仍是小学体育教学的重要内容，教育部门、学校和体育教师应充分认识到体操的健身、教育等价值，积极做好体操内容的教学工作。《快乐体操等级锻炼标准》中 5 ~ 10 级的内容与小学体育与健康课程标准中对于运动技能要求掌握的内容基本相符合，但是对于开展快乐体操教学与训练的器材设计更加科学和合理，更加符合儿童的身心发展规律，更加安全和便于使用。小学体育场地面积、器械设施等运动条件在不断改善，在增加室外运动面积的同时，应积极完善室内体育运动面积，使快乐体操的教学具有更好的场地条件，平衡木、跳马、体操垫等长期存放仓库，没有固定的室内场所供器械的摆放成为制约体操教学开展的重要因素，体操教学尤其是器械体操的教学内容需要专门的器械，上课时需要来回搬运、布置也造成了体育教师较少选择体操教学内容的原因，再次是因为体操教学集体练习的内容少，很多动作的练习是单人或者在同伴的配合下完成，由于器械少，班级人数多，学生练习次数与频率太低，这些问题随着国家对于小学的投入增加而得到逐步改善，教师应积极进行体操内容的教学。

快乐体操符合小学体育与健康课程标准的理念、目标、内容，是在小学体育教学中能够开展的运动项目，但在与小学体育教学的融合过程中也面临诸多问题，要想快乐体操真正融入小学体育教学中，应做好以下工作：

第一，改变教师对于体操教学的观念，体操本就是体育教学的重要组成部分，竞技体操的发展是对于人体潜能的无限挖掘，竞技体操的发展与学校体操的开展不是矛盾的事情，竞技体操训练带来的伤病等问题不会在学校体操教学中发生，学校体操的教学是安全的，能够促进学生健康成长。

第二，改善学校的体操教学设施，购置更符合小学生生长发展规律的快乐体操器械，增加室内体操教学场地的建设，多方努力将快乐体操器械进入小学器械配备目录，毕竟快乐体操的器械的研发与设计更加符合学生生长发展规律，器械的高度、安全性能更符合体操教学。

第三，加大快乐体操的宣传，进行快乐体操教材健身。众多运动项目都在进行校园推广活动都进行了"改造"，比如三对三篮球、五人制足球、趣味田径等，快乐体操应积极完善动作内容、制定运动规则、建设教材，使其更加适合在小学中推广。

2. 跨组织开展快乐体操训练与竞赛

课外体育活动、课余体育训练与竞赛同体育课教学一样，都是学校体育的重要组成部分，国家从法律以及其他规章制度方面，对于学校开展课外体育活动、课余体育训练与竞赛给予了制度保障。从《中华人民共和国体育法》的条款规定中，学校体育要开展课外训练和体育竞赛，竞技体育方面也要开展业余体育训练，体育训练与竞赛成为连接学校体育和竞技体育的纽带，开展体育训练与竞赛不仅能丰富学校体育的内容，还能很好地提高运动项目的竞技水平与成绩。学校体育的课余体育训练因受到"举国体制"等的影响，课余体育训练在学校中得不到足够的重视，学校领导、体育教师等认为体育训练是竞技体育的重要内容，是各级体校、省市及国家运动队等开展的工作。小学体育教师认为开展课外体育训练首先要获得教育部门和学校领导的支持。

利用本校的体育场地设施和教师资源进行快乐体操的训练是最基本的方式，但是校内资源的快乐体操训练受到一定条件的制约和限制，比如教师的待遇问题、快乐体操场地设施资源短缺问题、学校领导和家长的支持问题等。快乐体操的课余训练还能很好地培养学生的体育兴趣，让学生掌握快乐体操的运动技能，满足学生的多样化需求。快乐体操课余训练可以采用与社会、社区联办的方式进行，快乐体操推广以来，相继成立了一些快乐体操俱乐部，教育部门或者学校应积极吸纳社会资源，采用政府购买公共服务的方式引入社会力量进行快乐体操的训练。目前，竞技体育与学校体育进一步加强融合，积极加强与教育部门的合作，后备人才的培养问题已经严重制约了竞技体育的发展，学校应在完成体育教学教学任务的情况下，积极进行课余训练工作，快乐体操的提出本身就有扩大体操在社会的影响，让更多的少年儿童参与体操的训练。

小学举办体操赛事是 20 世纪 50 年代的事情了，体操赛事已经在小学校园内消失了几十年，2014 年快乐体操比赛使体操比赛重返校园，且已经连续举办了4 年，从 2014 年、2015 年的每年一次比赛到 2017 年举办了 7 站比赛，赛事的数量和规模不断扩大。2017 年，北京市中小学体育运动协会主办了中小学健美操、啦啦操、快乐体操比赛，此外，山东、北京、陕西、浙江、上海等省市相继举办了省级快乐体操比赛，快乐体操赛事的健康开展将会很好地引领课余训练，吸引更多的学生参与训练中。快乐体操的赛事参赛对象以幼儿园为主，逐步过渡到小学，随着社会宣传和市场化运动，快乐体操比赛将成为小学赛事的重要组成部分，国家、省市、地区、校校联赛的多级赛事体系将逐渐形成。快乐体操比赛主要参与群体是小学学生、幼儿园儿童，如何与中学、大学的体育赛事衔接也影响了快乐体操赛事的开展，但是目前中学、大学体操比赛开展的可能性不大，学校体操赛事已经远离校园多年，想要重新走入中学、大学需要多年的时间，但是全国体育院校体操联赛将积极衔接小学快乐体操比赛。体育学院在体育师资培养中发挥了重要作用，为小学体育培养了大批优秀人才，在体操课程建设方面也走在了全国所有体育教育专业培养学校的前列，对于体操方面人才的培养起到很好的带动作用。

全国学校体育联盟应积极发挥在小学快乐体操比赛中的积极作用，积极承办或者组织小学生快乐体操比赛，组织小学课余快乐体操训练的教研活动，积极参与到培养小学快乐体操教练员活动中。2013年9月16日，教育部体育卫生与艺术教育司同意北京体育大学等单位组建全国学校体育联盟，田径、体操、篮球、排球、足球、武术、游泳等7个单项联盟以及教学改革、体育教育2个综合联盟相继组建，其中"学校体操联盟"在2014年由教育部体育卫生与艺术教育司、国家体育总局体操运动管理中心、沈阳体育学院三方合作共建，积极推动校园体操的发展。课余训练与竞赛也是学校体育的重要组成部分，是体育课堂教学的延伸和发展，对于课堂教学是有益的补充，能发掘具有"天赋"的体育人才，为国家培养竞技体育人才打下坚实的基础，也进一步丰富学生的课余生活，培养学生的体育兴趣，对于其他同学产生良好的示范作用。加强政府部门和社会组织之间的合作与配合，构建跨组织的多元竞赛体系。有助于更好地开展快乐体操的赛事活动的开展和推广，教育部门和体育部门之间的联通体系还不健全，应打破体育和教育部门的壁垒，共同来筹办快乐体操赛事。

快乐体操运动推广以来，获得了社会的肯定、家长的支持、儿童的喜爱，但也存在一定的问题，国家体育总局体操运动管理中心应组织专家进一步修订与完善《全国快乐体操等级锻炼标准》，制定相应的等级证书考核标准、评价办法及实施办法，获得教育部门、共青团中央、妇女联合会等多个部门的支持，能够共同出台或者颁布实施，并与2006年颁布实施的《体操二、三级运动员技术等级标准》进行衔接，充分发挥运动员等级证书在学业成绩认定、考学生学中的作用，更重要的是为中小学生体操赛事活动提供竞赛规则、竞赛内容设置等方面的依据。

3. 加强小学校园快乐体操文化建设

运动项目文化是运动项目的灵魂，没有文化底蕴的运动项目就会没有吸引力，营造浓厚的运动项目文化，有利于促进运动项目的发展。体操运动的历史传承和沿革，决定了快乐体操运动深厚的健身、竞技、娱乐、趣味特征，深入挖掘快乐体操的项目文化，既要追溯历史发展又要看所处的社会、政治、经济、文化大环境，全民健身上升为国家战略，体育产业得到了长足的发展，体育治理进程也在逐步推进，体操作为"奥运争光"战略的重要组成部门，也是我国竞技体育的优势项目，在运动项目的发展过程中积累的大量的文化遗产，成为传播体操文化的重要载体，也出现了一批具有社会影响力的明星人物，曾激励了多少少年儿童从事体操训练，调整体操发展方向与发展模式，摒弃社会对于体操发展中的杂音，运用新媒体传播快乐体操健身知识以及损伤预防、康复保健等方面的知识，用积极健康向上的体操文化吸引儿童少年参与快乐体操运动。

快乐体操的校园推广离不开体操文化的建设与传播，体操作为有着悠久历史的运动项目，在历史发展过程中形成了独特的文化特征，在我国开展的时间虽然较短，洋务运动时期的"兵式体操"提升军队的战斗力；民国时期学校体育的雏形"体操科"以及体操学校的创立，增强了民族精神和民众的体魄，中华人民共和国成立后，体操在学校、社会发展中也得到了重视，以课间操、工间操等为代表的徒手体操的发展改善了学生、工人等社会各种群体的健身意识，体操项目在奥运赛场上多次获得金牌，1979 年马艳红在第 20 届体操世锦赛上获得首枚体操项目的金牌，1984 年洛杉矶奥运会上李宁获得了 3 枚金牌等，这都激励了年轻一代从事体操运动的激情。

快乐体操文化建设可以从物质文化、制度文化、精神文化三个层次进行，快乐体操的物质文化层主要包括：快乐体操运动项目本身、快乐体操运动的相关人员、快乐体操器械（垫子、单杠、双杠、平衡木、吊环、蹦床等）、快乐体操训练辅助器械（海绵坑、赛道、保护垫、不规则海绵块）、场馆设施、传播媒介（书籍、影像资料、宣传海报）、比赛纪念品，以及通过这些物质所展现出来的文化。快乐体操的制度文化层主要包括：快乐体操推广过程中的行政管理制度、比赛的规则、比赛的运行制度等。快乐体操精神文化层面包括快乐体操的技术动作、快乐体操理念与价值、快乐体操的标识及吉祥物、快乐体操的参与口号、快乐体操的健身价值等所展现出来的文化。国家体育总局下发的《关于进一步做好运动项目文化建设的通知》也体现了运动项目文化建设的重要性，通过运动项目文化了传播来扩大社会影响力和认同感，我们应深入挖掘体操运动项目文化，通过文化传播了吸引更多的少年儿童参与体操运动。

（五）快乐体操与小学体育师资的融合培养

《学校体育美育兼职教师管理办法》的出台，为快乐体操师资培养提供了政策方面的保障，凝聚社会各界力量推进快乐体操的发展，实现快乐体操促进少年儿童身心健康发展和提高体操参与人口数量的目标。快乐体操师资培养的跨界形式主要有以下形式：跨层次、跨部门、跨行业、跨领域等。

1. 跨层次快乐体操师资的培养

普通高校体育教育专业是培养中小学体育师资的"摇篮"，为我国中小学培养了大批师资力量，体育教育专业学生在校期间学习的体操课程对于将来从事教学工作能有一定的影响，体操课程的教学理念、教学内容、教学评价是教师专业技能的重要组成部分，对于体操课程或者是体操的认知将会对于在教学中传播体操运动影响至关重要。中小学体育与健康课程的改革也对普通高校体育教育专业体操课程的建设起到了促进作用，体操课程的改革问题一直是众多专家、学者研究的热点问题，构建什么样的体操课程内容也是研究的热点。

在"健康第一"的教学指导思想下，体操课程教学内容的选择逐渐淡化竞技性，向健身性、趣味性转化，应融入人文精神，加强学生的审美教育，向"健身体操"方向发展等问题的研究，使体操的教学内容更加符合学校体育的"健康第一"的教学指导思想。长期以来我国普通高校体育教育专业体操内容的竞技化选择逐步得到改善，体操教学方法与手段也更加注重学生兴趣的培养，而不是以竞技比赛的要求来选择和设计，教学评价方式也更加多样化，更加注重过程中评价，对于体操的健身效果和功能更加重视。

体操是体育教育专业的核心课程之一，体育教育主要是为中小学培养师资力量，体操教学内容的选择必须符合学校体育的教学要求，达成学校体育的教学目标和完成学校体育的教学任务。《高等学校体育学类本科专业教学质量国家标准》中，规定体育教师的专业知识体系由学科基础、专业核心、专业实践3个方面构成。专业核心知识中的运动技能理论与实践主要包括田径类、体操类、球类等。体操类的运动技能还是高等院校体育教育专业学生必须掌握的，高等院校体育教育专业体操课程的理念、目标、内容、教学方法与手段、教学评价等将会对中小学体育教师开展体育教学中体操内容的教学有很大的影响。

2. 跨部门快乐体操师资的培养

师资队伍建设影响快乐体操的开展，学校体育教师具有基本的体操教学能力，教育背景、文化素养、知识结构都具有一定的优势，体操教练员在专业技能的掌握和理解上是学校体育教师不能相比的，但是存在文化知识欠缺等问题。快乐体操是体育总局体操运动管理中心、中国体操协会努力推广的运动项目，那么在推广的过程中，获得教育部门的支持就显得尤为重要。2017年12月12日，陕西省教育厅办公室、陕西省体育局办公室联合下发了《关于举办2017年全省中小学体操类项目兼职体育教师培训的通知》，培训的目的旨在加快推进中小学体操类项目（艺术体操、健美操、啦啦操、快乐体操、阳光排舞等）开展、普及，为体操类项目打好基础。

3. 跨行业快乐体操师资的培养

教育培训行业在我国飞速发展，形成了一批具有一定社会影响力的品牌教育机构，随着改革开放和教育政策的变化，一些国外培训机构也进入我国市场。快乐体操俱乐部就是在快乐体操项目推广以后成立的，由于俱乐部在经营理念、薪酬待遇等方面的优势，规模在不断扩大，吸引和凝聚了一批具有丰富的理论和良好的专业技能的师资队伍，特别是从美国、加拿大等国家的体操培训机构回国的专业人士，带来了先进的快乐体操教学理念，同时快乐体操也成为国内一些知名品牌的教学内容，这些培训行业的教练员在快乐体操教学方面积累了大量的经验。学校可以与社会培训结构共同培养快乐体操教练员，让社会培训机构具备条件的快乐体操教练员担任学校快乐体操的教师，从事学校快乐体操教学、课余训练、快乐体操社团的授课训练工作，学校教师与俱乐部教练员共同制定教学大纲、训练计划、社团活动方案，组织快乐体操的教学研究工作，双方共同进行快乐体操师资力量的培训与培养。

4. 跨领域快乐体操师资的培养

全民健身运动、健康中国建设成为我国社会发展的一个时代潮流，促进了体育与医学的融合，体医融合已经成为当今社会的一个发展方向，两个领域的专家学者都在积极探索科学健身的有效途径，制定科学合理的运动处方，通过科学运动来促进健康生活、预防疾病。2017 年国家体育总局科学研究所牵头成立了"中国医体整合联盟"，主要是加强非医疗健康干预的研究与实践。体操在发展的历史长河中与医学、健康的关系密不可分，医疗体操就是很好的佐证，很多体操动作本身的设计就是为了纠正身体的不良姿势、预防疾病，在体医融合的今天，应从医学的角度来重新审视快乐体操动作选择与设计的科学性与健身性，研究快乐体操动作的健身价值的科学基础，通过翔实的实验数据来提供快乐体操能够促进学生健康成长，医学科学的依据能够使社会充分认识体操的价值，击破社会上诸如"练习体操阻碍发育""练习体操让孩子不长个""体操练习损害健康"等没有科学依据的谣言。

快乐体操的练习对于儿童的影响是长期的，快乐体操练习过程中对于身体姿势的严格要求、各种处于非正常体位的动作对身体技能的影响都会促进儿童的健康成长，但是这些都需要科学的医学理论的支撑，不能凭简单的话语就能使人信服。体育与医学的融合，还能解决快乐体操动作本身的不合理因素，使快乐体操动作更加符合儿童的身心发育规律，使快乐体操的教学训练方法与手段符合幼儿的技能形成规律，医学与体育的结合将会促使快乐体操教师的知识结构，培养跨领域的优秀快乐体操师资队伍。

第四节 快乐体操与相关产业的融合发展

改革开放四十多年来，坚持以经济建设为中心，深化经济体制改革，取得了举世瞩目的成就，社会主义市场经济的框架基本形成，改革已经深入到社会的各个角落，奥运争光战略也在世界竞技体育舞台上展现了我们国家改革开放取得的骄人成绩。

体育产业已经成为国民经济的重要组成部分，不仅促进了经济的发展，更为群众体育、竞技体育发展吸纳了更多的社会资本，成为社会发展中的重要方面。体育产业的发展离不开运动项目的影响力，众多运动项目积极进行产业化发展，通过市场来吸纳更多的资源来促进项目的发展，世界体操联合会也在积极为体操运动项目的市场发展进行适应性的改变，从世界体操赛事活动、竞赛规则、项目文化传播方面更好地扩大项目的影响力，都在适应市场的需要，为了更好地普及或推广体操运动开展了"世界体操节"活动。中国体操协会也推出了"大体操"的概念，以及针对儿童的快乐体操运动，体育运动项目积极进行产业化的发展，依靠市场来促进运动项目的发展。

一、快乐体操的品牌塑造与营销发展

品牌战略是市场经济发展到一定阶段的产物，是企业为了提高竞争力和更好地占领市场，围绕自己的产品制定的长期的、根本性的行动方案或发展规划。快乐体操品牌的打造主要为体现独特的价值、增加附加值和良好的视觉效果。快乐体操的品牌战略含要素设计、市场定位、价值的创新与积累、营销和传播等诸多方面的内容。

（一）快乐体操的品牌定位与设计

快乐体操的品牌文化元素包括品牌理念与文化表情，其中品牌理念是充分发挥体操对于 3 ~ 12 岁儿童的健身功能，以趣味性、娱乐性、安全性、健身性、新颖性等吸引更多的儿童参与，这些特征对于品牌的塑造起到了决定性的作用，是快乐体操品牌价值的精髓和核心，是由国家体育总局体操运动管理中心、中国体操协会凝聚了体操界的专家学者的智慧打造的，快乐体操品牌的文化表情是指品牌名称、品牌标识、品牌广告等有形之物。

　　快乐体操充分挖掘了体操的教育、健身功能，以示区别体操的竞技功能。同时也借鉴了我国中小学目前的快乐体育的理念，与世界体操发展过程中的先进理念接轨。快乐体操的标识充分体现了儿童的特点，鲜花代表了儿童的朝气，中间加入了英语"happy"的首字母更好地诠释了快乐体操的特征与本质，更好地传达了快乐体操是为了让儿童在参与体操的过程中体验运动的快乐。快乐体操在推广初期还设定了项目的吉祥物，吉祥物采用了两个活泼开爱的宝宝，男宝宝起名为欢欢，女宝宝起名乐乐，也充分体现了快乐体操的价值追求。

　　1. 快乐体操的品牌定位

　　快乐体操的品牌定位是指要在广大儿童的心目中确立清晰、生动、活力十足的品牌形象，争取确立的运动或赛事品牌形象与儿童或家长所期望的品牌形象能够吻合或一致，品牌形象对儿童能够产生很强的吸引力，能够让儿童积极参与快乐体操的训练或竞赛。良好的品牌定位能够准确地向儿童或家长传达快乐体操的信息，告诉家长或儿童参与运动的理由，使家长能够认可该项运动、支持儿童参加快乐体操的训练或竞赛，从而促进儿童积极参与快乐体操运动，快乐体操品牌定位的清晰性和吸引性有利于快乐体操的宣传，增加快乐体操运动的竞争力。如果快乐体操的定位不准确、功能价值模糊、不符合家长或儿童的需求，就会削弱家长、儿童的参与积极性，影响快乐体操运动的推广以及赛事活动的开发，一定程度上削弱快乐体操的赛事品牌吸引力。

　　快乐体操的品牌定位是快乐体操推广的关键环节，只有对快乐体操运动品牌给以准确的定位，快乐体操的品牌形象、口号、标识、宣传、赛事策划和运动项目推广才能有一个明确的主题与方向，做到所有的环节都围绕快乐体操的品牌进行，向广大儿童、家长、社会传播快乐体操的文化，增强儿童及家长参与快乐体操运动的积极性，体验快乐体操运动带给儿童身体健康、情感体验等多方面的价值。因此快乐体操项目准确的品牌定位是快乐体操运动推广和赛事开发的重要步骤。

　　快乐体操的品牌定位要符合目前儿童、家长、社会的需求，充分了解儿童的特点、教育需求、健身倾向。确定快乐体操面对的儿童群体，挖掘体操运动的健身、教育、娱乐等资源优势和体操项目的文化内涵，分析快乐体操的项目的优势和劣势，《快乐体操等级锻炼标准》的体操动作的选取科学合理，符合儿童身心发展规律和运动技能形成规律，通过相应的快乐体操附属产品、赛事管理及服务，儿童健康运动传播和营销手段来塑造和推广品牌形象。通过一系列的品牌形象塑造确立自己的品牌个性，把快乐体操运动与其他运动项目更好地区别开来。

快乐体操的品牌定位要通过凝练的、富有号召力的语言或口号来展现快乐体操运动对于儿童健康成长的核心理念和儿童家长的需求，充分体现出快乐体操是最适合 3～12 岁儿童的运动项目，达到快乐体操的宣传和赛事品牌塑造的目的。快乐体操的品牌塑造主要考虑了以下几方面的因素：

一是以儿童健身需求为导向的品牌定位。儿童体质健康状况的持续下滑，视力下降、肥胖少动、体质下滑带来的多病等都困扰着儿童的成长，儿童健康受到了社会的广泛关注，家庭对儿童的健康成长也引起了高度的重视，儿童家长在自身身体锻炼的同时也希望能够找到适合儿童运动的项目，快乐体操的推广得到了家长的认可，通过体操运动能够增强儿童的身心健康，由于动作简单有趣、器械安全多样等能够吸引儿童参与。快乐体操品牌定位过程中，也充分发掘体操运动的基础性、多样性动作的核心要素，依据体操资源的优势而进行品牌定位的。

二是以市场需求为导向的品牌定位。快乐体操品牌的定位也要充分考虑市场的需求，儿童教育培训市场和体育赛事市场的发展也是品牌定位的重要因素，要站在市场需求、运动参与者需求的高度，从参与运动儿童的内心出发，考虑快乐体操赛事参与者或者投资者的实际需求，快速提升快乐体操运动品牌的内涵和质量，使这一适合儿童参与的运动品牌在健身市场上具有竞争力和投资的潜力。

2. 快乐体操的品牌设计

从品牌传播学的角度来讲，品牌标示对于品牌的营销、传播以及市场占领、社会大众的认可等具有很大的影响力，品牌标示一定要便于记忆、易辨认，能够留下深刻的影响，从而能够产生再次体验的心理。品牌标示一般是由符号、图案、文字、颜色等要素组成，属于视觉语言，比如运动服装的品牌设计。品牌标示的设计是为了向运动的参与者传播运动项目文化、运动项目的价值、运动项目的理念等信息。快乐体操的标识、吉祥物等在形象方面，很容易被参与儿童记住并产生品牌联想，有利于品牌价值的提升和运动项目推广和赛事开发。

快乐体操的品牌设计，主要包括依据快乐体操运动的主题定位而设计的运动名称、宣传口号、吉祥物、形象代言人等，以及对于开展运动赛事及其所需器械的设计。快乐体操的运动名称、宣传口号、吉祥物、形象代言人等是品牌的物质载体，这些形象体系的设计都要围绕快乐体操运动的主题定位来设计。运动名称、宣传口号、吉祥物、形象代言人是对快乐体操的核心、内涵和价值的承载，对品牌文化内涵的提炼。快乐体操运动的宣传口号、吉祥物、形象代言人是品牌形象标识，是一项运动的精华提炼和重要标志，并能够展现出快乐体操运动在健身与竞赛等产业中的号召力、凝聚力和影响力。

　　品牌名称能够引起参与者的心理活动的刺激，能够帮助运动的参与者识别和记忆运动项目。品牌名称给运动参与者的视、听觉刺激程度和心理联想程度不同，使参与者对运动项目的认知度、好感度、参与度都会不同。一是将运动品牌命名为"快乐体操"符合我国目前学校教育中的"快乐教育"学校体育中"快乐体育"的主流思想，快乐教育、快乐体育等教育思想自 20 世纪 80 年代在教育中出现以来，为改变学生对于学习以及体育课的厌学现象起到很好的作用，也掀起了学校体育改革的大潮；二是借鉴了国外体操运动开展的先进经验，与世界体操文化的融合，美国、加拿大等国家快乐体操运动开展情况良好，是众多儿童参与的基础运动项目；三是为了改变目前社会大众对于体操的错误观念，认为体操是危险的、枯燥的、有损发育等的错误认知，体操是能够带给儿童快乐，能够促进儿童的健康成长，体操不仅具有竞技属性，体操的最大属性是教育、健身。总的说来快乐体操的品牌名称的命名是为了改变我国体操社会普及的问题，也很好地切合了儿童体质健康状况亟须改变的现实。

　　运动品牌的打造过程中，品牌形象的宣传口号对于运动项目的核心价值的体现以及对于后期品牌的宣传意义重大。快乐体操的品牌形象口号做到了简单凝练、精致形象，充分体现了快乐体操运动的精神文化内涵和独特健身价值，使快乐体操明显区别于其他运动项目。快乐体操的宣传口号是"好玩又聪明""快乐体操、快乐成长、快乐童年"，在口号的内涵挖掘上充分体现运动对于智力发展的促进作用，多重运动动作的学习和运动技能的形成能够促进儿童的智力发育。

（二）快乐体操的品牌优化与传播

　　快乐体操运动推出以来，通过多种渠道、多种形式进行了运动项目的推广，塑造快乐体操在儿童、家长心目中的形象，积极传播快乐体操的价值、理念。

1. 快乐体操的品牌优化

　　快乐体操品牌的管理与维护涉及品牌的保护、赛事品牌的开发、社会形象的塑造等诸多方面。快乐体操的标识、吉祥物等是品牌的物质载体，代表着快乐体操的形象。快乐体操运动由于刚刚起步，社会关注度不高，参与人群规模较小，也就是说快乐体操目前的品牌价值较低，但是快乐体操针对的是 3 ~ 12 岁的儿童这一充满活力的群体，而且随着家庭对于儿童全面教育观念的转变，快乐体操的市场潜力是巨大的。随着快乐体操运动的推广和知名度的提升，快乐体操的品牌价值也会逐步提升。为了防止其他商业团体或者商业机构抢注快乐体操品牌，中国体操协会应积极对快乐体操品牌进行商标注册，以便能够在中国体操协会实体化后，再进一步开发快乐体操的赛事品牌，挖掘快乐体操的商业价值，更好地

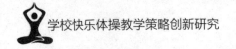

保护品牌的名誉。

中国体操协会应提升体操品牌的法律保护意识。注册商标将会使品牌获得法律的保护，注册商标运动品牌，在后续的市场开发过程中能够获得知识产权的保护，快乐体操运动的可持续发展在打造品牌形象的基础上，要运用法律来保护自己的品牌，要对快乐体操品牌的名称、标识、所涉及的行业活动类别进行商标注册。

运动品牌本身具有公共产品属性，同时受政府供给为中心的"一元思维"影响，快乐体操运动推广依靠国家体育总局体操运动管理中心的"一元"供给路径。也呈现出快乐体操产品的供给与需求不符、快乐体操的产品供给质量不高以及制度效率不高、供给结构有偏差等问题，在一定程度上制约了快乐体操的健康发展，为了提升快乐体操运动品牌的建设水平和质量，需要突破"一元"供给的路径依赖，尝试多元的供给制度。

快乐体操运动的推广应构建一个基于政府、协会、企业等共同治理的机制。快乐体操品牌应该通过管理、激励、创新、互动、延伸等机制来共同推动发展，体育总局体操运动管理中心作为政府部门要更好地为快乐体操的发展提供服务，积极协调相关部门参与到快乐体操的推广活动中，为快乐体操的品牌建设提供强有力的支撑。中国体操协会应致力于打造快乐体操产学研平台建设，为快乐体操的内容与赛制创新提供平台和土壤，要加快推动与学校体育联盟（体操）、中小学体育协会、科研机构、大学、企业等加强科研合作与交流，提高快乐体操内容的科学性建设。

2. 快乐体操的品牌传播

媒介的快速发展加速了体育的传播和发展，体育运动要想获得快速发展离不开现代移动媒体。报刊、广播、电视等传统的传播渠道在传播快乐体操的同时，数字技术的飞速发展使网络、手机等新的传播途径在传播快乐体操信息时，显示了强大的作用，"互联网＋"时代，媒介的传播功能更加强大，快乐体操在推广的过程中，也借助了强大的新媒体的力量。

网络以及手机等新媒体显示出了强大的力量，而建立在新技术基础上的微博、微信、抖音、快手等信息传播方式也会助推快乐体操的发展。书籍报刊等传统媒体在快乐体操的推广过程中也在发挥着积极的作用，摒弃了原先书籍报刊中以竞技为导向的体操内容，更适合儿童阅读，王月华，张晶参与主编的阳光体育运动丛书《吊环、平衡木、跳马》，王淑清，苏晓明等主编主编的《校园体育：单杠双杠》，韩劲松译（日本、立木正著）的《哆啦A梦有趣的体育攻略——单杠、跳箱》等，书籍内容采用了儿童喜欢的动漫插图，技术动作的配图也采用了儿童的图片，书刊中的体操的内容充分体现了娱乐性、健身性、安全性，体操动作内容的选择前滚翻、肩倒立、侧手翻等垫上动作，翻上、支撑、摆动等单杠动作，以跳箱、山羊等为主的跳跃动作，还有以摆动为主的双杠、吊环类动作，选取了体操中的基本、典型、基础动作并配以适合儿童的漂亮插图，能够很好地吸引少年儿童的眼球。快乐体操在设计标识、吉祥物、口号、选择形象代言人等基础上，充分借助传统媒体和新兴媒体将快乐体操蕴含的教育、健身、娱乐等价值进行传播。快乐体操借助电视、报纸、期刊、杂志等传统媒体进行传播，将快乐体操运动的内涵传达给参与儿童或家长。快乐体操进校园、幼儿园等活动积极进行媒体报道，出版《快乐体操》《快乐体操指导手册》等，《快乐体操》教材详细介绍了快乐体操中 3 ~ 6 岁幼儿部分动作的教学指导方法。

快乐体操的传播与营销主要明确运动的参与人群，在明确参与人群后应选择适合该群体的品牌传播与营销，快乐体操的参与对象是 3 ~ 12 岁的儿童，那么对于儿童来说最有影响力的节日就是"六一"儿童节，从往年举办的赛事来看，赛事安排在"六一"儿童节期间将会吸引更多的儿童参与，提高运动品牌的社会影响力，新闻媒体对于快乐体操的宣传报道对于社会对于改变体操的认知起到了积极的作用，但是收视率较高的儿童频道没有快乐体操类的节目报道，与少儿频道进行合作，推广快乐体操运动，或者以快乐体操运动为蓝本进行快乐体操类的动漫设计，将快乐体操的基本动作设计成漫画或者动画片的形式进行宣传，也能很好地让儿童接受、了解快乐体操，充分认识到奥运赛场上运动员完成了难度动作，儿童也能够完成类似的简单动作。

互联网时代，人们随时可以接受到世界任何位置发生的事件，互联网的的优点使其成为营销和传播的主渠道，快乐体操也充分利用互联网进行传播与营销，快乐体操网站的建设就是为了更好地传播运动项目的价值文化。快乐体操网站的建设及维护也是传播快乐体操的一个重要信息平台，目前在国家体育总局、体操运动管理中心、中国体操协会等重要门户网站上都有快乐体操网站的链接，并放在了网站的显著位置，这为快乐体操的传播起到了关键的作用。快乐体操网络平台的内容主要包括了以下栏目：通知公告、新闻、培训班信息、教学园地、设备展区、资料下载、快乐瞬间、精彩视频等。快乐体操网站做到了能够及时、快速、准确的工作与快乐体操有观的信息，能够让社会大众了解快乐体操推广过程中的所有信息。

二、快乐体操产业及其发展融合模式

（一）快乐体操产业内容和类型

运动项目从出现就蕴含了十分深厚的经济因素，在历史的发展中过程中因对其他功能的重视，而将运动项目的经济功能暂时掩盖，在近代运动项目的经济功能日益显露，到了经济高度发展的今天，体育产业已经成为重要的经济支柱产业，在第三产业中所占比重越来越大，从业人数的规模也不断扩大，在社会发展、经济发展中显示了巨大的发展潜力。涵盖了物质、制度、精神等文化层次的运动项目全方位推动了快乐体操产业的产生发展，从产业链构建设、发展的视角分析发现，产业链的进一步拓展、优化、延伸也离不开快乐体操项目的普及和发展，要想实现快乐体操项目的整体水平和产业化发展，脱离快乐体操项目的推广、普及将会违背体育产业发展的规律。

我国体育社会化、产业化的进程不断向前推进，体育产业作为新兴产业，经历了从无到有的过程，逐步形成了体育健身服务、体育竞赛表演、体育用品市场等为主的体育产业体系，体育传媒、体育旅游、体育中介、体育培训等发展速度也很快。快乐体操运动走产业化道路，首先要搞清快乐体操产业的概念，快乐体操产业属于体育产业的下位概念，快乐体操运动能够进行产业化发展，快乐体操产业属于体育产业的组成部分，按照体育产业的相关理论来探讨快乐体操产业的发展，分析发展中的问题，提供发展的策略。

通过对经济理论、产业理论、体育产业理论以及其他运动项目产业化发展理论的深入学习与研究，参考了不同运动项目的产业构成，可知快乐体操产业是属于体育产业发展的一部分。从消费品形态的角度来看，快乐体操产业能够提供物质产品和服务产品，快乐体操产业提供的物质产品有快乐体操服装、快乐体操器械、快乐体操图书影像资料，提供的服务产品包括快乐体操健身娱乐、竞赛表演、培训服务、中介服务、旅游、保险、媒体等。

快乐体操产业分为：快乐体操竞赛表演、快乐体操健身休闲、快乐体操场馆服务、快乐体操中介服务、快乐体操培训与教育、快乐体操传媒与信息服务、快乐体操用品及相关产品制造等。

快乐体操运动之所以能够推上市场，走产业化发展的道路，究其原因如下：一是快乐体操运动主要是针对 3～12 岁儿童设计开发的一项体育运动，快乐体操运动具有很强的健身性、教育性、娱乐性、灵活性、趣味性、观赏性；二是快乐体操运动的开展符合目前健康中国、体育强国建设的大环境，3～12 岁儿童的体质健康状况不容乐观；三是科学技术的进步带来了体操器械的更新换代，便于在幼儿园、学校、俱乐部中推广；四是随着我国经济发展、体育产业的发展，参与休闲健身娱乐的家庭越来越多。由于以上四个方面的原因，我国快乐体操在体育产业大发展的环境中，能够抓住 3 ~ 12 岁儿童这个群体，从而带动整个家庭参与到该项赛事中，在快乐体操品牌赛事的影响下，形成独特的快乐体操产业发展模式，为广大儿童少年提供更好的快乐体操服务。

（二）快乐体操与相关产业的融合方式

"互联网 +" 时代迎来了产业发展的新契机，跨界融合成为产业发展的新模式，为产业发展提供了很好的理念，产业融合理论也在实践中进一步指导了产业的跨界与融合，工业等行业的跨界与融合逐步延伸到各个行业，文化、旅游等行业也在积极探索跨界与融合发展的新模式。北京奥运会的成功申办带来了体育产业的突飞猛进，更多的社会资本发展了体育蕴含的巨大市场潜力，体育产业的跨界与融合初现端倪，跨界与融合已经成为引领体育产业发展的新理念、新思路，以跨界与融合为主题成功举办了多次融资与洽谈会议，跨界也深入了体育领域的各个层面，跨界选材就是很好的一个例证。

快乐体操运动就是国家体育总局体操运动管理中心、中国体操协会运用市场手段促进体操运动项目发展的新举措，快乐体操项目运行以来，积极进行产业化发展的探索，快乐体操俱乐部从无到有并逐渐形成规模，快乐体操赛事数量和质量也在逐步提升，参与快乐体操运动的儿童和家长数量也在不断增加，体育装备制造产业、文化传媒产业、休闲旅游产业、医疗健康产业等也在快乐体操发展的过程中寻找突破，积极参与到快乐体操的发展过程中寻找"商机"，快乐体操产业应积极寻求与其他相关产业进行融合，寻求更大的发展。关于快乐体操产业与相关产业融合模式可以从产业视角进行分析，在借鉴体育产业和相关产业融合模式及充分考虑快乐体操产业的特点的基础上，认为快乐体操与相关产业的融合模式划分为延伸式融合、渗透式融合、重组式融合。

快乐体操和相关产业的延伸式融合。主要发生在与快乐体操存在相关的服务业之间，主要是通过产业之间的功能互补或者价值链的延伸实现融合的发展模式。和快乐体操有关的服务产业主要有文化传媒、休闲旅游、医疗健康等行业，形成了快乐体操文化传媒产业、快乐体操旅游产业、快乐体操健身培训业等。快乐体操与文化传媒的融合发展，逐渐形成了诸如快乐体操文化、快乐体操广告、快乐体操会展、快乐体操演艺、快乐体操影视等新业态。快乐体操已经出现在了2017 中国国际体育用品博览会上，是由广州耐氏科特地板有限公司创建的"啦尔思运动乐园"中的一个展示项目，主要是宣传快乐体操等校本课程。快乐体操目前的赛事活动还局限在体育场馆，体育器械生产厂家作为赞助企业在比赛场馆展示新型的快乐体操设备，2017年山东省快乐体操比赛赛场设置在青岛市黄岛区的商业旅游综合体——嘉年华澳乐购，吸引了更多的观众参与。

快乐体操和相关产业的渗透式融合。主要是通过网络信息技术与相关产业进行渗透、融合，"互联网+快乐体操"的融合具体体现在以下方面：快乐体操健身俱乐部借助互联网技术，及时预定快乐体操健身课程，体验O2O的便捷服务，在互联网+时代，智慧场馆成为创业创新的焦点和热点，全民健身的广泛开展，儿童体育健身的专业化场馆将会更加普及，互联网+将遍布城市角落的所有场馆，让你体会到不一样的服务。快乐体操器械设备制造业借助互联网在研发方面的优势，提高了器械的研发和设计水平，快乐体操器械有很大的改进与提升，仍然存在着类型单一的问题，仅仅是将单杠、双杠、吊环等器械在规格上进行了与儿童身体发育匹配和安全性的设计，器械的类型还有需要改进的地方，特别是器械的智能化水平有太大的提升空间。

快乐体操和相关产业的重组式融合。主要发生在快乐体操健身休闲业本体产业与其子产业间，快乐体操发展的核心就是以快乐体操健身为纽带，通过产业内部的重组融合来促进运动项目的发展。快乐体操在小学、幼儿园的推广以及快乐体操俱乐部等的快速发展，快乐体操的健身休闲成为产业的核心，与快乐体操竞赛表演业进行资源的整合，通过打造快乐体操赛事品牌，借助于媒体宣传力和赞助企业的资本投入，提高快乐体操健身的市场竞争力。快乐体操休闲健身业和竞赛表演业需要与比赛场馆及其配套服务业进行资源整合，结合儿童对于新奇事物的认知需求，丰富比赛场馆的经营范围及内容，产生更多的经济、社会效益。还可以与中介服务、培训策划、营销、经纪等行业进行产业内重组整合，促进快乐体操休闲旅游、快乐体操赛事衍生市场、快乐体操文化创意设计、快乐体操娱乐影视、快乐体操在线社交等融合新业态。

快乐体操产业化、市场化起步较晚，要搭上体育产业发展的顺风车，借鉴其他运动项目的成熟经验，发挥快乐体操自身的优势，打造快乐体操的赛事品牌，积极传播快乐体操的优秀文化，与儿童健身与教育实现无缝隙对接，与相关产业在延伸式、渗透式、重组式的融合演变中快速发展。

体育运动项目在深化改革的过程中，借助"互联网+"的先进理念和技术，实现了体育与制造、旅游、教育、医疗、娱乐等多个领域的跨界融合发展模式，为体育运动的发展注入了活力。在"体育+"的发展背景下，快乐体操如何进行跨界、如何实现融合,成为关注的热点问题,快乐体操既属于体操,也属于体育,具有娱乐性、健身性、教育性、市场性等特征,符合"体育+"跨界发展的特征。

三、快乐体操 + 旅游产业的融合发展

产业经济发展规律认为,人均 GDP 达到或超过 3000 美元时,居民休闲需求会比较强烈,我国在 2008 年人均 GDP 首次突破 3000 美元,2020 年国内生产总值破百万亿元,人均 GDP 超 1 万美元,人均 GDP 在持续增长,居民休闲已成为生活不可或缺的内容,居民参与休闲运动的意愿也在不断增长,经济收入已不是制约居民休闲运动的首要问题,休闲运动的环境及服务质量成为制约休闲运动的主要因素,休闲运动发展的模式也在不断变化,参与群体的理念也从最初的观赛观看到参与体验转变,从运动场馆走入了社区、家庭,形成了一批具有特色的休闲体育基地、小镇、俱乐部等,体育运动与旅游等产业融合发展的程度与结合度也在加深,运动休闲健身产业也初具规模。快乐体操推出以来,积极进行产业化发展,儿童市场的潜力巨大,针对快乐体操项目的参与对象与参与群体,积极开拓产业发展的市场和提升服务的质量,家庭休闲、家庭旅游成为休闲旅游的参与主体。快乐体操运动应积极实行融合发展模式,运动项目是体育产业发展的核心,适合于 3 ~ 12 岁儿童开展的快乐体操运动应积极与相关产业进行融合,根据儿童、家庭的需求,融入旅游、体育旅游发展中去,逐步形成自己的特色旅游线路、旅游景点等。

(一)快乐体操与旅游融合发展的条件

1990 年,北京举办的第 11 届亚运会将体育旅游带入了社会大众的视野,1991 年我国开始申办北京奥运会,国家旅游局为配合申办奥运会,将 2001 年的旅游主题定为"中国体育健身游",之后体育与旅游开始了融合发展的尝试。

2008 年北京奥运会在给我国人民群众带来了精彩的赛事,也吸引了更多的国外游客来到中国观看,国外游客在观看体育赛事的同时也去游览我国的自然风景、民俗风情,让我们领略了国外民众对于旅游的热爱,也从中学到了体育赛事也能够给旅游带来机遇,"体育+旅游"已经成为经济发展的一个增长点,精彩的赛事能够吸引更多的观众来观赛,观赛的观众来观赛的同时也会游览承办赛事的城市的文化景点,为当地旅游业的发展带来巨大的经济收益。以"体育+旅游"为代表的体验式消费成为城市居民旅游的新的增长点,更多的城市居民开始把自己的运动爱好融入旅行中,随着我国居民多样化运动需求、旅游需求、休闲需求的日益增长,体育旅游已经成为我国社会大众的重要生活方式,体育旅游产业的

发展速度惊人。"体育＋旅游"产业的发展催生了庞大的市场空间，根据相关文献的研究成果，将体育旅游产品分为健身游、观赛游、参赛游和极限游等类别。根据驴妈妈旅游网数据显示，2017年上半年，体育旅游的人次是2016年同期的1.2倍。前瞻产业研究院公布的数据显示，2015年中国体育旅游投资额度达到了791亿元，同比增长71.9%，体育＋旅游的融合发展模式成为旅游发展过程中的一个经济新的增长点。

2016年，国家旅游局与国家体育总局签署了《关于推进体育旅游融合发展的合作协议》，推动体育与旅游的融合发展，在合作协议中提到共同研制《全国体育旅游发展纲要》，共同遴选体育旅游示范基地及体育旅游项目等工作，加大体育旅游专业人才的培养，进一步提升体育旅游的质量。旅游和体育都是随着社会经济的发展，人民物质生活质量的提高，对于精神生活的追求得到了快速发展，都有满足人的需求和消费的共同特征，经济生活水平的提高，人们闲暇时间的增多，将会使更多的人参与到体育和旅游的消费中，社会对于体育和旅游的需求会逐步增加，而两者的融合发展能够起到很好的"一加一大于二"的效果，能够更好地促进体育和旅游的发展。

《中国国内旅游发展年度报告2017》显示：休闲度假、探亲访友是国内旅游的主要动机，休闲娱乐所占比例情况：城镇居民为48.3%，农村居民为36.4%，人均旅游花费城镇居民为1130.7元、农村居民为691元，消费水平城镇居民明显高于农村居民，2016年假日旅游还呈现出，举家出行成为旅游的重要方式，主题文化旅游受到了青睐，学生旅游成为游客的新群体。全民健身的热潮、体育赛事的高涨，我国居民对于体育赛事更倾向参与性消费，家庭作为社会生活的单位，举家旅游的选择受到家庭收入水平、家庭教育程度等因素的限制，但快乐体操作为一项新兴的运动项目，是国家体育总局体操运动管理中心、中国体操协会推出的一项针对3～12岁儿童的赛事活动，从专家访谈中得知，多数专家认为快乐体操能够与旅游很好地融合发展，对于如何与旅游更好地融合发展，专家认为比赛的时间、比赛的地点为最关键的因素。对于儿童参与旅游的调研显示家庭旅游在景点选择上以自然景点和人文古迹为主，家庭外出旅游也在一定程度上考虑儿童是否能够开阔视野、增长知识、磨炼意志、体验比赛，也希望能够使儿童在旅游中了解历史、欣赏自然风光。儿童的家长希望快乐体操在训练、竞赛中能够与家庭的旅游结合，使儿童在参与快乐体操比赛、训练在锻炼儿童身心健康、体验比赛的愉悦的基础上，也希望儿童能够学到更多的知识，也希望在参与赛事的过程中，能够提高交通、住宿消费的价值。

　　体育旅游的概念界定有：是个人暂时到外地参与体育活动、观赏体育比赛或参观体育活动吸引物（如著名赛场、体育明星等）的休闲旅行活动；是个人在居住或办公地以外的主动或被动参与的体育活动；以体育为基础，在有限时间内外出旅游活动。从概念中可以看出，有限时间、异地、主动或被动、参与或观赏、休闲旅行等是体育旅游概念的侧重点，认为快乐体操活动符合体育旅游的特征，能够与旅游进行融合发展。快乐体操＋旅游就是以快乐体操为本，以旅游为形，以跨界为特征的一种融合发展的新方式。也就是说以快乐体操为核心资源，通过快乐体操将家长、儿童等游客吸引过去，通过快乐体操为家长、儿童构建起高端的家庭旅游；以旅游为形，是指将参赛、训练结合旅游成为主要的消费方式；将快乐体操和家庭旅游融合成为新的产业发展方向，以快乐体操为核心的资源特征，充分结合旅游的产业要素，形成跨界产业联动方式促进快乐体操的良性发展。

（二）快乐体操与旅游的融合发展业态

　　体育＋旅游的融合发展为快乐体操＋旅游的发展模式提供了很好的契机，大型国际体育赛事的举办，带动了整个赛事经济的发展，为快乐体操赛事的开展提供了借鉴的基础，我国居民家庭消费形式的变迁中户外休闲运动或运动休闲旅游成为消费的主体，面向 3 ~ 12 岁儿童开展的快乐体操运动休闲旅游必将带动更多的家庭参与该项赛事。我国青少儿体质健康的持续下滑高度的重视，引起了社会的广泛关注，家庭对于儿童的健康问题也给予特别重视，尤其是计划生育政策的实施后，儿童成为家庭的中心，儿童的健康成长问题，成为几代人关注的焦点，针对儿童健康生活方式的体育运动成为改善体质健康的首选，一些社会团体组织了体育类的夏令营、游学、培训，甚至组团去国外体验比赛，1+6 的家庭消费成为社会培训机构力推的体育旅游项目。

　　《旅游资源分类、调查与评价（G B/T 18972–2003）》中与体育旅游资源有关的有 "建筑与设施""人文活动"两个主类，分别涉及了"康体游乐休闲度假地""体育健身馆（场）""民间健身活动与赛事""体育节"等基本类型。快乐体操本身具有健身性、娱乐性、竞技性、观赏性、趣味性等特征，运动项目的参与群体是儿童及其家庭，赛事活动也得到了广泛的开展，能够很好地与旅游进行融合开发，结合儿童的特点、快乐体操项目及赛事的特点、旅游的特点进行快乐体操＋旅游的融合发展，能够带动旅游产业发展，关键是快乐体操多样化的发展，能够吸引更多的儿童参与到运动项目中，内容丰富的赛事活动能够吸纳更多社会资本的投入，促进运动项目本身的发展。快乐体操＋旅游融合发展的模式可以采用以下四类：观看比赛为本体的旅游、爱好运动为主体的旅游、参与培训游学为客体的旅游、景观游览为载体的旅游。观看比赛为本体的旅游主要是快乐体操赛事的设计能够吸引更多的儿童来观看比赛，快乐体操赛事由于 2014 年刚刚起步，赛事的设计没有突出之处，应充分发挥快乐体操赛事的优势，邀请体育、体操明星参与项目，与现代娱乐性、亲子性等少儿活动充分结合，吸引更多的观众欣赏赛事，打造快乐体操 IP，实现快乐体操与娱乐的跨界融合。

快乐体操赛事是本体旅游的核心，赛事本身的升级改造成为最重要的环节。目前对于体育赛事的界定分为体育学角度和经济学视野的两种，体育学角度认为：体育赛事不仅是公开竞赛，还是一项特殊事件，是由运动项目、运动员、裁判员、赛事组织者、比赛场地、运动技战术、比赛时间和地点等因素构成。经济学视野下体育赛事是具有市场营销、项目管理、组织文化等背景特征，受运动项目、竞赛规则以及社会经济等多种因素制约，能够提供体育竞赛产品和相关服务产品，以满足体育消费者多种需求的特殊活动。从体育学的角度分析，国家体育总局体操运动管理中心推出的快乐体操运动就是赛事的主要因素，快乐体操赛事的运动员是 3 ~ 12 岁的儿童，快乐体操等级锻炼标准是快乐体操比赛内容的主要来源，并制定了相应的竞赛规则等，以及确定的比赛时间、地点、场地等。我们看快乐体操与旅游产业的融合，需要从经济学角度来分析快乐体操赛事，北京智禾诚体育发展中心是国家体育总局体操运动管理中心签约的快乐体操赛事的运营单位，采用招募的方式选择主办单位，赛事内容由承办单位进行设计，器械比赛、通关赛、集体自由体操按照协议是规定的比赛内容，其他的内容可以根据承办单位的设想进行增项。

1. 快乐体操主体旅游

作为快乐体操运动的爱好者、发烧友，会积极主动参与快乐体操的训练和竞赛，全国各地组织的比赛就会积极主动地去追逐比赛，参加比赛锻炼自己，从而就产生了快乐体操主体旅游。快乐体操运动的推出，与英士博俱乐部进入我国市场有一定的关系，我国快乐体操的开展也在很多方面借鉴了英士博的理念，那么我们打造以快乐体操的为核心的本体旅游，应充分挖掘快乐体操的元素。

快乐体操赛事作为一项群众性赛事活动，儿童参与比赛不仅要看儿童本人的意愿，家长的意愿与价值取向也起到了很重要的作用。儿童参与比赛需要父母的陪同，尤其是赛事目的地与家庭所在地距离较远的情况下，儿童单独参赛还是存在一定的困难，学校、幼儿园的主管部门对于学生、儿童的集体活动有一定的要求，路途或者活动中的安全是学校领导首要考虑的问题，父母带领儿童参赛在一定程度上避免了不安全因素的发生，也减轻了学校、幼儿园或者俱乐部的负担，因此家长的意愿对于儿童能否参赛起到了关键性的因素。

调研数据显示，家长对于比赛的性质还是选择以趣味性、娱乐性为主，对于比赛的竞技性的排斥性较大，这也在一定程度上反映了社会大众对于竞技体操的认可程度较低。

2. 快乐体操客体旅游

开展快乐体操的培训游学将会带动更多的人群参与快乐体操运动，针对3～12岁的儿童组织夏令营、冬令营、国内外游学等活动，组织快乐体操的培训，提高参与群体的体操运动技术水平，成为快乐体操的客体旅游。美国、英国、俄罗斯、日本等独特的体操俱乐部运营模式，成为快乐体操游学的首选目的地，将快乐体操学习与外语学习、文化体验融合起来的游学项目的打造，能够为快乐体操的发展带来广阔的天地，2018年快乐体操全国竞赛管理人才培训班期间，启动了"中国快乐体操世界行——俄罗斯站"的活动，快乐体操游学将会拉开序幕。

阳光体育展示大会上，快乐体操的展示活动获得了高度认可，国家体育总局青少年司2018年将单列经费，组织快乐体操夏令营、冬令营活动，来支持快乐体操的发展，国家体育总局青少年司对于快乐体操的推广，将会增加快乐体操推广组织方面的力量，快乐体操作为适合儿童参与的运动项目，同时又是基础性的运动项目，理应获得更多方面的支持。快乐体操游学、夏令营、冬令营活动的开展，将进一步丰富快乐体操的内容，尤其是国外的游学活动，能够很好地介绍国外在儿童体操发展方面的先进经验，美国一直把体操作为基础运动项目，"休闲体操（"recreation gymnastics"）"在各个专业体操俱乐部是很流行的，每个俱乐部的训练场地都有专门的"休闲体操（"recreation gymnastics"）"场地。日本对于儿童体操的重视程度也很好，从日本翻译过来的动漫图书以及一些影像资料中可以反映出体操的流行程度。快乐体操的国内游学还能很好地让儿童了解体操文化，传播体操文化，体操文化的传播能够在儿童的心中产生对于体操运动的热爱，快乐体操游学的主要目的还是运动技能的掌握，体育成为中考的必考内容，这也为参与游学提供了发展的动力，学会一定的运动技能为将来的考试打下基础，这也是家长和学生要面对的问题。

3. 快乐体操载体旅游

快乐体操载体旅游就是赛事举办目的地的体育景观旅游，比如北京奥运比赛的鸟巢、水立方已经成为体育旅游的目的地，这些比赛的场馆就是承载体育旅游的载体，快乐体操在赛事目的地的选择中，应充分考虑儿童和家庭的需求或意愿，选择有特色或文化底蕴的城市举办赛事，让家庭在参与快乐体操赛事的过程中，了解城市的文化，欣赏优美的城市环境，由于快乐体操器械的升级换代，比赛场地的布置局限性很小，室内室外都可以进行快乐体操场地的布置，环境优美的室外环境在合适的季节就是很好的选择，新型城镇规划中以运动、休闲、体育为特色的旅游小镇建设，使体育特色小镇成为比赛目的地的最佳选择，以体育运动为主的特色小镇，将会吸引更多的家长、儿童来参与赛事活动。

儿童为一个特殊的群体，家长更希望他们在一种欢快愉悦的氛围中参与运动，而不是过早地去接触压力较大的竞技性比赛，家长更希望儿童的比赛在游乐园、大型商场、主题公园举办，这也与儿童娱乐电视、歌舞演出经常在商场、游乐园举办有很大的关系，对于快乐体操家长更希望这是一项娱乐健身运动而不是竞技比赛，家长的期望应成为运动项目发展所考虑的重要因素，竞技体操参与人群的集聚缩减就是鲜明的对照，快乐体操本身的竞技属性也不会因为比赛在商场举办而消失。单一目的的参赛不是家长们的最佳选择，家长更期望一趟出行，获得更高的效益，这就对承办赛事的单位或企业提出了更高的要求，如何选择合适的比赛场地及其位置，比赛时间如何安排，这些问题的通盘考虑也会影响参与比赛的儿童的数量，针对儿童的特点，选择合适的时间、地点举办快乐体操赛事至关重要。

儿童是家庭、社会的中心，对旅游、教育等消费产业产生重大的影响，儿童旅游、儿童游学、儿童游乐以及夏令营、冬令营等活动成为儿童课外生活的重要部分，儿童不具备独立经济能力，但开始从游玩设施或项目开始向人文、自然景观过渡，逐渐开始对旅游目的地有相对的决定权，快乐体操与旅游的融合，首先要考虑赛事目的地与旅游目的地的融合，根据儿童、家庭的需求特点从旅游目的地中选择合适的赛事目的地；第二，在确定比赛时间的同时要充分考虑儿童、家庭的出行时间，时间长短与家庭的周末旅游、短途旅游、长途旅游相结合，比赛时间可以考虑安排在周末或者寒暑假；三是国内游学、国外游学、中长期训练营等也是很好的旅游内容，实现快乐体操教学与训练内容与旅游项目的深度融合，甚至开发以快乐体操为主题的旅游项目。

四、快乐体操 + 教育产业的融合发展

（一）快乐体操与教育融合的条件

《"健康中国 2030"规划纲要》提出了"创新健身休闲运动项目推广普及方式""实施青少年体育活动促进计划，培育青少年体育爱好"等，促进了体育健康行业的发展，快乐体操与教育的融合，将催生快乐体操健康行业，最为明显的就是体育类的培训机构规模在不断扩大，众多教育类的培训机构开始开展快乐

体操的教学与训练，将语言培训、感统训练等与快乐体操进行融合，进一步丰富了课程体系。

国家统计局数据显示，2019 年新中产家庭支出最多的三个领域依次为日常开销、房租房贷和子女教育，选择人数占比分别是 71.2%、53.9% 和 52%。前程无忧发布《2019 国内家庭子女教育投入调查》结果显示子女处于"学龄前及初中阶段"的家庭教育投入最高，呈现子女越低龄支出越高的趋势。家庭教育消费在不断增长，少儿培训市场的规模也在不断扩大，在此背景下快乐体操 + 教育的融合发展必将促生新的健康产业。教育培训行业的快速发展带来了巨大经济效益，目前我国的教育培训规模在不断扩大，培训机构办学主体也从最初的行业、企业、学校逐步扩大到了各行各业，社会力量所办的培训中的幼儿教育培训发展迅猛，从"家庭作坊式"培训办班向企业化、国际化转变，这与我国改革开放后国外培训机构进入我国市场有很大的关系，家长对于幼儿教育观念的转变也促进了教育培训机构规模、教学质量、员工素质的提升，社会发展中家长的教育观念也在悄然发生着转变，对于儿童的教育从"专才"向"全才"观念的转变，从单一注重文化课成绩向儿童的全面发展奠基的转变，加上学校艺术、体育等教育资源的不足，培训机构中英语教育、美术教育、音乐教育、语言教育等异常火爆。

（二）快乐体操与教育的融合发展业态

儿童教育培训已经成为一个巨大的产业，形成了规模巨大的产业链，在一定程度上弥补了教育资源不均衡发展的问题。全面发展下对于特长的追求，使得儿童教育培训异常火热，体育运动促进健康得到了社会的广泛认同，儿童健身运动培训也在发展壮大，选择合适的运动项目成为家长首要考虑的问题，快乐体操运动能否得到家长的认可成为健康培训行业发展的制约因素。快乐体操培训行业应建立规范化运作模式，编制科学合理的教材体系，积极进行教练员队伍的培训与培养。健身会所、健身俱乐部等已经遍布城市，商场或者游乐场有大型的儿童乐园，快乐体操健康培训行业能够依托现有的场馆设施，进行"嵌入式"发展，实现业务的扩张或功能的增加，成人参与健身运动已经成为规律性的生活方式的一部分，儿童参与运动需要家长的陪同或者看护，健身场馆的便捷性成为制约健身运动参与人群的一个重要因素，借助于"互联网 +"应全力打造智慧型健身场馆，在儿童参与快乐体操运动的同时家长也能进行健身运动。

教育培训机构业务延伸。随着教育的延伸，学前儿童的教育得到了社会的广泛关注，早教市场也在迅速发展，亲子教育、智力开发受到了家长们的青睐。同期国外的一些教育培训机构，尤其是美国的一些教育品牌以"英语"为主的双语教学吸引了众多家长，其灵活多样的课程安排中，体育的因素或者器械的因素也值得学习。随着我国经济水平不断提高、二胎政策放开后的高生育率、家长培养孩子特长意识的日益提高，幼儿培训市场将会迎来更大的发展。

综合性体智能、体适能运动培训。我国少儿体育培训市场起步较晚，逐步形成了一定的发展规模，儿童体质健康水平的下降引起了家长对于儿童健康的重视，社会体育培训机构开始逐步出现，特别是体能、体适能理念进入社会大众的视野，各种少儿体适能培训机构开始大规模出现。体能训练、身体功能训练、核心力量训练等理念也在从竞技体育领域进入市场，体适能训练馆开始采用各种先进的训练方法和训练器材来吸引参与训练的儿童，儿童体适能、体能类的运动馆也在积极打造自己的品牌，开拓自己的市场，国外的小小运动馆等也进入了中国市场。2014年快乐体操运动推出以后，体适能类的培训机构看到了商机，因为体适能类的培训效果短期内很难看到，快乐体操参与的儿童群体庞大，而且体操动作本身就是儿童体适能训练的手段，快乐体操赛事又为儿童提供了很好的展示舞台，顺应市场的发展部分体适能训练馆开展了快乐体操的培训，英士博体育俱乐部作为国家体育总局体操运动管理中心的指定培训机构，积极组织全国快乐体操教练员、辅导员的培训工作，为其他运动馆或俱乐部培养了大量师资力量。国家提出的"大众创业、万众创新"也吸引了大量的具有体育背景的大学生投入到快乐体操培训行业中，为快乐体操培训行业的发展输送了大量的毕业生，也在一定程度上为运动馆或俱乐部开展快乐体操提供了人力资源。

单一性快乐体操俱乐部。快乐体操运动推广以来，出现了一些快乐体操俱乐部，2016年国家体育总局体操运动管理中心公布了25家开展快乐体操的俱乐部，给予了器材采购的一些优惠政策。竞技体操退役运动员也积极创建快乐体操俱乐部，比如杨威Happy Gym、邹凯体育运动俱乐部、程菲快乐体操俱乐部等，这些快乐体操俱乐部的成立起到了很好的带动作用，一些快乐体操俱乐部相继成立。

我国现有的教育培训机构的品牌塑造、市场定位、运营管理等已经成熟，快乐体操运动的开展仅是作为文化教育的辅助内容或课程教学的延伸，感统训练或者体智能训练等教育培训，众多体操练习动作本就是课程的组成，快乐体操运动的推广为它们课程的构建提供了更好的平台。儿童运动馆对于快乐体操课程的开发，投入了较多的人力、物力资源，通过邀请美国等儿童体操开展较为普及的专家、国内儿童教育专家、儿童认知发展、动作发展等方面的专家打造自己的课程建设团队，根据《全国快乐体操等级锻炼标准》积极建设适合儿童培训的快乐体操教学目标、教学内容、教学方法、教学手段、教学评价等课程体系，促进了快乐体操课程与教材等方面的发展，快乐体操课程与教材成为儿童运动馆等商业俱乐部的销售内容。单一性快乐体操俱乐部处于刚刚起步阶段，英士博快乐体操俱乐部在起到了引领作用，以快乐体操教学训练为主的快乐体操俱乐部处于起步阶段，需要积极打造品牌、开拓市场、加大宣传、积极营销等。

五、快乐体操 + 文化产业的融合发展

（一）快乐体操与文化融合的条件

文化作为一项产业是随着我国改革开放的深入而出现的，文化产业已经成为经济发展的新的增长点。

国内外众多学者对文化产业进行了概念界定，产业经济学概念范式认为：文化产业是指为市场进行创造、生产、流通、销售具有文化含量的产品和服务的活动，以及与之有联系的各种支撑、参与等活动的集合。根据概念可以将文化产业分为：文化产品和服务创造、生产制作、流通、销售以及文化设施、文化中介、文化咨询等。快乐体操在与文化产业的融合发展，衍生出许多新的产业，比如快乐体操竞赛表演、快乐体操文化传媒、快乐体操运营管理等，这些快乐体操文化产业不仅促进经济发展，而且为体操产业的发展注入新的活力和生机。

（二）快乐体操与文化产业的融合发展业态

快乐体操运动起步较晚，快乐体操产业的发展也处于起步阶段，运动项目的参与人群还没有形成太大的规模，家长对于快乐体操的认知程度也在运动项目的推广过程中逐渐改变，快乐体操产业与文化产业的融合发展初现端倪。体操在学校体育、全民健身、竞技体育中发展中具有一定的影响力，在发展过程中形成了一定的文化资源。快乐体操与文化产业的融合发展能够在传播体操项目文化的同时，创造更好的社会经济效益。

1. 快乐体操文化传媒业

快乐体操运动一项"朝阳"运动，社会媒体对于"银发市场""童发市场"给予了高度关注，儿童健康成长成为家庭、社会关注的焦点，积极引导儿童健康的生活方式，远离网络、电视等，少儿媒体积极传播健康思想，参与体育活动锻炼身体成为一项重要内容。陕西省快乐体操比赛期间进行了录播，产生了很好的社会反响，网络媒体的单日点击量突破 20 万次，电视台、网络目前有关儿童的电视节目很多，比如"才艺比拼""亲子运动""儿童小明星""动作模仿秀"等，快乐体操都可以成为其内容，快乐体操动作中模仿了动物爬行设置的儿童爬行动作，儿童爬行动作能够改善前庭器官的功能，预防将来的晕车晕船等现象的

发生，能够成为很好的科普内容，父母与儿童配合完成的亲子类的游戏的设计，也能够成为电视节目中很好的宣传内容，吸引更多的家长和儿童的参与。

快乐体操图书、影像资料也是发展的一个方向，儿童快乐体操图书资料的出版，也具有广阔的市场，快乐体操一些平衡类、跳跃类、支撑类、转体类、悬垂类的动作，通过图书、影像资料的讲解、示范、学习，在家长的监护、帮助下能够在家中、社区等进行练习，通过快乐体操动作的练习能够促进儿童力量、柔韧、协调、平衡等能力的学习，增进父母与儿童之间的感情交流，改善身体的技能状态，促进儿童身心健康发展。随着社会对于健康认识程度的提高，快乐体操运动将会有更大的发展空间。儿童动漫设计也是快乐体操文化传播的方向，儿童完成的快乐体操动作展示，设计成动漫的形式，让儿童充分展示自己的身体能力，儿童在展示、学习中，学会运动技能，提高身体的掌握能力，从而对于生命产生敬畏而更加健康生活。

2. 快乐体操休闲娱乐业

大型商场儿童乐园、综合拓展设备、儿童蹦床等吸引了大量的儿童及家长前去游玩、购物，然而，儿童乐园、拓展设备、儿童蹦床等没有目前没有严格的全国统一标准，服务人员也没有统一的职业证书，存在一定的安全隐患，经常也出现一些小的安全事故，蹦床是快乐体操中的一个器械项目，国家体育总局体操运动管理中心正在联合生产企业制定严格的蹦床国家标准，为儿童提供更加安全的器械，快乐体操辅导员、教练员的培训为蹦床乐园提供了专业的教练员队伍，能够更好地指导儿童活动。家庭收入水平的提高以及居住条件的改善，儿童家庭小型蹦床也受到了家长的青睐，但是受到担心安全、缺乏指导等的限制，影响了家庭的购买，快乐体操运动的快速推广必将促进蹦床器械的研发与销售。快乐体操的单杠、双杠、吊环以及辅助设备与儿童乐园的设备项目，还略显单一，能够在单杠、双杠、吊环等器械的基础上，设计更加多样化的器械设备，技巧、平衡木等项目的设备现在的花样就很多，快乐体操项目在推广的过程中，应加强器械的研发，设计科学、合理、安全、多样的快乐体操器械，辅助儿童快乐体操动作的教学与训练，吸引更多的儿童参与快乐体操的练习。快乐体操运动的快速推广，比邻大型商场儿童乐园开设快乐体操运动馆的建设，能否将健身与娱乐融为一体吸引儿童参与，值得期待。快乐体操会展等行业。随着快乐体操与文化产业的融合发展，会展业、演艺界、文化公司、文化运营公司中快乐体操的影子或者元素会越来越多，快乐体操的参与对象是2亿多的3~12岁的儿童，加上各省市组织快乐体操赛事，更加便于儿童参与赛事活动。快乐体操运动的发展吸引了众多文化产业从业者的关注，快乐体操已经进入了会展业，成为一个亮点，说明运动促进儿童健康受到了社会的关注，企业也从中嗅到了"童发市场"中蕴含的商机。

2014 年颁布的《关于推进体育赛事审批制度改革的若干意见》中明确取消了商业性、群众性体育赛事的审批，快乐体操赛事作为一项针对儿童的群众性体育赛事，只要符合程序就可以顺利举办，快乐体操运动的推广和商业性俱乐部数量的增多，地区性、商业性的快乐体操赛事活动将成为带动俱乐部发展的重要宣传手段，快乐体操赛事的广泛开展将会催生快乐体操广告业、快乐体操赛事运营公司等，专业的广告人才、营销人才、经纪人等加入快乐体操赛事的市场开发与营销，快乐体操产业与上述文化行业的融合发展，将会更好地促进快乐体操的发展，也能为相关行业带来更大的经济效益。快乐体操运动项目本身具有的文化属性，在文化产业发展已成规模的背景下，快乐体操与文化产业的融合发展，在制度上、组织形式上、人才方面皆具备融合发展的可能性和可行性，快乐体操运动参与人群规模的扩大将会很好的促进产业化的发展。

六、快乐体操 + 制造的融合发展

中国体育制造在世界上争得了一席之地，2012 年伦敦奥运会，很多国家的队服也是由中国制造，中国多家体育用品企业为多个国家提供装备。2016 年里约奥运会泰山体育成为指定供货商，另有多个品牌进入里约奥运会，世界体育用品联合会数据显示世界 65% 的体育用品来自中国制造，中国制造占据世界体育用品的份额较大，可以称之为体育用品制造大国，但是也存在质量不高、智能化水平很低、品牌影响力较差、科技含量低等诸多问题。2015 年《中国制造2025》的发布，是全面提升制造业质量的重大战略部署，中国制造的科技含量、智能化水平必将迈上一个新的台阶，也会为中国体育用品制造带来更好的科技、智力、政策支持。2016 年，党中央国务院颁布实施的《国家创新驱动发展战略纲要》，也确立了创新驱动发展的战略目标，将科技创新作为重点工作。随着国家政策和财政支出水平的提高，我国科学技术水平将迎来新的发展，中国制造业也将获得更大的发展，体育用品制造业的转型与升级、品牌打造、质量提升等将增强体育用品制造业的核心竞争力。快乐体操的器械是专有器械，如康纳斯、金耐斯、泰山体育器材等是快乐体操器械的指定品牌，这些品牌的企业应在快乐体操器械的研发上应积极申报专利，获得专利权的保护。我国《专利法》保护专利权人的权利，对于侵害权利的单位和个人，可以依法提出诉讼，要求停止侵权并赔偿。我国目前体育制造装备业也在升级换代过程中，市场上出现了众多与快乐体操有关的器械、装备，类似的有儿童乐园、儿童幼儿园等，这些器械的质量低或者设计上存在安全隐患，出现因低劣质量器械造成运动损伤的问题都将影响快乐体操的健康发展。

（一）快乐体操与制造融合发展的基本条件

现代科学技术的成果在体育领域广泛应用，促进了体育的飞速发展，电子计算机的运用解决了训练、竞赛中的诸多问题，对于运动技术的分析做到及时的反馈，可以直观、及时提供最佳的动作姿势和动作路径，虚拟技术让运动员在训练过程做到真情真景。技术创新能够推动产业的发展，高新技术的发展使快乐体操器械更加符合儿童健身或运动的需要智能化、合理性使运动场馆及设施的含金量提高，与快乐体操动作的完美结合将增加比赛的观赏性，吸引更多的儿童参与，从而促进了快乐体操表演业的发展。高新通讯技术与信息技术在快乐体操竞赛中的使用，促进了快乐体操的宣传和推广，从视觉上能够更好的吸引更多地儿童参与快乐体操赛事。

高等院校、科研机构为科学技术发展提供了强大的智力支持，与企业的协同创新提高了企业的核心竞争力，共同推动科学技术进步的能力在世界上达成了普遍共识。我国的产学研合作始于1992年的"产学研联合开发工程"，经过多年的探索取得了一定的成就，形成了在政府引导下，以企业为主体、高校和科研机构为依托、基于市场需求的创新体系，为社会竞技发展做出了一定的贡献。快乐体操与相关行业、产业的深度融合过程中，应充分利用高校、科研机构、企业等在人才、物力等方面的优势，发挥国家体育总局体操运动管理中心、中国体操协会的引导作用，进一步丰富快乐体操等级锻炼标准的内容，开发快乐体操赛事，提升快乐体操用品制造水平，加快快乐体操相关产业的发展，凝聚快乐体操发展的力量。

（二）快乐体操与制造的融合业态

快乐体操器械制造业。快乐体操器械的改进是吸引儿童参与运动的一大亮点，但是目前的器械仅是在规格、型号以及颜色上进行了设计，可以说是以前竞技体操器械的"缩小版"，更加方便移动、组装，但深入分析可以发现器械并没有多少现代科技的含量，离智能化水平还有很大的差距。国家体育总局体操运动管理中心应制定科学规划，加快政策的扶持力度，来促使快乐体操器械设备的智能化水平的提升。智能化体育设备已经出现在社会大众的视野中，WiFi、智能蓝牙、NFC、GPS等技术已经用在了智能穿戴设备上，带传感器的跳绳、可计算路程的自行车、用身体姿势操控游戏、嵌入芯片的跑鞋、球拍等都在吸引着更多人群的运动参与，儿童游乐设备的智能化、科技化水平也在不断提升，快乐体操器械的智能化水平还处于起步阶段，器械生产企业应充分利用产学研平台，将传感器、体感控制、数码全息、人工智能等新兴技术应用到快乐体操器械制造中，设计全新的智能设备，使儿童在快乐体操的练习过程中，及时获得各种反馈信息，接触到身体在不同体位下的变化的影像及变化的数据，实时看到自己的运动数据和分析，在分析动作的基础上及时出现改善动作的方案。

快乐体操制造服务业。快乐体操运动推出后，体育器械生产企业积极参与快乐体操的推广和市场开发中，研制了快乐体操器械标准，赞助快乐体操的赛事活动。快乐体操器械生产单位赞助赛事，获得冠名权或者进行广告宣传，能够很好地扩大品牌的影响力。快乐体操器械制造业能否通过扩大业务范围，更好地寻求发展呢？制造服务业业已初具规模，快乐体操制造服务业的发展将为器械制造企业带来更大的社会效益，2018年快乐体操分站赛遍布全国10个城市，比赛器械的运输成本就是一笔不小的开销，快乐体操器械生产厂家应积极业务范围，形成以生产器械制造为核心，参与快乐体操赛事运营、快乐体操校园推广、快乐体操师资培训、快乐体操健身培训等。在生产厂家所在城市承办快乐体操赛事，能够减少器械运输成本，还能够很好地宣传企业形象，成立自己的赛事运营服务公司，能够创造更好的效益；在所在城市进行幼儿园、小学的快乐体操校园推广活动，积极参与当地特色幼儿园或特色小学的建设，不仅能丰富企业的文化，获得城市居民对于企业的赞誉，提升体育的良好形象；特色幼儿园、小学的创办，可以举办全国的快乐体操师资培训班，吸引全国各地的幼儿园、小学的教师来观摩、学习，扩大企业在全国幼儿园、小学中的影响力。快乐体操器械生产厂家参与所在城市学校建设，也将会获得政府对于企业良好的政策，从而让企业良性发展。

快乐体操装备制造业。快乐体操参与人群以儿童为主，童装市场具有巨大的发展潜力，一些知名体育服装品牌在赞助竞技体育参赛外，也在积极参与运动项目的发展，一些儿童品牌服装企业也开始赞助足球、乒乓球等，儿童体育装备市场已经吸引了众多体育品牌、儿童品牌服装等企业。快乐体操作为针对3～12岁儿童的运动项目，尤其是对于3～6岁学前儿童，赛事活动、品牌效益在推广的过程中，逐渐形成了一定规模的参与群体，群体的规模在逐渐扩大，应该能够吸引一定的体育装备或服装品牌参与到快乐体操运动中。

第五节 体育强国背景下我国快乐体操的创新发展

一、以制度建设为根本，建立激励机制

制度作为共同遵守的规程和行动准则，它是指"在一定历史条件下形成的法令、礼俗等规范，它的目的在于按计划达到预定的目标"。所以，制度具有一定的规范和引导作用，是快乐体操发展的首要保证和重要保障，可以为快乐体操的发展提供政策性支持和法律性保护。近些年来，国家也颁布和推行《青少年体育"十三五"规划》等政策法规保障作为青少年体育健康发展的制度保障，而快乐体操属于青少年体育项目，也受到这些政策法规的保护与支持。因此，相关制度的建设，可以保障快乐体操项目的推广和发展，确保每个孩子们有参与这项运动的机会，有助于从教育的各阶段培养体操后备人才。在体育强国的号召下，我们应该在快乐体操相关政策法规的保障下，全面考虑它发展的建设与运行，监督和评估机制，引导、扶持快乐体操机构，科学合理地健全体操后备人才培养机制。快乐体操的发展要以"参训运动员的可持续发展为中心"[①]，结合社会发展与现实需求，重视参训人员的教育、身心健康和今后的就业等长远利益，健全其后续培养和退役保障体系，完善其未来发展的空间和出路，在实现全面可持续发展的基础上，助推国家的体育强国战略。

当然要在体育强国战略指导下迅速健康地发展起"快乐体操"，如何吸引更为广泛的体操参与群体更是一个值得深思的问题，我们还当在后备人才的培养模式上下足功夫。我国竞技体操的培养体制目前我国竞技体操后备人才培养机制是"举国体制"下的"三级网络"体系，相较于传统的"三级后备人才培养机制"，快乐体操的发展还将提供新发展模式的可能，即逐步形成"校园快乐体操、快乐体操俱乐部——省市级高水平体操俱乐部——省市级体操队——国家级体操队"的四级体操后备人才培养模式。这种体操培养模式使体操的基层人数增多，在一定程度上扩大体操人口。体操人口的增加又促进体操四级培养模式的牢固发展。

另外，建立快乐体操发展的相关激励机制也是十分有必要的，近年来，体操运动员退役后的发展情况也越来越为人们关注和津津乐道，个别运动员退役后生

[①] 务青青.体育强国背景下我国快乐体操发展路径研究[D].武汉体育学院，2018.

活困难、流落街头、卖艺求生等新闻也让大众对体操的认识蒙上一丝灰尘，更让一些大众对体操望而却步。因此"从目前的状态来看只有完善竞技体操运动员培养的激励机制，调动'快乐体操俱乐部'以及各种体操俱乐部的培养积极性，加强后备队伍培养的积极性，这样才有利于我国竞技体操的可持续发展"。体育强国战略下快乐体操的可持续发展需要体操各级各类部门有效地协调自身的权利、责任、利益，保护和激发各级快乐体操机构的积极性，让参与快乐体操的运动员、教练员等相关人员的生活有所保障，这样大家才会各司其职，并在自己的职位上持之不懈的努力，为共创体操的美好明天而奋勇前行！

二、以资金投入为保障，探索快乐体操投入新模式

在制度的保障下，快乐体操的发展还需要雄厚的资金投入来保证其的正常运转。任何项目的发展都离不开资金的支持，充足的资金是快乐体操运行的强有力保障。从项目分类可以看出，快乐体操与其他少儿体育项目的不同之处是对场地环境和器械较为依赖，其开展需要专门的快乐体操场地器械，如儿童单杠、平衡木、蹦床等。学校或俱乐部等开设快乐体操课程，应增设专门的幼儿快乐体操场地与器械。快乐体操锻炼场所的设计以及器材等配套设施购置，可以健全场所配套设施，增添快乐体操锻炼场所，以升级教学设施，最大化创建良好的快乐体操学习氛围、充分保障学生人身安全等外部条件，同时也为快乐体操在全国省、市或基层的普及和推广做好基础保障工作。但快乐体操全套器械设施的购置价格昂贵，一般学校或俱乐部单位负担较重，可以向当地政府或社会各界寻求一定的帮助。

加快发展体育产业是突破体育大国向体育强国发展瓶颈的重要途径，体育强国的实现需要相关体育产业协调发展，快乐体操市场化、产业化的发展壮大可以为我国体育产业贡献一份力量。快乐体操"政府—社会—企业"投入新模式是指由政府、社会、企业三方共同投资快乐体操机构，多元化资金投入来源结构，充分调动社会力量参与快乐体操。"政府—社会—企业"投入模式主要通过提高快乐体操自身融资能力，多元化融资渠道，以保障其顺利普及和开展；同时，与传统的单一政府投入模式相比，此模式连通了体操市场发展和可持续发展的竞技后备人才培养，使竞技体操后备人才培养由原来的举国体制发展至企业、社会各界共同参与。

首先，在我国社会主义市场经济发展中，政府的主导作用不言而喻，同时更在快乐体操的推广方面发挥着绝对的主导作用。而政府不仅仅是代表着各省市级及地区的体育局和快乐体操推广协会等组织，还有教育系统，而教育系统是后备

人才培养的主要阵地，其人才培养功能是政府主导作用的重要体现，所以现阶段应更加重视并充分发挥教育系统的作用。我国目前的快乐体操发展缺乏基本设施的保障，政府部门对设施建设的力度不够，没有足够的快乐体操场地器械，无法保证快乐体操日常训练，场地设施缺乏是快乐体操开展首要解决的难题。因此，应加大快乐体操政府专项资金投入，大力促进快乐体操在我国各省市的市场化发展。

其次，随着时代的变迁、市场经济的逐渐发展以及改革的不断深入，快乐体操的发展必须遵循市场经济发展的规律，应从政府主导的发展模式转变为政府和市场共同主导，并以市场为主要主导的发展模式。政府资金投入只能给快乐体操单位一部分保障，始终是其自身置于少儿体育市场发展洪流之中的，况且快乐体操单位是可以存在于学校、社会、社区、企业等多种形式的复合存在，办学形式多样，再加上我国人口众多，各城市经济发展水平不同，政府的资金投入只能解决"燃眉之急"，无法从根源上保障各单位快乐体操的长期发展，若想长期稳步向前发展，那么快乐体操就必然得结合我国社会主义发展国情和现实市场需求，整合社会资源并协调好多方社会关系，集拢更多的社会层面资金赞助支持。另一方面，快乐体操通过获得充足的资金，使得市场或社会生存压力减少、投入成本降低，从而使课程价格更为平民，课程定位更倾向于面向中等消费人群，最终使更多的孩子参与快乐体操锻炼、享受快乐体操乐趣，更多地造福社会。

最后，随着快乐体操的日渐普及，各单位对基础设施建设需求日益高涨，幼儿园及中小学的校园快乐体操场地器材设施有限，甚至于部分学校不能提供有利条件，不能满足本校学生快乐体操锻炼的基本需求。以上情况严重阻碍校园快乐体操进校园的开展，快乐体操进校园可借鉴职业体育的发展经验，联合国内外知名企业对校园快乐体操设施建设进行资金支持，学校可通过参加全国快乐体操赛事对联名企业进行无形宣传，同时企业可通过赛事平台对自己进行包装推广，两者结合实现学校与企业双赢。

因此，快乐体操机构应积极探索政府、社会、企业多元化资金投入模式，提高自身融资能力，多元化资金投入来源渠道，充分调动社会力量参与快乐体操，以保障快乐体操普及和推广。

三、以人力资源为基础，打造快乐体操专业化团队

在制度保障、资金充足的条件下，快乐体操良性发展需要教学师资人员、管理人员、营销人员团队的协调配合，强大的人力资源网是其发展的基础和保障。

　　首先，教练员的数量以及质量都是影响竞技体育与群众体育的重要因素，如何开展教练员人力资源管理工作逐渐变成体育强国建设下的热点话题。近年来快乐体操教练员、辅导员培训每年都有，已培训出一批快乐体操教练员和辅导员，但是对于快乐体操的长期发展来说，目前已培训的师资还是远远不够的，应继续加强师资等快乐体操人力资源队伍的数量。并且，快乐体操从业教师应具备快乐体操教练员资格，少儿教学经验丰富。因为少儿身心智力发展尚未完全成熟，并且体育锻炼经验少，对危险的预判能力不足，以及自我保护与帮助意识不强烈。同时在有丰富运动实践经验的教练员的指导下，孩子们接受到更为科学、系统的早期训练，才能在其幼儿或青少年阶段打下良好的技能基础，收获科学健康的锻炼方法以及树立终身参与体育的意识。因此，学校或俱乐部的任课教师应尽量引进专业的快乐体操教练员，应具备快乐体操教练员等级证书，并在教学过程中广泛运用灵活多样的教学方法，利用多种多样的快乐体操技能辅助练习手段，加之以准确规范的保护与帮助方法，一定要严谨按照器械规范的使用操作方法来操作器械，正确有效地引导孩子们掌握单个技能的动作进阶，务必确保幼儿在学习动作技能时的安全。用其专业知识来从事快乐体操教学，同时学校也应创新管理培训机制，定期加强师资培训，以提高快乐体操从业人员队伍的质量和综合素质提升，这样才能为快乐体操在校园的有效的推广提供强大的师资支持和基本保障。

　　其次，快乐体操的专业化管理和运营单位屈指可数。2018 年初由北京智禾诚青少年体育发展中心发起一次赛事管理运营培训，其目的是希望更多的社会团体、企业、事业单位等社会广大力量积极参与到快乐体操中来，也希望把管理运营快乐体操赛事的经验分享给更多人，从而打造一批更为专业的管理和运营团队，并不断探索和推动快乐体操市场化、产业化发展。通过市场竞争机制的企业化管理、竞标管理、合同外包等多种形式，以形成各方公平竞争的一种良性竞争模式，从而最优化提高资源配置效率，把快乐体操发展得更好。

　　最后，人力资源的发展可突破广大地域和各部门的限制，鼓励教师、教练员、管理人员、快乐体操后备人才、幼儿身心知识丰富的幼教人员等人才的合理流动，实现人力资源的优势互补和资源共享。

四、以快乐体操赛事组织为杠杆，挖掘潜在动力

　　群众性体育赛事是体育强国建设的重要内容，世界主要强国通过群众性体育赛事的开展，进而大幅度扩大体育人口规模，提高国民健康水平。因此，全国大型赛事的举办对于快乐体操的推广和发展意义重大。自快乐体操在我国开展以来，

年年都有快乐体操赛事,国家级、省市级比赛层出不穷,且参与人数、参赛队伍、参加学校和俱乐部都逐渐增多,越来越多幼儿园和小学的学校积极组织参赛,同一个比赛中一些单位甚至有 3 个以上代表队参加比赛。与竞技体操赛事不同的地方是,快乐体操比赛更为淡化竞技性和名次。快乐体操赛事重在参与过程和各代表队相互之间的交流学习,奖项设置比例较多,所有运动员都会颁发证书和奖品,旨在丰富幼儿比赛经验,鼓励他们的参赛热情,激发他们对快乐体操的学习兴趣与爱好,培养青少年儿童的集体意识以及其继续从事快乐体操学习的动机,同时也是检查各级各类幼儿园快乐体操教学效果的有力手段。因此,应积极组织国际级、省级、地市级等各级各类快乐体操比赛,充分发挥竞赛杠杆撬动效应,逐步健全、完善竞赛体系,提高赛事的运作水平,以促进快乐体操发展。

运动员作为体育项目的主体,是赛事的主要参与者。但是,快乐体操参训者多为 3～12 岁的青少年儿童,其参赛机会由家庭、学校、俱乐部直接或间接地提供。因此,快乐体操推广协会应多注意加强与家庭、学校、俱乐部与快乐体操赛事之间的联系,充分发挥三者对孩子潜在的影响力和调动力。

首先,家庭人员体育活动行为会对孩子的体育行为产生一定的影响,在全国快乐体操赛事中 2016 年的深圳站、北京站和 2017 年的云南、大连、怀化、广州站中已经设有亲子游戏赛或健康家庭赛,尽量使更多家庭的孩子和家长参与到快乐体操当中,以增加社会大众对快乐体操的认知,以家庭为单位,吸引更多的家长和孩子共同参与快乐体操,享受快乐体操锻炼的乐趣。

其次,快乐体操在学校普及的目的在于让每一个孩子都有参与快乐体操的机会,虽然不能保证每个孩子都能代表学校参赛,但是可以让每个比赛的参与者有机会展示自己的学习内容、训练成果,让喜欢快乐体操的孩子们感受到快乐。并且在快乐体操的学习过程中,家长们通过平时的观察可直观地了解孩子日常的收获和进步,看到孩子们全身心的投入后自身体操技能的提升和身体素质的改善。可通过在学校开设快乐体操课程、体育课中融入快乐体操、成立快乐体操社团、大课间融入快乐体操等多种方式,大力促进快乐体操进校园,使快乐体操回归学校体育教育中应有的地位。

最后,俱乐部对快乐体操发展的潜力也不容小觑,通过培养学员参加快乐体操赛事,不仅给予学员参赛机会锻炼学员,而且也可以直观地让家长看到学员的学习成果,同时还是对教师教学效果的最佳考核方式。通过赛事的磨炼以使快乐体操开展学校或俱乐部的教学效果、教学质量不断提高、越来越好,也有助于扩大其品牌影响力和知名度。

五、以信息服务为载体，宣传快乐体操文化

随着赛事的发展完善和娱乐属性的不断彰显，快乐体操的文化宣传也日益提到日程上来，其宣传需顺应时代的发展潮流，充分利用网络新媒体这一在当今社会较为突出的角色，结合信息时代消息传播速度快、受众人群广，不受时间、距离、空间的限制的特点，在信息资源方面充分展现媒体资源效应，营造良好的快乐体操氛围，以向广大群众广泛宣传快乐体操文化。

以赛事改革为载体，切实涵养体育文化的校园根基推动体育赛事文化发展是建设体育强国的一项重要内容。信息传播应具备知识性、权威性、趣味性、教育性、思想性，通过利用计算机网络建立多元化的宣传平台，传播全国快乐体操赛事、快乐体操进校园推广活动、快乐体操示范点授牌仪式、快乐体操教练员辅导员师资培训等相关信息，使得文化传播阵地更加牢固，以便引导广大群众对快乐体操正确认知的方向进行宣传。具体方式可通过报纸、宣传栏、电子屏、文化长廊等物质文化载体进行快乐体操文化的宣传。

另外，还可积极利用快乐体操网站、微信公众号、微博等软文化载体进行文化的宣传。积极开设公众参与窗口、建立信息交流平台以提高社会大众对快乐体操的关注度，营造良好的舆论宣传氛围。广大群众能通过公民参与窗口充分反映自身和群体利益，以表达其对快乐体操的需求，并且相关管理人员也可及时有效地浏览到群众对快乐体操的直接看法和需求，即时解疑答惑、随时反馈，使快乐体操更好地为广大人民群众服务。同时，为促进基层快乐体操发展，教育和体育系统管理部门可以与当地报纸、电台等媒体进行合作，针对快乐体操进行积极正面报道，大力宣传，营造和谐的氛围，从而提高快乐体操在当地的社会影响，扩宽选材渠道，扩大广大幼儿及青少年快乐体操参与人数。

参考文献

［1］吕恒.中国快乐体操推广问题探析［J］.体育科技文献通报，2020，28（08）：110-111.

［2］刘涛，陈健.快乐体操训练对学龄前儿童身体素质的影响［J］.中国体育教练员，2019，27（04）：53～54.

［3］刘敦晓.新时代我国快乐体操发展的机遇、挑战及对策研究［J］.体育科技，2019，40（05）：48-49+51.

［4］孙翼阳.我国快乐体操发展现状及对策［J］.中国体育教练员，2019，27（03）：78-80.

［5］南浩浩，米艳，安莎莎.全民健身视域下快乐体操对儿童少年身体发展的作用［J］.湖北体育科技，2019，38（08）：688-691+696.

［6］杨丽.刍议我国快乐体操开展现状及应对策略［J］.科教导刊（中旬刊），2019（07）：187-189.

［7］郭杨，何亚婷.我国快乐体操俱乐部的营销现状及对策的分析［J］.当代体育科技，2019，9（17）：235-236.

［8］杨丽，苟淋玲.快乐体操对幼儿体质健康影响的实验研究［J］.当代体育科技，2019，9（16）：89-91.

［9］王浩然.我国快乐体操推广模式研究［D］.武汉体育学院，2019.

［10］杨伟，陈思娜.运动处方教学法在高校体操教学中的应用分析［J］.当代体育科技，2019，9（13）：85-86.

［11］陈永青.我国快乐体操的发展机遇与挑战［J］.当代体育科技，2019，9（06）：225-226.

［12］季彦霞，樊艳，李建华，张艳玲.大众体操与竞技体操协调发展的路径选择——快乐体操进校园的相关问题探讨［J］.当代体育科技，2019，9（02）：143～144+146.

［13］邱研.快乐体操俱乐部发展态势分析［J］.智库时代，2018（35）：167+169.

［14］李春光.跨界融合视域下我国快乐体操的发展研究［D］.北京体育大学，2018.

［15］务青青.体育强国背景下我国快乐体操发展路径研究［D］.武汉体育学院，2018.

［16］肖文杉.我国快乐体操功能研究［D］.成都体育学院，2018.

［17］刘肇丹，李佐惠."快乐体操进校园"活动的价值、问题及对策研究［J］.体育研究与教育，2018，33（02）：49-52.

［18］彭召方，刘鸿优，李佐惠，国伟.快乐体操发展解读［J］.体育文化导刊，2017（04）：156-159+168.

［19］蔡林河.浅析在快乐体操教学过程中常见的问题及对策［J］.青少年体育，2017（01）：91-92.

［20］聂欢密.基于"快乐体操"发展下的学校体操研究［J］.体育科技文献通报，2017，25（02）：70-72.

［21］杭江锋.中职体操模块课堂教学策略初探［J］.读与写（教育教学刊），2016，13（12）：284.

［22］余佳俊，李佐惠.我国少儿快乐体操发展的现存问题与对策探析［J］.福建体育科技，2016，35（06）：19-22.

［23］谢春雨.我国快乐体操运动发展思考［J］.体育科技文献通报，2016，24（06）：102-103.

［24］张婷.快乐体操竞赛模式的研究［J］.安徽体育科技，2016，37（02）：37-39.

［25］程广鑫.快乐体操教学模式的探析——以一节快乐体操课为例［J］.青少年体育，2016（04）：98-99+95.

［26］李帅，葛晓燕.我国快乐体操研究［J］.体育文化导刊，2016（01）：48-51.

［27］江广和.快乐体操研究［J］.体育文化导刊，2015（08）：56-58+71.

［28］任升平，黄国光，莫智.健康娱乐新理念之快乐体操［J］.当代体育科技，2015，5（12）：145+147.

［29］郑浩，肖玲.健康娱乐新理念——快乐体操［J］.科技信息，2013（18）：302.

［30］曹慧.快乐教育在体操教学中的实践［J］.湖南省社会主义学院学报，2005（02）：77-78.

［31］英士博（上海）体育管理有限公司.快乐体操教学指导手册（辅导员、初级教练员）［M］.北京：人民体育出版社，2017.

［32］杨红，刘智丽，李德华.快乐体操［M］.成都：四川人民出版社，2011.

［33］柳克奇.体操教学与训练方法论［M］.长沙：湖南大学出版社，2004.